REGULAÇÃO, FISCALIZAÇÃO E SANÇÃO

FUNDAMENTOS E REQUISITOS DA DELEGAÇÃO DO EXERCÍCIO DO PODER DE POLÍCIA ADMINISTRATIVA A PARTICULARES

FLÁVIO HENRIQUE UNES PEREIRA

REGULAÇÃO, FISCALIZAÇÃO E SANÇÃO

FUNDAMENTOS E REQUISITOS DA DELEGAÇÃO DO EXERCÍCIO DO PODER DE POLÍCIA ADMINISTRATIVA A PARTICULARES

2ª edição revista, ampliada e atualizada

1ª reimpressão

Belo Horizonte

FÓRUM

CONHECIMENTO JURÍDICO

2025

© 2013 Editora Fórum Ltda.
2020 2ª edição
2025 1ª reimpressão

É proibida a reprodução total ou parcial desta obra, por qualquer meio eletrônico, inclusive por processos xerográficos, sem autorização expressa do Editor.

Conselho Editorial

Adilson Abreu Dallari
Alécia Paolucci Nogueira Bicalho
Alexandre Coutinho Pagliarini
André Ramos Tavares
Carlos Ayres Britto
Carlos Mário da Silva Velloso
Cármen Lúcia Antunes Rocha
Cesar Augusto Guimarães Pereira
Clovis Beznos
Cristiana Fortini
Dinorá Adelaide Musetti Grotti
Diogo de Figueiredo Moreira Neto (*in memoriam*)
Egon Bockmann Moreira
Emerson Gabardo
Fabrício Motta
Fernando Rossi
Flávio Henrique Unes Pereira

Floriano de Azevedo Marques Neto
Gustavo Justino de Oliveira
Inês Virgínia Prado Soares
Jorge Ulisses Jacoby Fernandes
Juarez Freitas
Luciano Ferraz
Lúcio Delfino
Marcia Carla Pereira Ribeiro
Márcio Cammarosano
Marcos Ehrhardt Jr.
Maria Sylvia Zanella Di Pietro
Ney José de Freitas
Oswaldo Othon de Pontes Saraiva Filho
Paulo Modesto
Romeu Felipe Bacellar Filho
Sérgio Guerra
Walber de Moura Agra

FÓRUM
CONHECIMENTO JURÍDICO

Luís Cláudio Rodrigues Ferreira
Presidente e Editor

Coordenação editorial: Leonardo Eustáquio Siqueira Araújo
Aline Sobreira de Oliveira

Rua Paulo Ribeiro Bastos, 211 – Jardim Atlântico – CEP 31710-430
Belo Horizonte – Minas Gerais – Tel.: (31) 99412.0131
www.editoraforum.com.br – editoraforum@editoraforum.com.br

Técnica. Empenho. Zelo. Esses foram alguns dos cuidados aplicados na edição desta obra. No entanto, podem ocorrer erros de impressão, digitação ou mesmo restar alguma dúvida conceitual. Caso se constate algo assim, solicitamos a gentileza de nos comunicar através do *e-mail* editorial@editoraforum.com.br para que possamos esclarecer, no que couber. A sua contribuição é muito importante para mantermos a excelência editorial. A Editora Fórum agradece a sua contribuição.

P436r   Pereira, Flávio Henrique Unes

Regulação, fiscalização e sanção: fundamentos e requisitos da delegação do exercício do poder de polícia administrativa a particulares / Flávio Henrique Unes Pereira ; prefácio Luciano Ferraz ; apresentação Marilda de Paula Silveira. 2. ed. – 1. reimpressão. Belo Horizonte : Fórum, 2020.

224 p.

ISBN 978-65-5518-047-3

1. Direito administrativo. 2. Direito constitucional. 3. Direito regulatório. I. Ferraz, Luciano. II. Silveira, Marilda de Paula. III. Título.

CDD: 341.3
CDU: 342.9

Informação bibliográfica deste livro, conforme a NBR 6023:2018 da Associação Brasileira de Normas Técnicas (ABNT):

PEREIRA, Flávio Henrique Unes. *Regulação, fiscalização e sanção*: fundamentos e requisitos da delegação do exercício do poder de polícia administrativa a particulares. 2. ed. 1. reimp. Belo Horizonte: Fórum, 2020. 224 p. ISBN 978-65-5518-047-3.

Este trabalho é dedicado à vida. O estranho é que ela se apresenta também na morte. A vida do Paulo, meu saudoso irmão, proporcionou-me experiência de amor e admiração. A morte dele foi terrível, mas aprendi com ela. Senti na pele o quanto somos precários, o quanto precisamos do outro, o quanto o amor não pode esperar.

Mas a vida é pulsante. E no mesmo embalo que o Paulo se foi, a Cecília, minha filha, chegou e o amor alucinante está em mim. Mais uma oportunidade de aprendizado.

Vivam o Paulo e a Cecília, aos quais dedico este livro.

AGRADECIMENTOS

Muitos dizem que o livro é como um filho que nasce. Afora os excessos, a comparação é válida para expressar o amor que fez este momento tornar-se realidade.

Começo pela Raquel Vilela Ribeiro, amiga e mãe de nossos dois amores, que caminhou comigo. Nesse trajeto, esta obra foi um entre tantos dolorosos desafios, e nós sobrevivemos a tudo isso. Sem você, teria perdido o chão. Com você, veio o melhor de nós, a Cecília e o Mateus. A você, o "primeiro" muito obrigado.

Nessa história também surge a figura da mãe e, ao longo do período em que o livro me espreitava, posso dizer que ganhei mais uma: Maria Coeli Simões Pires. Incrível o desafio que o estimado Governador Antonio Augusto me proporcionou – e aqui já vai o meu muito obrigado a ele também e especialmente por isso. A Coeli é diferente, e só aqueles que experimentam a convivência diária com ela podem perceber a fundo o que estou afirmando. Obrigado pelo acolhimento e sensibilidade.

O que seria dos pais sem um bom pediatra. No meu caso, foi o professor Luciano Ferraz. Agradeço pelo desprendimento, pela motivação constante e por me fazer acreditar que seria capaz de pôr este filho no mundo. Esta foi, sem dúvida, oportunidade preciosa para reforçar os laços de amizade entre nós.

E irmã também é fundamental. Maria Tereza Fonseca Dias é para mim irmã, com quem aprendo muito, para muito além do Direito. Ela, ao mesmo tempo que detém conhecimento científico enorme, desprende-se de toda vaidade acadêmica que apequena o ser humano. Generosa, competente, simples e amiga. Sem a sua ajuda, eu não teria sequer começado.

Lembro-me, todos os dias, de quando o saudoso Paulo leu comigo página por página de minha dissertação de mestrado, corrigindo, melhorando o texto, questionando, enfim, emprestando o saber e despejando afeto. O Paulo haveria de mandar alguém em seu lugar. E o fez. Beatriz Vargas leu tudo e contribuiu muito, especialmente nos momentos em que me motivou e me fez sentir à altura do desafio. Ninguém melhor que você para essa missão.

As referências de sempre e para sempre são fundamentais numa empreitada como esta: Felix Fischer, Plínio Salgado, Miracy Gustin, Florivaldo Dutra de Araújo, Romeu Felipe Bacellar Filho e Gisèle de Mattos Brito. De todos colhi algo de bom que, de algum modo, ajudou-me e continuará me ajudando em minha vida.

Igualmente fundamentais as contribuições dos eminentes professores que integraram a banca da tese que originou este livro: Romeu Felipe Bacellar, Carlos Ari Sundfeld, Florivaldo Dutra de Araújo, Luciano Ferraz e Onofre Alves Batista Júnior.

Devo registrar minha gratidão a colegas que muito me ajudaram: Rafael Alvim, Bruna Rodrigues Colombarolli, Marcio Luis de Oliveira, Caio Barros Cordeiro, José Luiz Ferreira Cardoso e Sueli Gomes Sobrinho.

Mas filho é amor e isso me remete aos meus amigos do peito: Maria Elisa Braz Barbosa, Flávio Augusto Marinho Vidigal, Daniel de Castro Magalhães, Christiano Vasconcellos Salum Vieira, José Sad Júnior, Marco Túlio Reis Magalhães, Clíssia Pena Alves de Carvalho e Marcelo Cama Proença Fernandes.

E, de modo especial, a irmã, parceira, amiga e sócia, Marilda de Paula Silveira. A convivência diária é de uma riqueza enorme. Agradeço a Deus por ter nos dado coragem e força para semearmos o nosso projeto profissional e por você ter sido tão compreensiva nos momentos mais difíceis de minha vida.

Mas, acima de tudo, a quem mais me ampara, minha família, meu mais profundo amor: Silas, Euza, Paulo e Marcela.

Não eliminaremos a incerteza e a eventualidade, mas haveremos de aprender a trabalhar melhor e brincar com elas. Não nos tornaremos subitamente "sábios", mas aprenderemos a começar pela nossa loucura a fim de preservar-nos de suas atrocidades e massacres.

Apostar? Não sabemos ainda se todas as cartas já foram dadas, ou se nada foi apostado. Nada está assegurado, sobretudo em relação ao melhor, incluído o pior. É na Noite e na Neblina que devemos apostar.

(Edgar Morin)

SUMÁRIO

PREFÁCIO DA PRIMEIRA EDIÇÃO
MAGISTER DIXIT
Luciano Ferraz..15

APRESENTAÇÃO DA SEGUNDA EDIÇÃO
Marilda de Paula Silveira...17

APRESENTAÇÃO DA PRIMEIRA EDIÇÃO
Antonio Augusto Junho Anastasia..19

CAPÍTULO 1
INTRODUÇÃO TEÓRICO-METODOLÓGICA.....................................21

1.1 Problematização e aspectos metodológicos da investigação.............21

1.2 Transformações teórico-estruturais do Direito Administrativo
e suas repercussões no regime jurídico da atividade de polícia
administrativa...29

1.2.1 Complementaridade das esferas pública e privada no Estado
Democrático de Direito..31

1.2.1.1 Quebra do binômio "entidades/órgãos públicos e atividades
públicas" como matriz conceitual do poder de polícia
administrativa...35

1.2.2 A supremacia do interesse público sobre o interesse privado:
superação ou releitura..41

1.2.3 Devido processo administrativo..50

1.2.3.1 Processo administrativo e poder de polícia no evento histórico
"Revolta da Vacina"...59

1.3 Estrutura do trabalho...67

CAPÍTULO 2

O PODER DE POLÍCIA ADMINISTRATIVA E SUA
INDELEGABILIDADE 69

2.1   Poder de polícia e poder disciplinar 71

2.2   Poder de polícia e serviços públicos 74

2.3   Conceito..77

2.4   As espécies de manifestações do poder de polícia administrativa 84

2.4.1   Regulação...84

2.4.2   Fiscalização 89

2.4.3   Sanção...90

2.5   Fundamentos jurídicos da indelegabilidade do poder de
polícia administrativa comumente aceitos 96

2.5.1   Ausência de previsão constitucional autorizadora da delegação
do poder de polícia administrativa...96

2.5.2   Inconstitucionalidade do exercício de poderes de coerção e
autoexecutoriedade pelo particular 98

2.5.3   Necessidade de incidência do regime jurídico do servidor
público para o exercício da atividade de polícia administrativa 98

2.6   Delegação de poderes públicos 99

2.7   Hipóteses de delegação do exercício de "poderes públicos",
incluídos os de polícia, a particulares, admitidas no ordenamento
jurídico brasileiro 102

2.7.1   Proprietários de restaurantes e comandantes de embarcações........102

2.7.2   Titular de serviço notarial..104

2.7.3   Concessionários de serviços públicos.......................................106

2.7.4   Parceiros privados nas concessões especiais (parcerias
público-privadas): o caso dos presídios 109

2.7.5   Terceirização: contratação de prestação de serviços...............111

CAPÍTULO 3

CRÍTICAS AOS FUNDAMENTOS JURÍDICOS DA
INDELEGABILIDADE DO PODER DE POLÍCIA
ADMINISTRATIVA 121

3.1   Autorização constitucional..121

3.2   Poder de coerção e autoexecutoriedade 137

3.2.1   O emblemático caso "BHTRANS" 147

3.2.1.1   Relatório dos autos do Recurso Extraordinário nº 633.782/MG 147

3.2.1.2   Análise do julgado...151

3.3   Estabilidade dos servidores públicos...154

CAPÍTULO 4

REQUISITOS PARA A DELEGAÇÃO DO EXERCÍCIO DO PODER DE POLÍCIA ADMINISTRATIVA A PARTICULARES 157

4.1 Previsão legal sobre a delegação 158

4.2 Previsão legal de parâmetro de controle: o devido processo administrativo 162

4.2.1 O devido processo administrativo na regulação 162

4.2.2 Devido processo administrativo na fiscalização 171

4.2.3 Devido processo administrativo na sanção 176

4.3 Previsão legal que assegure a isonomia na escolha do agente delegado 179

4.4 Responsabilidade civil do Estado e do agente delegado em relação a terceiros 180

CAPÍTULO 5

O PODER DE POLÍCIA NOS DIAS ATUAIS: NOVOS CENÁRIOS E CAMINHOS QUE SE APRESENTAM AO INTÉRPRETE DO DIREITO ADMINISTRATIVO NA CONTEMPORANEIDADE 187

CAPÍTULO 6

CONSIDERAÇÕES FINAIS 201

REFERÊNCIAS 207

PREFÁCIO DA PRIMEIRA EDIÇÃO

MAGISTER DIXIT

"O Poder de Polícia é indelegável aos particulares"; "A Constituição de 1988 exige que o seu exercício seja realizado pela Administração Direta e pelas Autarquias"; "É essencial à sua legitimidade que o respectivo exercício se dê por intermédio de servidores estáveis"; "A lucratividade típica da atividade dos particulares implica desvirtuamento natural no exercício do Poder de Polícia"...

A expressão latina em epígrafe – *magister dixit* – notabilizou-se nas Universidades de Florença em final do século XVI e início do século XVII. Era invocada pelos Professores daquelas escolas todas as vezes que os alunos questionavam as teorias de Aristóteles, impondo-se o silêncio pela autoridade do argumento do mestre.

O Direito Administrativo convive há tempos com argumentos desse tipo – e o que a obra que tenho a honra de apresentar à comunidade jurídica demonstra é a necessidade de se estabelecer diálogo intenso com as bases metodológicas desses argumentos, a fim revelá-los como realidade ou mito.

Como orientador do curso de doutorado do autor, incumbi-me de sugerir o tema, o da possibilidade de exercício do poder de polícia pelos particulares. O julgamento pelo STJ do emblemático caso da BHTRANS – e o reconhecimento pelo STF da repercussão geral no recurso extraordinário interposto neste caso – revelaram sua importância prática.

Foi o bastante para que a mente inquieta – muitas vezes teimosa – de Flávio Unes Pereira pusesse à prova a autoridade dos tradicionais argumentos levantados em favor da indelegabilidade do poder de polícia a particulares.

Com linguagem coesa e assertiva, tomando como referência importantes obras da bibliografia nacional e estrangeira, além do escólio jurisprudencial, Flávio Unes Pereira deu um toque de criatividade à temática. Tratou do entrelaçamento das esferas pública e privada na modernidade, recortou historicamente o episódio da Revolta da Vacina para contextualizá-lo na obra, ousou – divergindo de seu orientador – ao aprofundar radicalmente a tese sobre a delegabilidade do poder de polícia aos particulares. Tudo isso, à luz do que o autor denomina devido processo administrativo, que comparece no texto como "tábua de legitimação".

Sustentou ampla delegabilidade do poder de polícia em todos os seus matizes: *regulação, fiscalização* e *aplicação da sanção*. No primeiro ponto, a regulação, não lhe impressionou (para estabelecer barreira) o fato de a atividade envolver espectro amplo de exercício de competência discricionária administrativa; no segundo, a fiscalização, revelou ausência de distinção e confiabilidade entre atos praticados por agentes do Estado e por agentes delegados; no terceiro, a sanção, revisitando a teoria da adequabilidade normativa de Klaus Ghünter, sustentou a inexistência de discricionariedade na aplicação da sanção e a possibilidade de seu exercício por particulares.

Se a obra que Flávio Unes Pereira produziu na sua defesa de doutorado na UFMG será bastante à mudança do paradigma atual sobre o modo de ver o exercício do poder de polícia por particulares, não se sabe. Mas certamente sua tese constitui, a partir de agora, leitura obrigatória para aqueles que queiram contraditá-la ou corroborá-la. E posso afiançar que a carga argumentativa para desdizê-lo é maior do que para dizer com ele!

Luciano Ferraz
Professor Adjunto de Direito Administrativo na UFMG.

APRESENTAÇÃO DA SEGUNDA EDIÇÃO

Desde a primeira edição, em obra originada de sua tese de doutorado, Flávio Henrique Unes Pereira enfrenta tema fundamental para a Administração Pública: como lidar com as oposições jurídicas à delegação do poder de polícia e a demanda por fiscalização estatal que a realidade impõe a cada dia.

O diagnóstico feito pelo autor é duro, mas preciso.

Nesta segunda edição, inseriu o capítulo 5, em que apresenta episódios contemporâneos reveladores de que a ausência de agentes do Estado aptos a exercer a suposta exclusividade do poder de polícia tem efeitos perversos e impactos devastadores. Por meio da apresentação dos dados de tragédias como as de Brumadinho e Mariana, o autor expressa com clareza que a delegabilidade do exercício do poder de polícia a particulares figura como alternativa viável ao modelo idealizado pela doutrina tradicional. O texto impõe uma inevitável reflexão: a incontestável ausência de fiscalização que leva à ineficiência e ao acúmulo de vítimas reforça a incompatibilidade da noção restritiva do poder de polícia com o texto constitucional?

O autor enfrenta o tema com muita coragem e profunda densidade teórica, sua marca na vida e no Direito. A profundidade da análise não surpreende aqueles que o conhecem e sua atuação em todos os campos do Direito Administrativo: é pesquisador do tema, professor da disciplina, organiza congressos os mais diversos nesse campo de estudo, discute e participa de reformas legislativas no exercício de sua função no Senado Federal, foi Secretário de Estado, assessor de Ministro e é um brilhante advogado.

São admiráveis a obra e a trajetória do autor. Entre tantos profissionais talentosos, sérios e bem formados, consolida sua legitimidade que vem construindo em bases sólidas com muito trabalho.

Muito além da trajetória acadêmica, Flávio Unes é profundamente dedicado e bem sucedido em todas as empreitadas que assumiu na vida. Dedica esforços, sinceridade e paixão a todos os seus projetos. É presença marcante por onde quer que passe e um amigo generoso e fiel para qualquer etapa da jornada. Não me lembro da primeira vez em que encontrei o Flávio, mas tenho a nítida sensação de que ele está na minha vida desde sempre. Devo a ele muito mais que a amizade incondicional e oportunidades profissionais, mas um constante exemplo de coragem, autenticidade e resistência.

Deixo ao leitor confirmar, com a leitura fluída do texto consistente e profundo, toda a densidade da obra que já é referência no tema para o Direito Administrativo brasileiro. Sua leitura é fundamental para que possamos pensar e repensar nosso projeto de Estado e de sociedade, desconstruindo conceitos e certezas.

Marilda de Paula Silveira
Professora de Direito Administrativo e Eleitoral do
Instituto Brasiliense de Direito Público (IDP). Advogada.

APRESENTAÇÃO DA PRIMEIRA EDIÇÃO

Recebi, com satisfação, o convite de Flávio Henrique Unes Pereira para apresentar esta obra, resultante dos trabalhos de elaboração de sua tese de doutoramento, apresentada perante a Faculdade de Direito da Universidade Federal de Minas Gerais.

Já de longa data conheço o autor, advogado brilhante e professor dedicado, que agora passa a integrar o rol dos doutores da lei. Digo "doutor da lei" não em referência à recorrente imagem bíblica dos sábios fariseus, hoje apropriada de modo pejorativo, mas, antes, em atenção ao sentido etimológico da palavra. Explico: o título de *doutor*, de agora em diante ostentado pelo autor, deriva do verbo *doceo, docere*, que, modernamente, é traduzido como ensinar. É certo, porém, que, muito mais que ensinar, deve o doutor fazer aprender. Essa é sua verdadeira missão.

A tese, sob competente direção de seu orientador, Professor Doutor Luciano Ferraz, foi colher da vida cotidiana da Administração tema da mais ampla envergadura. A questão da possibilidade de delegação do poder de polícia estatal a entes privados reverbera não apenas na jurisprudência pátria, como também na doutrina internacional. A clivagem inovadora que lhe emprestou Flávio Unes será recebida com regozijo pela comunidade jurídica. A coragem de explicitar sua opinião contrária às inclinações dominantes dá a tônica de um texto rápido, conciso e assertivo. O autor não desertou de sua vocação dogmática, não se refugiando nas considerações de maior amplitude sem descer ao plano do Direito posto.

A despeito da aridez peculiar ao tema, Flávio Unes deu-lhe tratamento absolutamente rigoroso. O trabalho de pesquisa jurisprudencial revela a tônica de suas ambições, pois mostra sua preocupação com a dimensão pragmática dos institutos de Direito Administrativo.

A temática geral da cooperação da Administração com entes privados, para além de desafiadora – porque confronta a perene tradição do direito da *puissance publique* –, oferece a chave de compreensão das mutações por que passa o Estado Administrativo. Não se está a defender um "regresso ao mercado", mas, em postura antípoda, está-se a militar em prol de um Estado mais dinâmico, de pós-privatização e de garantia.

Perceber, no contexto da temática da delegação, que inexiste o tão decantado conflito entre interesse público e interesse privado é o grande mérito do autor. Evitar o emboloramento da Administração e a esclerose do Estado é a missão do jurista, que atende ao chamado de sua vocação. Criatividade e imaginação institucional, para apropriar-me do conceito de Mangabeira Unger, são as tábuas de salvação da ciência jurídica. Este trabalho é testemunha dos tempos de uma nova formação.

A fluidez e precisão técnica do texto, a gentileza do raciocínio escorreito, objetivo, célere e agudo encarregar-se-ão de garantir sua ampla difusão.

Ganham todos: os profissionais, os estudantes, os pesquisadores e, sobretudo, a Sociedade, que não vê apagar-se o lume do avanço e do desenvolvimento.

Antonio Augusto Junho Anastasia
Governador do Estado de Minas Gerais. Professor de Direito Administrativo da UFMG.

CAPÍTULO 1

INTRODUÇÃO TEÓRICO-METODOLÓGICA

1.1 Problematização e aspectos metodológicos da investigação

O poder de polícia acompanha o Direito Administrativo desde os primórdios, independentemente do momento histórico que tenha marcado sua origem.[1] Trata-se de atividade estatal autorizada por lei que disciplina ou impõe condições relativas ao uso e ao gozo da liberdade e da propriedade privada, tendo em vista o interesse público.[2]

A diversificação e o incremento da ação estatal nas últimas décadas, especialmente do seu papel normativo e regulador, induziu ao crescimento do espectro de incidência do poder de polícia administrativa.

Na vigilância sanitária, por exemplo, o poder público deve fiscalizar os estabelecimentos que armazenam e transportam alimentos. No exercício dessa atividade, as irregularidades comumente fiscalizadas

---

[1] Guido Zanobinni observa que as revoluções liberais correspondem ao momento histórico do nascimento do Direito Administrativo, especialmente a Revolução Francesa de 1789. A Lei de 28 do Pluviose do ano VIII registraria a gênese da disciplina (1954, p. 56-57). Odete Medauar, por sua vez, destaca o "novo", que se sucedeu à Revolução Francesa, e que impulsionou o surgimento do Direito Administrativo: "[...] a) formação de conjunto sistemático de preceitos obrigatórios para autoridades administrativas de todos os níveis, muitos dos quais limitativos de poder; b) reconhecimento de direitos de particulares ante a Administração, com previsão de remédios jurisdicionais; c) quanto à ciência, elaboração doutrinária abrangente de todos os aspectos legais da atividade administrativa; d) elaboração jurisprudencial vinculativa para a Administração e norteadora da construção de novos institutos jurídicos" (2003, p. 22-23).

[2] Para Otto Mayer, "O poder de polícia consiste na ação de autoridade para fazer cumprir o dever, que se supõe geral, de não perturbar de modo algum a boa ordem da coisa pública" (1950, p. 19).

vão desde acondicionamento incorreto, procedência desconhecida e prazo de validade vencido até a falta de autorização para comercializar produtos. O combate a doenças mediante controle da proliferação de mosquitos transmissores (ex. *aedes aegypti*) também se insere no escopo da polícia administrativa de vigilância sanitária, atraindo demandas diversificadas de fiscalização.[3] Na mesma senda, com toques ainda maiores de atualidade, a internação compulsória de dependentes químicos, a suscitar polêmica entre especialistas da área de preservação da saúde.[4]

Na seara do Direito Ambiental, o exercício do poder de polícia abarca ações de grande vulto, para proteger o meio ambiente e combater a poluição em qualquer de suas formas.[5] Destacam-se o controle das atividades que demandam licenciamento ambiental e o acompanhamento da execução de medidas compensatórias que visam à mitigação do impacto ambiental causado por empreendimentos empresariais.[6]

Na seara do Direito Urbanístico, a ocupação irregular do solo atinge, especialmente em regiões metropolitanas, índices elevados de faticidade, sem que o aparato estatal consiga fiscalizar, autuar e sancionar o passivo de irregularidades, indicando, igualmente, demanda reprimida por medidas de polícia administrativa.[7] Também nos grandes

---

[3] A título exemplificativo, tem-se o art. 77, do Código de Saúde do Estado de Minas Gerais, Lei nº 13.317, de 24.09.1999, que estabelece que a inspeção, fiscalização, lavratura de autos e aplicação de penalidades serão exercidas pela autoridade sanitária estadual ou municipal, que terá livre acesso aos estabelecimentos e aos ambientes sujeitos ao controle sanitário. Nesse sentido, o Código Sanitário do Município de Belo Horizonte, Lei nº 7.031, de 12.01.1996, estabelece como infração sanitária obstar, retardar ou dificultar a ação de autoridade fiscal sanitária, tendo o agente competência para lavrar auto de infração e intimar aqueles que se oponham à ação fiscalizatória.

[4] "A internação compulsória de dependentes de crack não é a maneira mais eficiente de se lidar com o problema do vício, segundo especialistas da ONU e da OMS (Organização Mundial da Saúde) ouvidos pela BBC Brasil. O tema voltou a debate no Brasil em janeiro, quando o governo de São Paulo fez uma parceria com a Justiça para agilizar a internação forçada de casos extremos de dependentes de droga" (BBC, 2012).

[5] "Art. 23. É competência comum da União, dos Estados, do Distrito Federal e dos Municípios: [...] VI – proteger o meio ambiente e combater a poluição em qualquer de suas formas;" (CR/88) (BRASIL, 2012a).

[6] Matéria do jornal *Estado de Minas* apresenta quadro emblemático das dificuldades do setor público: "Pressão para evitar danos ambientais com mineração" (FURBINO, 2011, p. 12). É destacada a interferência do Poder Judiciário nos órgãos administrativos ambientais, tendo em vista a incapacidade destes últimos de absorver a crescente demanda fiscalizatória e autorizativa para autuação de empresas e execução de empreendimentos compensatórios na seara ambiental.

[7] Levantamento feito em 2010 pela Fundação Israel Pinheiro (FIP) aponta que, em 13 municípios da Agência de Desenvolvimento da RMBH, 42% dos domicílios se encontram

CAPÍTULO 1
INTRODUÇÃO TEÓRICO-METODOLÓGICA | 23

centros, dados relativos a acidentes de trânsito[8] apontam a exigência por atuação mais amiúde da Polícia Administrativa e exemplo disso é o endurecimento da repressão ao consumo de álcool pelos condutores de veículos.[9]

Mas a parca atuação das diferentes formas de manifestação do poder de polícia tem sido recorrentemente noticiada na mídia[10] e discutida nas lides judiciais. Em decisão de 14.03.2012, o Supremo Tribunal Federal manteve a condenação de dois engenheiros responsáveis pelo desabamento de um prédio na cidade de Olinda. Em notícia divulgada no sítio do STF, há expressa menção ao fato de que o desastre "[...] resultou de falhas na execução da obra: o modelo construtivo não era adequado para o local, a forma em que foi construído era instável e parte do material utilizado era inadequado e de baixa qualidade" (BRASIL, 2013jj).

No mesmo trilho, a tragédia em Santa Maria, no Rio Grande do Sul,[11] ocorrida em 27.01.2013, retrata os problemas afetos à omissão do poder de polícia administrativa. Nesse sentido, manchete do jornal *O Tempo* (2013): "Falta pessoal para fiscalizar lei mais dura para boates: há 64 homens para verificar casas em 33 cidades".[12]

Em todos esses setores, inúmeros aspectos – notadamente de natureza jurídica – contribuem para os problemas mencionados, instigando a reflexão sobre alternativas que concorram para a efetividade do exercício do poder de polícia administrativa.

---

em situação irregular (como noticiado em matéria do *Estado de Minas*, 18 out. 2010) (AYER, 2010, p. 17-18).

[8] Material do Portal de Notícias G1: "PRF registra 114 mortes nas estradas durante feriado de Páscoa" (G1, 2010).

[9] Nesse sentido, a recente Lei n° 12.760, de 20.12.2012, que alterou o Código de Trânsito Brasileiro (Lei n° 9.503, de 23.09.1997) (BRASIL, 2013x).

[10] Em matéria publicada no Portal G1, afirma-se que a Defesa Civil "[...] registrou aumento de 290% no número de chamados para vistorias no Rio de Janeiro, em relação ao mesmo período do ano passado. O Conselho Regional de Engenharia e Agronomia (Crea-RJ), que recebia cerca de quatro denúncias por dia, agora recebe em média de 67 ligações" (QUAINO, 2012).

[11] No caso de Santa Maria, muito embora não haja conclusão sobre as causas do acidente que resultou em mais de 230 mortes, inquestionável o problema relacionado à saída de emergência, extintores de incêndio e alvará não renovado.

[12] E ainda: "BH tem 60% de casas noturnas sem fiscalização" (ESTADO DE MINAS, 2013).

Devemos considerar, por exemplo, a insuficiência do aparato estatal para cumprir todas as suas crescentes funções, haja vista os limites constitucionais[13] e legais[14] de despesas com pessoal.

Devido às evoluções científicas, há, também, necessidade crescente de especialidade na direção de instrumentos e tecnologias indispensáveis para o exercício do poder de polícia administrativa, indo além da mera atividade material. Quando há gestão de informações estratégicas, em pauta está o acesso a dados relevantes sobre a vida das pessoas e muitas vezes da própria Administração Pública, a exigir perícia técnica e investimento por parte do operador. Poderíamos falar, ainda, em

---

[13] "Art. 169. A despesa com pessoal ativo e inativo da União, dos Estados, do Distrito Federal e dos Municípios não poderá exceder os limites estabelecidos em lei complementar.

§1º A concessão de qualquer vantagem ou aumento de remuneração, a criação de cargos, empregos e funções ou alteração de estrutura de carreiras, bem como a admissão ou contratação de pessoal, a qualquer título, pelos órgãos e entidades da administração direta ou indireta, inclusive fundações instituídas e mantidas pelo poder público, só poderão ser feitas:

I – se houver prévia dotação orçamentária suficiente para atender às projeções de despesa de pessoal e aos acréscimos dela decorrentes;

II – se houver autorização específica na lei de diretrizes orçamentárias, ressalvadas as empresas públicas e as sociedades de economia mista.

§2º Decorrido o prazo estabelecido na lei complementar referida neste artigo para a adaptação aos parâmetros ali previstos, serão imediatamente suspensos todos os repasses de verbas federais ou estaduais aos Estados, ao Distrito Federal e aos Municípios que não observarem os referidos limites.

§3º Para o cumprimento dos limites estabelecidos com base neste artigo, durante o prazo fixado na lei complementar referida no *caput*, a União, os Estados, o Distrito Federal e os Municípios adotarão as seguintes providências:

I – redução em pelo menos vinte por cento das despesas com cargos em comissão e funções de confiança;

II – exoneração dos servidores não estáveis.

§4º Se as medidas adotadas com base no parágrafo anterior não forem suficientes para assegurar o cumprimento da determinação da lei complementar referida neste artigo, o servidor estável poderá perder o cargo, desde que ato normativo motivado de cada um dos Poderes especifique a atividade funcional, o órgão ou unidade administrativa objeto da redução de pessoal.

§5º O servidor que perder o cargo na forma do parágrafo anterior fará jus a indenização correspondente a um mês de remuneração por ano de serviço.

§6º O cargo objeto da redução prevista nos parágrafos anteriores será considerado extinto, vedada a criação de cargo, emprego ou função com atribuições iguais ou assemelhadas pelo prazo de quatro anos.

§7º Lei federal disporá sobre as normas gerais a serem obedecidas na efetivação do disposto no §4º." (CR/88) (BRASIL, 2012a).

[14] Nesse sentido a Lei de Responsabilidade Fiscal: "Art. 19. Para os fins do disposto no *caput* do art. 169 da Constituição, a despesa total com pessoal, em cada período de apuração e em cada ente da Federação, não poderá exceder os percentuais da receita corrente líquida, a seguir discriminados:

I – União: 50% (cinquenta por cento);

II – Estados: 60% (sessenta por cento);

III – Municípios: 60% (sessenta por cento)." (BRASIL, 2013h).

"inteligência de polícia administrativa", o que indica a complexidade do tema na atualidade.[15]

Nesse cenário, o estudo sobre as condições e requisitos que viabilizam a delegação do poder de polícia administrativa ao particular adquire especial relevo, porquanto sinaliza alternativa de parceria do setor estatal com o privado, que poderá avançar na solução de problemas sociais sérios e de relevante impacto na vida em sociedade.

As recentes formulações teóricas acerca da concepção do Estado Democrático de Direito provocam os estudiosos do Direito Administrativo a refletirem sobre as diversas categorias jurídicas e institutos clássicos da aludida disciplina, a partir da leitura crítica de seus fundamentos e, sobretudo, da matriz autoritária que a sustenta.

Breve escorço histórico é revelador das inquietações que permeiam esta pesquisa, pois o Direito Administrativo é direito em permanente estado de vir a ser.

O Direito Administrativo, na sua formação, foi desafiado a enfrentar a tensão entre autoridade e liberdade. Não há dúvida de que as revoluções liberais, especialmente a francesa, informaram, à época, um modelo de legitimidade do exercício do poder estatal calcado na noção de legalidade e no princípio da separação de poderes estatais.

Parte da doutrina, contudo, ao analisar tal período, aponta paradoxos quanto à expectativa sobre o papel do Direito Administrativo. Na obra *Em busca do acto administrativo perdido*, Vasco Pereira da Silva afirma que a ruptura entre o Estado absoluto e o Estado liberal não é total: se, por um lado, os princípios da Revolução Francesa buscavam limitar o poder estatal, por outro, o interesse da classe dominante encontrou novas formas de atuar (SILVA, V., 2003, p. 38-39). Gustavo Binenbojm também discorre sobre a "outra história do direito administrativo", amparado na obra de Paulo Otero, para sustentar a reprodução e

---

[15] Pedro Gonçalves, ao diferenciar a atividade material da atividade que envolve planejamento ou gestão de informação, bem elucida a necessidade de se reconhecer a transferência de poder público na última hipótese: "A incumbência da mera medição, aliás, feita pela máquina, não constitui delegação de uma tarefa pública. Idêntico raciocínio aplica-se à operação de um sistema de semáforos urbanos: a contratação de uma empresa para testar, pôr em funcionamento e reparar avarias nos semáforos é um caso de colaboração auxiliar. *Mas se a mesma empresa fica incumbida do planejamento e da gestão do sistema de semáforos já haverá a delegação de uma tarefa pública. Do mesmo modo, a contratação de uma empresa privada para preparar e implementar um sistema informático não ultrapassará os limites da colaboração auxiliar, desde que a Administração mantenha a gestão efectiva do sistema: mas já há delegação de uma responsabilidade (e, porventura, delegação de poderes públicos) se for transferida para a empresa a competência para a gestão do sistema ou para a elaboração de um programa informático que defina as premissas de actos administrativos que o computador vai praticar"* (GONÇALVES, 2008, p. 354-355, grifos nossos).

sobrevivência das práticas do Antigo Regime por meio de institutos do Direito Administrativo (BINENBOJM, 2006, p. 11).

Ao mesmo tempo que o Estado se submete ao Direito, acompanham-no fórmulas de prevalência de seu poder impositivo sob matrizes de verticalidade, *v. g.*, os atributos do ato administrativo ou, na origem do sistema jurídico francês, o contencioso administrativo, limitador do controle jurisdicional dos atos administrativos.

Permanece vivo, nessa perspectiva, o paradoxo autoridade *versus* liberdade no âmbito do Direito Administrativo, especialmente quando se considera o paradigma do Estado Democrático de Direito.

O tema "poder de polícia administrativa" reflete esse dilema, cuja origem está atrelada à concepção verticalizada de Administração Pública e à supremacia do interesse público sobre o privado, *segundo apriorística arbitragem do Estado e seus agentes*. Esse princípio,[16] aliado a outros fundamentos doutrinários e jurisprudenciais que serão examinados nesta obra,[17] tem sustentado historicamente a indelegabilidade da atividade de polícia administrativa ao particular, com base em argumentação ontológica despida de maior aprofundamento deontológico.

A posição clássica pela indelegabilidade da prestação do poder de polícia administrativa parte da compreensão de que o direito público é homogêneo,[18] regular e não impactado pelas mudanças decorrentes da hipercomplexidade da vida em sociedade, na atual quadra do desenvolvimento das relações sociais, econômicas, estatais e privadas.

O direito público regularia, segundo a concepção tradicional, o exercício do poder, que, por sua vez, seria prerrogativa exclusiva do aparato estatal, razão pela qual não faria sentido delegá-lo, especialmente quando se tratasse de atribuição limitadora ou condicionante da atividade dos indivíduos, desde quando se fundasse o seu exercício na etérea noção de "bem comum". O Estado, nessa perspectiva, é tido como fonte onipotente e exclusiva para o exercício do poder.

---

[16] Embora nesta obra se entenda que se trate de um princípio, não é objeto do estudo avançar na discussão sobre a diferença entre princípio e postulado, vez que essa questão não interfere no foco deste trabalho.

[17] No Capítulo 3, são examinados os seguintes fundamentos que sustentariam a indelegabilidade do poder de polícia administrativa: a) autorização expressa na Constituição; b) poder de coerção e autoexecutoriedade dos atos administrativos; c) estabilidade dos servidores públicos.

[18] Não é esta a posição de Floriano Peixoto de Azevedo Marques Neto, com a qual concordamos, ao destacar que "Diante da crescente fragmentação social, parece não ser mais válido falar de uma só unidade homogênea do público ou do coletivo, mas numa constelação de unidades orgânicas mais e mais multifacetadas e passíveis de agregações transitórias" (2002, p. 146).

Por outro lado, o cenário de grandes avanços tecnológicos,[19] a possibilitar maior integração entre diferentes culturas, interfere na formatação de uma sociedade multifacetada, em que a Administração Pública deixa de ser considerada como tutora exclusiva do interesse público, para compartilhar a tarefa com a sociedade e seus diversos atores. Seguramente, entre as mudanças protagonizadas no século XX, especialmente após a 2ª Guerra Mundial, está o reconhecimento de que a esfera pública não se basta na estatal, na medida em que a sociedade civil vê-se também como partícipe indispensável da delimitação do bem comum.

O paradigma do Estado Democrático de Direito apresenta, cotidianamente, as interfaces de diversos "poderes" dispersos no convívio societário: os do empregador em relação ao empregado (o tema sobre o direito de revista do empregador, p. ex.); os do consumidor em relação ao fornecedor (e vice-versa); os de associações privadas em relação a seus associados (a questão de se saber se há direito ao devido processo para expulsão de membro de associação privada).[20] E nem se

---

[19] José Carlos Reis aborda o tema: "O avanço técnico cria um simulacro de ubiqüidade: pode-se estar em vários lugares, distantes espaço-temporalmente uns dos outros, e exercer sobre eles simultaneamente alguma forma de intervenção. Ao mesmo tempo, sofre-se essa ação de lugares e tempos distanciados. As culturas se interpenetram, as economias se atravessam, os poderes se interferem, os espaços perdem fronteiras, os tempos se superpõem. Novas questões históricas se apresentam aos historiadores, que com dificuldade procuram identificá-las e com maior dificuldade ainda procuram formulá-las com o domínio do seu sentido e da linguagem que o expressa. Se a história é a linguagem da mudança, pois a estrutura ao representá-la, precisa estar a par das mudanças profundas que o final do século XX viveu; estar a par e na vanguarda, reconhecendo-as e formulando-as o mais próximo possível da sua atualidade" (2007, p. 15). Zygmunt Bauman também se dedica à complexidade do momento atual, denominado por ele de "modernidade líquida": "Seria imprudente negar, ou mesmo subestimar, a profunda mudança que o advento da 'modernidade fluida' produziu na condição humana. O fato de que a estrutura sistêmica seja remota e inalcançável, aliado ao estado fluido e não-estruturado do cenário imediato da política-vida, muda aquela condição de um modo radical e requer que repensemos os velhos conceitos que costumavam cercar suas narrativas. Como zumbis, esses conceitos são hoje mortos-vivos. A questão prática consiste em saber se sua ressurreição, ainda que em nova forma ou encarnação, é possível; ou – se não for – como fazer com que eles tenham um enterro decente e eficaz" (2001, p. 59-60).

[20] Pedro Gonçalves aborda o tema com precisão: "Com efeito, há muito tempo que a doutrina identificou áreas de poder no âmbito do direito privado ('poderes privados'): relações associativas ('poderes associativos'), relações de emprego ('poderes de comando' e 'poderes disciplinares'), relações escolares ('autoridade escolar'), relações econômicas ('poderes de regulação de mercados') são, todas elas, 'relações privadas de poder' que confirmam a exigência de rejeitar a tese segundo a qual o Estado é a 'onipotente fonte de poder'. Mais recentemente, a privatização dos 'grandes serviços públicos' está na base do aparecimento de novos poderes privados de natureza económica: 'poderes significativos' e 'dominantes' em mercados de prestação de serviços essenciais para os cidadãos. Os novos actores privados que emergem deste processo (grandes empresas e grupos económicos)

FLÁVIO HENRIQUE UNES PEREIRA
REGULAÇÃO, FISCALIZAÇÃO E SANÇÃO

diga que a existência de tais "poderes" atrairia a centralização de seu exercício para o Estado.

A complexidade de interesses inerente ao modelo de Estado contemporâneo requer novas reflexões a respeito da interação entre as esferas estatal, pública e privada, sem a pretensão de que seja identificado *ipso facto* interesse público que, *de antemão*, deva ser tomado como legítima arbitragem dos conflitos ou como expressão de soluções dos desafios do tempo presente.

Ocorre que, ainda assim, a doutrina clássica do Direito Administrativo Brasileiro[21] não admite a delegação do poder de polícia administrativa e há nesse sentido decisões judiciais dos tribunais pátrios, entre os quais o Supremo Tribunal Federal e o Superior Tribunal de Justiça. Tais posições merecem ser revistas a partir dos referenciais teóricos adotados no trabalho.

As questões que emergem desse contexto e que orientam a presente obra podem ser assim sintetizadas:

- O ordenamento jurídico brasileiro impede a delegação da execução da atividade de polícia administrativa ao particular?
- Há alteração do regime jurídico do ato de autoridade administrativa em razão da natureza jurídica da pessoa que o edita?
- Quais os requisitos da delegação do exercício do poder de polícia administrativa a particulares, caso o transpasse da atividade seja juridicamente possível?

Como hipótese, afirmamos criticamente que a delegabilidade da execução das espécies de manifestação do poder de polícia ao particular (regulação, fiscalização e sanção) não encontra obstáculo na Constituição da República de 1988 e nem rompe com a noção de autoridade administrativa, desde que prevista em lei e desde que atendido o devido processo administrativo, de modo a garantir a legitimidade[22] da atuação

---

pautam os seus comportamentos por uma 'racionalidade governamental' estranha à lógica de paridade com os seus clientes. O direito privado, ainda que considerado, na sua raiz, um 'direito dos cidadãos', regula, portanto, relações de poder e de autoridade, uma vez que, como já foi observado, '*Power may be private as well as public*'. A legislação das últimas décadas confirma, claramente, o aparecimento de um direito privado atento às relações de poder e de domínio entre particulares, que, de forma assumida, se afirma, cada vez mais intensamente, como direito *disciplinador, condicionador* e *limitador* da autonomia privada e da liberdade contratual" (2008, p. 276-277).

[21] *V. g.*, Celso Antônio Bandeira de Mello (2006).

[22] No ponto, ganha relevo a lição de Diogo de Figueiredo Moreira Neto (2008, p. 29-30), para quem "[...] a legitimidade da ação administrativa pública é, sem dúvida, a grande conquista ética desta era, orientando a finalidade cada vez mais funcionalizadora do aparelho do Estado, o que obriga, em consequência, a eficiência dos procedimentos de gestão".

CAPÍTULO 1
INTRODUÇÃO TEÓRICO-METODOLÓGICA | 29

pública delegada e o respectivo controle jurisdicional, conforme será desenvolvido e analisado ao longo desta obra.

Quanto à metodologia adotada, o estudo é dogmático-jurídico, vez que o tema foi abordado à luz do ordenamento e da doutrina brasileiros, bem como a partir da jurisprudência nacional, coletada e analisada de modo qualitativo,[23] ou seja, a partir dos subtemas tratados, foram avaliadas, criticamente, as principais linhas argumentativas desenvolvidas nas decisões.[24] Por outro lado, escritos e normas de Direito Comparado, especialmente os de origem portuguesa e espanhola, foram analisados na medida do necessário para a compreensão do tema no cenário nacional.

No tocante aos referenciais teóricos, desenvolveremos, a seguir, três temas estruturais como base teórica da obra: i) a complementaridade entre as esferas pública e privada, no paradigma do Estado Democrático de Direito; ii) a supremacia do interesse público sobre o privado: superação ou releitura; e iii) o devido processo administrativo como modo de legitimação da ação estatal.

1.2 Transformações teórico-estruturais do Direito Administrativo e suas repercussões no regime jurídico da atividade de polícia administrativa

A indelegalidade do poder de polícia a particulares decorre, em apertada síntese, de uma determinada pré-compreensão em relação à atuação das esferas pública e privada no Estado de Direito. À primeira caberia a proteção exclusiva do interesse da coletividade, tido como interesse público, ao passo que à esfera privada caberia a busca do lucro ou de interesses egoísticos. Não por outra razão, somente os órgãos e entidades de direito público, integrantes da Administração Pública, poderiam exercer os poderes inerentes à polícia administrativa.

A doutrina clássica brasileira, calcada na supremacia do interesse público sobre o privado e na indisponibilidade do interesse público pela

---

[23] Luciano Ferraz destaca a importância da jurisprudência como fonte do Direito Administrativo: "Além da lei e dos princípios jurídicos, também a jurisprudência é fonte do Direito Administrativo. A interpretação consolidada pelos Tribunais dos textos e casos a envolver a Administração Pública é cada vez mais fonte permanente de consultas, reconhecendo-se que o ato de aplicação do direito constitui-se em ato de revelação do próprio Direito" (*in* MOTTA, 2011, p. 7).

[24] Segundo Juliana Bonacorsi de Palma (*in* FEFERBAUM; PINHEIRO, 2012, p. 161), "Nas pesquisas qualitativas, o pesquisador deve sistematizar as principais linhas argumentativas nas decisões analisadas e eventualmente criticá-las".

Administração,[25] sustenta tais premissas, concluindo que a vagueza conceitual do termo interesse público atrairia o exercício de competência discricionária.[26]

Demonstraremos, contudo, que a relação entre as duas esferas, no Estado Democrático de Direito, impõe novo desenvolvimento da ação estatal, a exigir o devido processo como foco da atuação da Administração Pública, que passa a reconhecer a indispensabilidade da institucionalização de canais de comunicação com os cidadãos, especialmente quando atua na limitação de liberdades privadas.

Desse modo, a delimitação do interesse público – mediante atos como os de polícia administrativa – é via de regra construída ao final de procedimentos discursivos e dialógicos, que serão parâmetros para o exercício da atividade de controle da Administração Pública. Assim é que se verá que o público não necessariamente confunde-se com o estatal e que o privado pode contribuir para a realização do bem comum, ainda que o lucro seja o foco de sua atuação. Cabe advertir: a dissociação proposta não exonerará o Estado da titularidade de funções públicas, nem comprometerá, conforme será estudado, a imposição de regime jurídico público sobre as atividades administrativas, sobretudo se exercidas por particulares.

A expressão "transformações teóricas estruturais do Direito Administrativo" foi utilizada exatamente assim, porque o objeto do trabalho é analisado sob a lente de marcos teóricos que revisitam os pressupostos doutrinários clássicos da disciplina.

---

[25] Nesse sentido: Celso Antônio Bandeira de Mello (2011, p. 69 *et seq.*) e Maria Sylvia Zanella Di Pietro (2012, p. 65 e seg.). A repercussão da doutrina clássica na jurisprudência é atual, conforme ilustra recente decisão do STF, em que se discutia a legalidade de ato normativo editado pela Câmara de Regulação do Mercado de Medicamentos (CMED), que disciplinou a incidência de desconto mínimo obrigatório nas operações comerciais estabelecidas entre as unidades produtoras e distribuidoras e o poder público. O ministro Dias Toffoli, ao iniciar seu voto, destacou a relevância do princípio da supremacia do interesse público sobre o privado como base para o regime jurídico administrativo: "Para a solução da controvérsia, é imperioso rememorar que o regime jurídico-administrativo ancora suas bases na supremacia do interesse público sobre o privado e na indisponibilidade do interesse público. Acerca da supremacia do interesse público sobre o privado, que informa a relação entre a Administração e o particular quando em foco o regime jurídico-administrativo, ensina Celso Antônio Bandeira de Mello: [...]" (BRASIL, 2013vv).

[26] Celso Antônio Bandeira de Mello, neste ponto, afirma como uma das "[...] causas normativas geradoras da discricionariedade" a finalidade da norma expressa por termos imprecisos, tais como o interesse público: "Veja-se, *exempli gratia*, que os valores 'segurança pública', 'moralidade pública', 'higiene pública', 'salubridade pública', ou simplesmente 'interesse público', comportam, realmente, intelecções não necessariamente uniformes, pois, como as realidades para as quais apontam são suscetíveis de existir em graus e medidas variáveis, ensancham opiniões divergentes sobre o fato de haverem ou não chegado a se configurar" (2003, p. 18-19).

1.2.1 Complementaridade das esferas pública e privada no Estado Democrático de Direito

As pré-compreensões das visões do mundo, alcançadas por meio de uma noção paradigmática, possibilitam, na visão de Thomas Kuhn, compreender o modo como os problemas surgem e são assimilados por determinada sociedade, como também permitem entender as "[...] soluções modelares para uma comunidade de praticantes de uma ciência" (2003, p. 13).

Em relação ao campo do Direito, Jürgen Habermas afirma que os paradigmas permitem diagnosticar um conjunto de circunstâncias que servem de guia para a ação. Eles iluminam o horizonte de determinada sociedade, tendo em vista a realização do sistema de direitos. Paradigmas, segundo o autor, abrem perspectivas de interpretação nas quais é possível referir os princípios do Estado de Direito ao contexto da sociedade como um todo (2003, p. 181).

Pretendemos, nessa perspectiva, examinar a complementaridade das esferas pública e privada no paradigma do Estado Democrático de Direito, ou seja, ter em mira nova leitura da dimensão pública/estatal em relação ao particular, notadamente em vista da realização do interesse público.

Cristiano Paixão Araújo Pinto sintetiza a evolução paradigmática do Estado de Direito e sua relação com a dicotomia público/privado, destacando que nos dois paradigmas anteriores ao do Estado Democrático de Direito permaneceu a mesma característica tendente a "diluir o público no estatal": no Estado Liberal, o privado superdimensionado e o público reduzido a suas funções mínimas, e, no Estado Social, uma inversão dos polos (*in* PEREIRA, 2003, p. 44).[27]

A transição do paradigma do Estado Social, confiante no poder público-estatal como salvação das mazelas sociais, para o Estado Democrático de Direito mobilizou a sociedade civil, que veio à tona com toda a sua hipercomplexidade.

Nesse cenário, o Estado Democrático de Direito é construído a partir do reconhecimento da existência de multiplicidade de interesses na sociedade, que tem que ser considerada pelo Estado, sob pena de total ausência de legitimidade para o exercício da função pública.

---

[27] Marcelo Cattoni de Oliveira (2002) também discorre sobre o tema.

32 FLÁVIO HENRIQUE UNES PEREIRA
REGULAÇÃO, FISCALIZAÇÃO E SANÇÃO

Em ambiente elevado pela diversidade de interesses em constante tensão, a compreensão da esfera pública e da esfera privada não pode mais ser limitada aos moldes anteriores.[28] A pública deve ser ampliada para além do aparato estatal, e a privada não deve ser reduzida ao egoísmo, aos interesses estritamente pessoais ou individuais.

Especificamente quanto ao poder de polícia, Fernanda Stracke Moor destaca a insuficiência da distinção clássica entre público e privado, a exemplo do poder de polícia ambiental, já que a propriedade não pode mais ser compreendida com base exclusiva no direito privado. Segundo a autora, "[...] o interesse público não é necessariamente o interesse social e os interesses públicos e privados podem estar embaralhados" (2007, p. 61-62).

Nos autos da Medida Cautelar na Ação Direta de Inconstitucionalidade nº 1.923-5/DF (BRASIL, 2011l), o ministro do STF Gilmar Mendes afirmou que o Direito Administrativo brasileiro tem passado por mudanças substanciais, paradigmáticas, que não têm sido compreendidas por juristas. Segundo o ministro, *não há* como compreender uma disciplina jurídica, no contexto atual, *focando-se numa distinção clássica entre público e privado*.[29] Não haveria como negar, segundo o magistrado, mecanismos de direito privado como importantes instrumentos para o Estado alcançar resultados efetivos. Sob tal enfoque, Gilmar Mendes reporta-se às lições de Gunther Teubner:

> [...] *a simples dicotomia público/privado significa que as atividades da sociedade não podem mais ser analisadas com ajuda de uma única classificação binária; ao contrário, a atual fragmentação da sociedade numa multiplicidade de setores sociais exige uma multiplicidade de perspectivas de autodescrição.* Analogamente, o singelo dualismo Estado/sociedade, refletido na divisão do direito em público e privado, deve ser substituído por uma pluralidade de setores sociais reproduzindo-se, por sua vez, no direito. (TEUBNER *apud* BRASIL, 2011l)

---

[28] Alexandre Bahia destaca a diversidade de interesses como característica do Estado Democrático de Direito, a demandar interlocução entre os atores envolvidos: "O pluralismo de interesses (e dos defensores destes interesses) é uma das razões que levaram à superação de concepções que consideravam o Estado o defensor único (pois que contava com um acesso privilegiado) dos interesses maiores. Assim, a defesa dos interesses públicos apenas pode ocorrer como produto de uma *discussão procedimental*, lembrando-se que nem os conteúdos de quais seriam os interesses públicos pode ser tomada de forma naturalizada" (2007, p. 182, grifo nosso).

[29] Sobre o tema, leitura obrigatória: BACELLAR FILHO. *Direito administrativo e o novo Código Civil.*

Os papéis que cada cidadão assume, neste momento de hiper-complexidade, são reveladores da insuficiência de uma classificação simplista das questões que pautam o mundo contemporâneo. O cidadão é, ao mesmo tempo, consumidor, fornecedor, empregador, empregado, empresário, operário, entre outros. Para além de uma dimensão pessoal ou subjetiva, há, do mesmo modo, especificidades e particularidades profissionais e técnicas que revelam a multiplicidade de atores e interesses em um mesmo jogo. Bem por isso é inapropriada a solução rápida de conflitos ou desafios mediante interpretação fria da lei, apartada da argumentação construída a partir do caso concreto ou da complexidade concreta.

Maria Coeli Simões Pires alerta:

> [...] ao não se comprometer com a dimensão essencialmente conflituosa da *complexidade social*, na medida em que o caso concreto só é tomado de forma apenas descritiva, o intérprete do Direito, do Direito Administrativo mais em particular, tão cioso de sua condição de presumidamente neutro, vem incorrendo deliberadamente no risco de esvaziar até a própria dimensão semântica do conceito de Estado Democrático de Direito. (*in* LIMA, 2006, p. 195, grifo nosso)

A legitimidade da ação da Administração Pública dependerá, portanto, do reconhecimento de que a esfera estatal não se sustenta nela mesma, a exigir, no paradigma democrático, interlocução com os possíveis afetados pelas suas medidas. Na linha de compreensão de Maria Tereza Fonseca Dias, entendemos que a formação da vontade pública/estatal "[...] retira sua força legitimadora dos pressupostos comunicacionais que permitem aos melhores argumentos entrarem em ação em várias formas de deliberação" (2008, p. 45).[30]

A dimensão procedimental do Estado Democrático de Direito vigente nada mais faz do que reconhecer a insuficiência da "razão" ou de uma concepção apriorística ou unilateral como mecanismo de solução de conflitos ou mesmo como diretriz de formação das vontades públicas, postulando, por conseguinte, "[...] as condições necessárias sob as quais os sujeitos de direito, em seu papel de cidadãos, podem alcançar um entendimento entre si acerca de quais são seus problemas e de como eles devem ser revolvidos" (DIAS, 2008, p. 47). Amparada

---

[30] A autora também afirma, especialmente a partir da doutrina de Jürgen Habermas, que "O direito precisa redescobrir na sociedade e no processo político democrático seu substrato de legitimidade, para que as regras de que se utiliza com finalidades normativas possam se firmar como mecanismos de integração social" (DIAS, 2008, p. 34).

em Habermas, Maria Coeli Simões Pires adverte para a noção de espaço público retratado a partir de um campo de horizontes abertos, *legitimado mediante o discurso*. Em outras palavras, o conteúdo da ação estatal decorrerá – se se pretender legítimo – das "disputas" argumentativas instauradas e experimentadas no campo público (PIRES *in* LIMA, 2006, p. 153).

A versão meramente subjetiva do exercício da autoridade pública, que decorreria da investidura do agente na função pública como único meio de legitimação do ato administrativo, *cede espaço para a institucionalização de procedimentos que legitimem o agir estatal*.

Desse modo, não há espaço para a suposição de que o "privado" seria inconciliável com o público, tendo em vista a finalidade lucrativa, e de que o estatal seria o *locus* exclusivo de preservação do interesse público.[31] Até porque seria impossível explicar alternativas clássicas, como a delegação de serviços públicos ao particular (*v. g.*, art. 175, da CR/88),[32] vez que se trata de atuação privada para a concretização do interesse público, mediante garantia de lucro. Basta recordar que o art. 37, XXI, da CR/88, assegura a preservação das condições efetivas das propostas daqueles que contratam com a Administração Pública.[33]

Nesse sentido é que esta obra parte de nova compreensão da interação entre as esferas pública e privada, demandada pela complexidade do paradigma de Estado atual, de modo a afastar pré-compreensões que inviabilizem, *per se*, a alternativa de ação estatal mediante parceria com o setor privado, em especial na atividade de polícia administrativa, cerne deste trabalho.

Essa revisão sobre a dicotomia público/privado repercute no modo de ação estatal, que se afasta da correlação entre órgão e atividade

---

[31] Floriano Marques Neto afirma que: "[...] a Administração não é mais tutora exclusiva do interesse público, cuja supremacia sobre seu anverso (os interesses privados) conferia-lhe prerrogativas exorbitantes exercidas de forma autoritária" (2002, p. 157).

[32] É de Pedro Antônio Gonçalves o alerta para "[...] os perigos em que pode incorrer quem, apoiado numa ideia preconcebida ou confiando na pura intuição, pretenda formular um juízo genérico e definitivo sobre a bondade ou a perversidade do exercício privado de poderes públicos de autoridade" (2008, p. 26).

[33] "Art. 37. A administração pública direta e indireta de qualquer dos Poderes da União, dos Estados, do Distrito Federal e dos Municípios obedecerá aos princípios de legalidade, impessoalidade, moralidade, publicidade e eficiência e, também, ao seguinte: [...] XXI – ressalvados os casos especificados na legislação, as obras, serviços, compras e alienações serão contratados mediante processo de licitação pública que assegure igualdade de condições a todos os concorrentes, com cláusulas que estabeleçam obrigações de pagamento, *mantidas as condições efetivas da proposta*, nos termos da lei, o qual somente permitirá as exigências de qualificação técnica e econômica indispensáveis à garantia do cumprimento das obrigações." (BRASIL, 2012a, grifo nosso).

CAPÍTULO 1
INTRODUÇÃO TEÓRICO-METODOLÓGICA | 35

pública, para admitir a atuação privada em setores até então restritos à Administração, tendo como foco a incidência do regime jurídico público na atividade delegada.

1.2.1.1 Quebra do binômio "entidades/órgãos públicos e atividades públicas" como matriz conceitual do poder de polícia administrativa

A indissociabilidade, de um lado, da esfera pública e a estatal, e, de outro, da finalidade lucrativa e a iniciativa privada, tem sustentado a tese da indelegabilidade do poder de polícia administrativa. Disso decorre a conclusão clássica de que apenas a Administração Pública Direta ou Autárquica poderia exercer ato de autoridade.

Carlos Ari Sundfeld, porém, afirma que o essencial dessa questão limita-se à incidência do *regime jurídico público*, ainda que haja delegação do poder de polícia administrativa a pessoa jurídica de direito privado. Para o autor, não é pertinente ao tema saber do regime de funcionamento da entidade como um todo, nem mesmo as atividades-meio ou o regime de pessoal. O relevante é o *regime jurídico das decisões* e dos atos de polícia administrativa eventualmente delegados (SUNDFELD, 1993, p. 99).

O mencionado administrativista, muito embora tenha se limitado a analisar a delegação de atividade de polícia à *entidade estatal de natureza privada*, suscita reflexões fundamentais que norteiam este trabalho e que quebram o binômio "órgãos públicos e funções públicas" ou "ato administrativo e servidor público", como matriz conceitual da atividade de polícia administrativa.

Sobre o ponto, Sundfeld recorda o caso dos concessionários de serviços públicos, os quais editam atos de autoridade, no tocante à atividade pública delegada, demonstrando que "[...] não se confundem o regime da pessoa com o regime da atividade" (1993, p. 101). No mesmo sentido Agustín Gordillo:

> Já vimos que "serviço público" não é nada mais que uma atividade monopolizada regida substancialmente pelo Direito Público; se esta atividade é delegada a uma outra pessoa jurídica distinta da Administração, então, também se delegou poder e função administrativa, que, logicamente, se expressam no mundo jurídico através de atos administrativos. (1999, p. I-24-I-25)

FLÁVIO HENRIQUE UNES PEREIRA
REGULAÇÃO, FISCALIZAÇÃO E SANÇÃO

Especificamente sobre a atividade de polícia administrativa, Dolors Canals I Ametller (2003) revela a necessidade de se desfazer a identificação entre órgão público e função pública, como também entre ato administrativo e servidor público, uma vez que o regime jurídico da atividade é o norte a regular a sua execução.

Segundo a autora, a infraestrutura pública e a organização burocrática do Estado seriam insuficientes ou incapazes de controlar os riscos do avanço tecnológico (AMETLLER, 2003, p. 49), impondo ao legislador a alternativa de se socorrer da colaboração de instâncias privadas com capacidade e com conhecimento para exercer funções de inspeção, controle e certificação, segundo regulamentos setoriais. Os atos emanados pelo colaborador privado seriam, nessa configuração, dotados de natureza declaratória ou de certificação quanto ao cumprimento da legislação vigente.

Esse sistema de controle da técnica revelaria, ainda segundo a autora, inovadora forma de intervenção estatal, porquanto a complexidade tecnológica leva à remodulação da órbita de atuação da Administração Pública. É o que, em certa medida, acentua Pedro Gonçalves:

> Mas a ideia e a lógica do "regresso ao mercado" baseiam-se também na própria complexidade dos problemas do nosso tempo, os quais não se deixam solucionar sem o concurso de conhecimentos e de capacidades (empresariais, científicas e tecnológicas) de que o Estado efectivamente não dispõe. Neste sentido, diz-se, com razão, que o processo de privatização não tem sido só motivado por razões ideológicas, mas também por decisivos factores de ordem pragmática. (2008, p. 15)

A nova modalidade de colaboração ou de "exercício privado de funções públicas" confirmaria, desse modo, a dissolução da correlação entre órgãos públicos e funções públicas, como também entre ato administrativo e servidor público. *Em síntese*: "*Organização administrativa e funções públicas são duas realidades que não se correspondem exatamente*" (AMETLLER, 2003, p. 277-278).[34]

Assim, seria cabível às entidades privadas colaboradoras emitir atos decisórios, cujos efeitos seriam obrigatórios para aqueles que são

---

[34] No original: "Organización administrativa y funciones públicas son dos realidades que no se corresponden exactamente". No mesmo sentido, afirma Pedro Gonçalves: "A personalidade de direito público deixou de ser o critério adequado para delimitar com precisão as fronteiras da província do direito público, já não constituindo, por outro lado, o único suporte de execução de tarefas públicas (e de exercício de poderes públicos)".

CAPÍTULO 1
INTRODUÇÃO TEÓRICO-METODOLÓGICA | 37

submetidos à certificação ou inspeção, conforme salienta Dolors Canals I Ametller:

> Existe, por conseguinte, uma transferência a particulares das funções implícitas na atividade administrativa de homologação de produtos industriais, assim como da certificação de conformidade da produção industrial, com os mesmos efeitos públicos da atividade de polícia administrativa, isto é, a homologação. (2003, p. 286, tradução nossa)[35]

A inspeção técnica de veículos na Espanha é também lembrada pela autora como atividade de autorização exercida por modalidade privada de execução de funções públicas. Não se trata apenas de atividade material de inspeção e controle técnico, na medida em que de tal atribuição resulta documento que habilita o titular do veículo a transitar nas vias públicas, o que vincula, portanto, a própria Administração Pública (AMETLLER, 2003, p. 287).

Ademais, registra a autora que na temática de segurança industrial a matéria ganha relevo, pois há jurisprudência espanhola que admite a atividade realizada por entidades privadas que exercem a vigilância do cumprimento da legislação sobre segurança de produtos, equipamentos e instalações industriais:

> Assim, por exemplo, se afirma no Tribunal Superior de Justiça da Catalunha, de 11 de julho de 1990, que as funções de inspeção técnica e de controle da segurança das instalações industriais são exercício "de uma função pública relativa à da vigilância do cumprimento da legislação do Estado sobre segurança de produtos industriais, equipamentos e instalações industriais [...], as funções que correspondem à Catalunha dentro do âmbito da segurança, qualidade e normatização industrial poderão ser realizadas seja diretamente pelo Departamento de Indústria e Energia, seja através de sociedades participantes ou vinculadas, ou ainda pelas entidades públicas *ou privadas* contratadas mediante concessão administrativa, [...] *cujos certificados terão a mesma validade dos emitidos pela Administração*". Finalmente, sustenta que: "*a natureza pública da função exposta é inegável*, pois sua finalidade não é outra que a de proteger um interesse público qual é o da segurança industrial, sem que a possibilidade de seu exercício supletivo por entidades privadas (possibilidade esta que também reconhece a própria legislação estatal) de

---

[35] No original: "Existe, por consiguiente, una cesión a particulares de las funciones implícitas en la actividad administrativa de homologación de productos industriales, así como de la certificación de conformidad de la producción industrial, con los mismos efectos públicos de esta actividad de policía administrativa, esto es, la homologación".

modo algum desvirtua essa natureza, *pois a titularidade pública da função não se perde*. (AMETLLER, 2003, p. 289, tradução nossa, grifos nossos)[36]

As atividades exercidas pelos colaboradores privados podem chegar a estabelecer condutas corretivas para as empresas fiscalizadas, cabendo, até mesmo, medidas preventivas quando a gravidade e a urgência do caso exigirem.

Conforme salienta a autora espanhola, haveria necessidade de norma para dispor sobre as condições gerais e requisitos para o exercício de tais atividades, até porque inexiste, no sistema jurídico espanhol, conceito e categorias específicas de entidades privadas que exercem genuínas funções públicas, sobretudo com autoridade inerente aos poderes públicos.[37]

Caberia, então, ao particular emitir declarações com base no controle por ele realizado, as quais seriam consideradas como se editadas pela própria Administração. Segundo Dolors Canals I Ametller, é a atividade jurídico-administrativa que é transferida a instâncias privadas, porquanto estas exercerão o papel de autoridade, ou seja, serão autoras de uma decisão sobre a base do domínio de um saber (2003, p. 301). Em outras palavras, a especialidade técnica decorrente do investimento realizado pelo colaborador privado servirá ao Estado, ainda que para isso haja a transferência da execução de atividade tipicamente estatal.

A autora admite, todavia, que nem a doutrina clássica nem os instrumentos tradicionais de colaboração entre os particulares e a Administração são suficientes para definir a delegação de autoridade pública a agentes privados, o que estaria a impor uma análise

---

[36] No original: "Así, por ejemplo, se afirma en la STSJ de Cataluña, de 11 de julio de 1990, que las funciones de inspección técnica y control de la seguridad de las instalaciones industriales son ejercicio 'de una función pública cual es la relativa a la vigilancia del cumplimiento de la legislación del Estado sobre seguridad de productos industriales, equipos e instalaciones industriales [...] las funciones que corresponden a la Generalidad de Cataluña dentro del ámbito de la seguridad, calidad y normativa industrial podrán ser realizadas bien directamente por el Departamento de Industria y Energía, bien a través de sociedades participadas o vinculadas o bien por las entidades públicas o privadas a las que encomiende mediante concesión administrativa [...] cuyos certificados tendrán la misma validez que los emitidos por la Administración'. Finalmente, sostiene que: 'la naturaleza de función pública del cometido ya expuesto es innegable, pues su finalidad no es otra que la proteger un interés público cual es el de la seguridad industrial, sin que la posibilidad de su ejercicio supletorio por entidades privadas (posibilidad ésta que también reconoce la propia legislación estatal) en modo alguno desvirtúe su naturaleza, pues la titularidad pública de la función no por ello se pierde'".

[37] "Não se trata, contudo, de uma nova forma de privatização, porquanto a titularidade e a supervisão das funções públicas delegadas ao colaborador privado permanecem com a Administração Pública" (AMETLLER, 2003, p. 294).

constitucional sobre o tema, especificamente sobre a existência ou não de reservas quanto ao transpasse (AMETLLER, 2003, p. 302).

Indispensável, também, que o legislador ordinário disponha sobre a delegação, porque o tema implica cessão da execução de atividade própria da Administração Pública aos particulares. "Assim é a lei que disciplina a competência dos órgãos públicos e somente ela poderá dispor sobre a execução de atividade pública pelo privado, delimitando suas funções, responsabilidades e controle, em síntese, seu regime jurídico" (AMETLLER, 2003, p. 311).

Constatamos, portanto, que a autora espanhola, embora reconheça a possibilidade de o particular exercer poder de polícia, dissocia o regime jurídico aplicável à atividade da natureza jurídica da pessoa que edita o ato. Tanto assim que a manifestação do particular continuará sendo considerada como ato de autoridade, a vincular terceiros, submetendo-se a todas as normas de direito público e à que especificamente autorizar a delegação.

Em certa medida, tal noção aproxima-se da conceituação de Administração Pública no sentido material ou objetivo, em contraposição ao sentido subjetivo. Para Maria Sylvia Di Pietro (2012, p. 55-59), Administração no sentido objetivo refere-se à atividade concreta desempenhada pelo Estado, sob regime jurídico total ou parcialmente público, ao passo que, no sentido subjetivo, a Administração Pública seria o conjunto de órgãos e de pessoas às quais a lei atribui a função administrativa do Estado. Assim, a noção apresentada por Sundfeld e Ametller acolhe o conceito de administração pública em sentido objetivo ou material, ou seja, com foco na atividade e não na pessoa que presta o serviço ou executa a função.

Interessante notar que a tese do regime jurídico do ato de autoridade dissociado da natureza jurídica da pessoa que executa a atividade é plenamente reconhecida na jurisprudência brasileira sobre a prestação de serviços públicos.

Basta proceder ao resgate da jurisprudência do Supremo Tribunal Federal quanto a questões relacionadas à Empresa de Correios e Telégrafos (ECT). No Recurso Extraordinário n° 229.696-7/PE (BRASIL, 2013qq), definiu-se que o regime de precatórios seria aplicado à ECT, porquanto se tratava de serviço público, "atividade tipicamente estatal". No Recurso Extraordinário n° 407.099 (BRASIL, 2013ss), examinou-se a incidência de imunidade tributária e, novamente, o STF entendeu pela aplicação da imunidade tributária recíproca, a partir da constatação de que se tratava de serviço público. Em outra oportunidade, o Tribunal afastou a cobrança de IPVA dos veículos da ECT, porquanto afetados ao

40 | FLÁVIO HENRIQUE UNES PEREIRA
REGULAÇÃO, FISCALIZAÇÃO E SANÇÃO

desempenho da atividade estatal. Em síntese, as decisões relacionadas ao regime jurídico a ser aplicado à ECT decorrem da natureza jurídica da atividade e não da natureza jurídica da pessoa que executa o serviço.[38] Os entendimentos acima não decorrem do fato de se tratar de empresa estatal, mas sim por se reconhecer regime típico para a atividade prestada pela entidade que, embora de natureza privada, exerce atribuição estatal.

Não se ignora que, diferentemente do regime jurídico espanhol sobre o tema de certificação, há hipóteses no Direito brasileiro em que se veda a delegação do poder de polícia a particulares. É o caso da atividade de medição e controle de produtos, em relação à qual o art. 4º, §§1º e 2º, da Lei nº 9.933/99,[39] veda a delegação da atividade de polícia administrativa a particulares. Mas a existência desse comando legal em relação a setor específico não impede que o legislador, relativamente a esse próprio setor ou a outra área de atuação da atividade de polícia, possa disciplinar de forma diferente, uma vez que, conforme será demonstrado ao longo deste trabalho, não há vedação constitucional para tanto (v. capítulos 3 e 4).

Pretendemos, portanto, demonstrar a aplicabilidade do regime jurídico publicístico à atividade de polícia administrativa eventualmente exercida pelo particular, pois o regime jurídico relaciona-se com a atividade e não com a natureza jurídica, se privada ou pública, do agente ou entidade que a exerce.

---

[38] Semelhante entendimento foi firmado no Recurso Extraordinário nº 363.412-AgR/BA (BRASIL, 2013rr). Reconheceu-se a imunidade tributária recíproca (CR/88, art. 150, VI, "a") à INFRAERO, entidade que presta serviços públicos e cuja natureza jurídica é de direito privado.

[39] "Art. 4º. O Inmetro poderá delegar a execução de atividades de sua competência.
§1º As atividades materiais e acessórias da metrologia legal e da avaliação da conformidade compulsória, de caráter técnico, que não impliquem o exercício de poder de polícia administrativa, poderão ser realizadas por terceiros mediante delegação, acreditação, credenciamento, designação, contratação ou celebração de convênio, termo de cooperação, termo de parceria ou instrumento congênere, sob controle, supervisão e/ou registro administrativo pelo Inmetro.
§2º As atividades que abrangem o controle metrológico legal, a aprovação de modelos de instrumentos de medição, fiscalização, verificação, supervisão, registro administrativo e avaliação da conformidade compulsória que impliquem o exercício de poder de polícia administrativa somente poderão ser delegadas a órgãos ou entidades de direito público." (BRASIL, 2013s).
Como será visto, também o art. 4º, da Lei n. 11.079, de 30.12.2004, que disciplina a parceria público-privada, veda a delegação do poder de polícia administrativa: "Art. 4º Na contratação de parceria público-privada serão observadas as seguintes diretrizes: [...] III – indelegabilidade das funções de regulação, jurisdicional, do exercício do poder de polícia e de outras atividades exclusivas do Estado;" (BRASIL, 2013w).

1.2.2 A supremacia do interesse público sobre o interesse privado: superação ou releitura

A doutrina clássica, como já observado neste estudo, aponta o princípio da supremacia do interesse público como fundamento do poder de polícia administrativa e como obstáculo para a delegação de seu exercício por particulares.[40]

Ocorre que a complexidade que permeia o conceito de interesse público revela riscos na aplicação do referido princípio. É o que nos propomos a demonstrar na sequência.

Não se nega que a noção de supremacia do interesse público sobre o privado vem sendo reexaminada pela doutrina pátria,[41] todavia ainda é recorrente o uso quase mítico do "interesse público" – ou da "ordem pública" – como se fosse fórmula acabada para a solução de conflitos.[42]

Entre as situações em que o legislador invocou o "interesse público" como referencial normativo, destacam-se os requisitos para o deferimento da tutela jurisdicional suspensiva pelos Presidentes dos Tribunais.[43] Admite-se a suspensão para evitar grave lesão à ordem, à saúde, à segurança e à economia públicas. Ao aplicar essa norma, não é incomum decisões judiciais afirmarem que:

> No âmbito do pedido de suspensão o Presidente do Tribunal *emite juízo político* acerca dos efeitos das decisões impugnadas, tendo presentes os eventuais danos aos valores protegidos pelo art. 15 da Lei n° 12.016, de 2009 (*ordem, saúde, economia e segurança públicas*). (BRASIL, 2012b, grifos nossos)

Além disso, diversos dispositivos legais estabelecem o "interesse público" como condição para rescisão ou alteração de contratos,[44] criação de empresas estatais (art. 173, *caput*, CR/88), entre outros.

---

[40] Maria Sylvia Zanella Di Pietro (2012, p. 121) é clara quanto ao ponto: "O fundamento do poder de polícia é o princípio da predominância do interesse público sobre o particular, que dá à Administração posição de supremacia sobre os administrados".

[41] Três obras coletivas revelam as controvérsias em torno do tema: Sarmento (2005); Bacellar Filho e Hachem (2011); Di Pietro (2010).

[42] Álvaro Ricardo Cruz e Sérgio Gibson afirmam que "[...] a simples exigência de atendimento ao interesse coletivo não faz suprir a presunção de que este foi deveras atingido com os atos administrativos considerados in concreto" (2006, p. 8265-8266).

[43] Cf. o art. 15 da Lei n° 12.016/09; o §1° do art. 11 da Lei n° 7.347/85; o art. 25 da Lei n° 8.038/90; e o art. 4° da Lei n° 8.437/92.

[44] Cf. artigos 49; 58, I; 78, XII, todos da Lei n° 8.666, de 21.06.1993.

O déficit de motivação de decisões administrativas e judiciais, ao interpretarem o sentido de tais termos, revela a insuficiência do conceito abstrato de interesse público.[45]

O "público" seria clarividente para prescindir de interlocução efetiva da Administração com os atores interessados, isto é, o "público" dispensaria o relato fiel das pretensões aduzidas e a consideração de todos os argumentos suscitados pelos envolvidos ou interessados.[46] Seria algo da ordem das pré-compreensões, "todos já sabem do que estamos falando".

Jacques Chevallier, todavia, ao discorrer sobre o "Estado desmitificado", afirma que o mito do "interesse geral", *sob o qual o Estado construiu sua legitimidade,* perde força, porquanto "[...] *não aparece mais como sendo monopólio do Estado, tal como dele não é o signo distintivo"* (2009, p. 82-83). E conclui:

> O interesse geral não é mais considerado como o produto de uma geração espontânea: à base de sua formação, encontram-se necessariamente os interesses particulares dos indivíduos e dos grupos; *em decorrência, interesse geral e interesses particulares não aparecem mais como sendo de natureza radicalmente diferente e sua oposição tende a desaparecer.* (CHEVALLIER, 2009, p. 82-83, grifos nossos)

A delimitação conceitual da expressão "interesse público" ou "interesse geral", embora útil, não consegue resolver a questão, dada a própria complexidade do tema e a incapacidade da natureza abstrata dos termos diante da realidade. O perigo, em síntese, é transparecer, por meio do conceito, simplicidade teórica que não se ajusta à realidade.

A correlação entre interesse público e interesse da maioria ou interesse da coletividade,[47] em oposição ao interesse individual ou

---

[45] A dificuldade da tarefa é retratada por Odete Medauar (2003, p. 188): "Outra dificuldade no exame do tema diz respeito à tradução em fórmula conceitual. Ora se menciona que interesse público consiste na soma dos interesses particulares; ora se diz que vai além dessa soma. Significaria 'interesse específico da sociedade, distinto por sua própria essência dos interesses particulares'; ou a soma ou elevação ao máximo de bens e serviços".

[46] Maria Tereza Fonseca Dias observa que tal compreensão não se sustenta mais, pois o interesse público, "[...] historicamente utilizado como implicação evidente do Estado de Direito, deixa de ser uma categoria ontológica ou homogênea para se tornar instrumento de discussão e negociação. Ele só pode ser formado por meio do consenso que se constitui numa moral comum e mediante um processo de abertura de canais no sistema político que interferem no sistema administrativo" (2008, p. 48).

[47] Ilustrativa a lição de José dos Santos Carvalho Filho: "No que concerne ao benefício resultante do poder de polícia, constitui fundamento dessa prerrogativa do Poder Público o *interesse*

privado, é ilustrativa do mencionado risco. No Recurso Extraordinário nº 631.102/PA (BRASIL, 2013tt), em que se discutiu a aplicação da chamada Lei da Ficha Limpa, nota-se, no voto do ministro Joaquim Barbosa, noção que opõe interesse público, entendido como vontade da maioria, e interesse privado, confundido com individual. No início do voto, o Ministro aponta a diretriz de seu entendimento: "Inicialmente, saliento que apreciarei o caso a partir da perspectiva de valorização da moralidade e da probidade no trato da coisa pública, sob uma ótica de proteção dos interesses públicos e não dos puramente individuais" (BRASIL, 2013tt).

Não afirmamos que as lições a propósito da conceituação do interesse público sejam descabidas ou que não tenham importância para o estudo do tema. Pretendemos, apenas, alertar para os equívocos interpretativos que existem e, dessa forma, demonstrar a insuficiência da mera alegação do princípio da supremacia do interesse público sobre o privado, como obstáculo à delegabilidade do exercício do poder de polícia administrativa a particulares.

A diferenciação entre interesse público primário e secundário, presente na doutrina[48] e jurisprudência pátrias, também não consegue delimitar o interesse público, pois ainda exclui a esfera privada de sua concepção. Vejamos, por exemplo, o Recurso Especial nº 1.149.416/GO (BRASIL, 2011f), no qual o ministro relator aduz que o Estado defenderia o interesse público primário quando se inclina a pagar indenização em razão de prévio reconhecimento de responsabilidade estatal, ao passo que perseguiria o interesse público secundário quando busca evadir-se de tal pagamento, visando tão somente evitar prejuízos ao erário. Não há, como se constata no acórdão, relação entre interesse público primário e esfera privada, mas apenas pressuposto de que somente a esfera estatal buscaria o interesse público, propriamente dito.

A doutrina também se socorre de tais noções, chegando a afirmar que à Advocacia Pública caberia a defesa do interesse público secundário, ao passo que o Ministério Público defenderia o interesse primário (BARROSO *in* SARMENTO, 2007. p. xix). O primário seria a razão de ser do Estado, sem prejuízo de se privilegiar o interesse particular no caso de ele ser protegido por cláusula de direito fundamental. O problema ganharia complexidade na tensão entre "[...] um interesse

---

público. A intervenção do Estado no conteúdo dos direitos individuais somente se justifica ante a finalidade que deve sempre nortear a ação dos administradores públicos, qual seja, o *interesse da coletividade*" (2010, p. 90, grifos nossos).

[48] *V. g.*, Cristiano Soares Barroso Maia (2013).

público primário consubstanciado em uma meta coletiva e o interesse público primário que se realiza mediante a garantia de um direito fundamental" (BARROSO *in* SARMENTO, 2007, p. xvi). Para o ministro Luis Roberto Barroso, nessa hipótese, o intérprete deve observar dois parâmetros: a dignidade da pessoa humana e a razão prática (BARROSO *in* SARMENTO, 2007, p. xvi). Constatamos, porém, que não há correlação, para a construção do sentido de interesse público, da esfera pública com a privada.

A complexidade, portanto, em torno do conceito de interesse público já é suficiente para recomendar especial cautela na sua interpretação, por maior razão em relação à norma que, além de acolher a terminologia em apreço em seu enunciado, estabelece, aprioristicamente, prevalência entre interesses, como ocorre com a supremacia do interesse público sobre o privado.

Há, no entanto, juristas que defendem a permanência da expressão "supremacia do interesse público", que reporta à dicotomia público/ privado. Romeu Felipe Bacellar Filho, por exemplo, afasta a ideia de que haveria incompatibilidade ou oposição necessária entre interesse público e interesse do cidadão, ao afirmar que:

> Se a cidadania e a dignidade da pessoa humana constituem fundamentos republicanos, e a promoção do bem de todos configura um de seus objetivos fundamentais, não é possível que o interesse perseguido com o exercício da função administrativa não encontre seu princípio e fim no interesse dos próprios cidadãos, tanto numa perspectiva individual quanto coletiva. (BACELLAR FILHO, 2010, p. 94)

Muito embora o autor afaste a necessária contraposição entre as perspectivas individual e coletiva do interesse público, não há como deixar de reconhecer a *possível* tensão, *presente no termo "supremacia"*, entre argumentos que, aprioristicamente, sustentem o interesse público da "maioria" em detrimento de uma perspectiva "individual".

Esse é o entendimento de Luciano Ferraz, que atribui à expressão "supremacia" o foco da controvérsia. Ainda segundo o autor, o problema não é de espécie de "interesse", mas sim de Direito:

> É dizer: a atuação da Administração Pública caminha em função de direitos e deveres e não propriamente de interesses. A cada situação e à vista do ordenamento jurídico, prestigiam-se direitos do Estado como pessoa jurídica, direitos da sociedade como realidade ativa, direitos subjetivos dos particulares e os correlatos deveres. (*in* MOTTA, 2011, p. 27)

CAPÍTULO 1
INTRODUÇÃO TEÓRICO-METODOLÓGICA | 45

Indispensável, pois, saber se o ordenamento jurídico impõe ao particular o ônus de suportar determinada ação administrativa. A interpretação do ordenamento jurídico demandará a consideração das pretensões argumentativas dos envolvidos. Não há como eliminar a interlocução entre a Administração e o cidadão, especialmente quando em pauta ação limitativa da liberdade ou propriedade privada. *Assim, este trabalho reconhece a importância da reformulação do princípio da supremacia do interesse público sobre o interesse privado para o princípio do interesse público, na medida em que este é resultado de um processo interpretativo e essencialmente dialógico, e não uma noção apriorística entre dois "interesses", o público e o privado.*[49]

A análise da jurisprudência pátria revela a complexidade do tema. Em alguns casos, a noção de supremacia do interesse público é utilizada de modo irrefletido, pois não há fundamentação sobre o sentido de interesse público no caso concreto, valendo-se o julgado da máxima ou da fórmula da supremacia como se esta prescindisse de contextualização. Outras vezes, constata-se um cuidado maior em sua aplicação, a revelar, ao menos, necessidade de se repensar a denominação do mencionado princípio.

Ilustrativo o Recurso Ordinário em Mandado de Segurança n° 22.665-3/DF (BRASIL, 2011r), em que a empresa Cabotec Ltda. requereu a uma das delegacias do Ministério de Comunicação autorização para operar serviço de distribuição de sinais de TV a cabo. Contra o indeferimento do pedido foi impetrado mandado de segurança, sob a alegação de que teriam sido atendidas as condições previstas em ato normativo editado pela Administração Pública. Ocorre que a autoridade coatora sustentou que a decisão administrativa sobre a questão estava inserida no âmbito de sua competência discricionária.

O ministro Marco Aurélio, relator originário do referido recurso ordinário, deferiu o pedido, entendendo que a Administração autolimitou-se por meio de ato normativo de que constavam os requisitos para a operacionalização de sinais de TV a cabo, razão pela qual não haveria ato discricionário, mas, sim, ato vinculado. O ministro ressaltou,

---

[49] A propósito, o art. 2° da Lei n° 9.784/99, que dispõe sobre o processo administrativo no âmbito federal, indica o princípio do interesse público, a afastar o risco de se interpretar a aparente oposição do interesse público com o privado de modo a confundir público com coletivo e privado com individual ou egoístico. Em certa medida é o que propõe Gustavo Binenbojm: "O que se está a afirmar é que o interesse público comporta, desde a sua configuração constitucional, uma imbricação entre interesses difusos da coletividade e interesses individuais e particulares, não se podendo estabelecer a prevalência teórica e antecipada de uns sobre outros" (BINENBOJM *in* SARMENTO, 2007, p. 149-150).

46 FLÁVIO HENRIQUE UNES PEREIRA
REGULAÇÃO, FISCALIZAÇÃO E SANÇÃO

ainda, que a posição clássica da doutrina sobre a discricionariedade na autorização não se aplicaria no caso, pois a Administração estabeleceu exigências que, uma vez atendidas, conferiram o direito à autorização, esvaziando, pois, a competência discricionária. Vejamos:

> Na hipótese dos autos, o administrador se autolimitou na liberdade de deliberar a respeito, vinculando-se aos parâmetros por si editados. Portanto, não tenho a Portaria como a encerrar uma simples faculdade, passível de ser implementada ao sabor dos critérios alusivos à conveniência e à oportunidade. Daí o ato indeferitório ter implicado, em última análise, não a observação de discricionariedade, mas arbitrariedade, no que discrepante do que estabelecido. (BRASIL, 2011r)

O ministro Nelson Jobim pediu vista e apresentou voto divergente, fundado no *princípio da supremacia do interesse público sobre o interesse privado*. A íntegra do voto, quanto à questão de fundo, merece ser transcrita:

> A pergunta que se faz no RMS é se a Administração (autoridade impetrada) estava ou não obrigada a emitir autorização à impetrante para que pudesse distribuir sinais de televisão por cabo – DISTV, em face do que disposto pela Portaria n° 250/89.
> Entendo que a resposta deve ser negativa.
> *Prevalece no caso concreto a regra axiomática da supremacia do interesse público sobre o interesse privado.*
> Diferente do que afirmou o relator, não se trata de conceder liberdade total ao administrador.
> É que o agente público, ou no caso dos autos o agente político (Ministro de Estado), no exercício de suas atribuições e *a bem do interesse público* pode, desde que expostos os motivos, deixar de executar ato de natureza precária, como é o caso da autorização.
> Não cabe, ainda, a invocação de direito subjetivo.
> A portaria 250/89 utilizada como base do direito líquido e certo na impetração não gerou e nem poderia gerar direito subjetivo à impetração.
> Não é próprio da natureza desse ato.
> Além disso, o administrado (CABOTEC) não pode obrigar a Administração (MINISTÉRIO DAS COMUNICAÇÕES) a conceder-lhe direito que tem como pressuposto de validade o preenchimento de requisitos objetivos (capacidade técnica), como também requisitos subjetivos (conveniência e oportunidade). (BRASIL, 2011r, grifos nossos)[50]

---

[50] A ementa do julgado: "Ementa: Constitucional. Recurso em Mandado de Segurança. . Pedido de autorização para operar distribuição de sinais de televisão a cabo. Supremacia

Como se vê na íntegra do voto condutor, não foi apresentada razão concreta alguma para a negativa da autorização. A premissa da supremacia do interesse público sobre o privado, como também a natureza, em tese, discricionária da autorização desconsideraram as particularidades do caso concreto e, por conseguinte, comprometeram o caráter dialógico que deve prevalecer no devido processo legal.

O ministro Marco Aurélio bem fundamentou seu voto no sentido de que havia portaria do próprio Ministério das Comunicações dispondo sobre os requisitos para a autorização e estabelecendo o direito à autorização, desde que atendidas as exigências. No caso, portanto, a Administração regulamentou a matéria de modo a mitigar a competência discricionária que, em tese, poderia ser suscitada. No entanto, no voto do ministro Nelson Jobim, parte-se de premissa "axiomática" que desconsiderou a análise das circunstâncias fático-jurídicas do caso concreto.

Esse precedente revela o perigo que as pré-compreensões sobre a "supremacia do interesse público" possuem de comprometer significativamente o devido processo legal, na sua perspectiva substancial, aspecto a ser tratado no próximo item.

O risco está, portanto, na interpretação autoritária que o enunciado *pode* induzir, haja vista que o termo "supremacia" e a noção de "supremacia do interesse público sobre o interesse privado" levam à simplificação de seus sentidos. Quer dizer, nem sempre o interesse manifestado pelo particular pode ser tido, *a priori*, como oposto ao interesse público.

A noção de que a Administração Pública seria superior ao administrado ou de que a supremacia do público indicaria, aprioristicamente, uma presunção favorável à Administração quando em conflito com o administrado ainda persiste.

A predestinação, pela origem, das pessoas jurídicas de direito público legitimaria uma proteção exclusiva do interesse público ou uma oposição necessária a interesses privados, de modo a acobertar o uso privativo de prerrogativas ou poderes por parte daquelas.

Contra essas compreensões – ou pré-compreensões – é que se destaca o risco de se manter a expressão "supremacia do interesse

---

do interesse público sobre o privado. Autorização. Ato de natureza precária. Necessidade de preenchimento de requisitos objetivos e subjetivos (conveniência e oportunidade). Ausência de direito subjetivo da recorrente. Recurso a que se nega provimento" (BRASIL, 2011r).

público sobre o privado", que pode ser equivocadamente aplicada pelo operador do Direito.

Relevante observar a ocorrência de precedentes judiciais que consideram todas as particularidades do caso, *no âmbito do devido processo*, para, então, perquirir o interesse público que irá nortear a decisão final. É o que ocorreu na Medida Cautelar em Ação Direta de Inconstitucionalidade n° 1.753-2/DF (BRASIL, 2011m), em que se questionou a constitucionalidade da Medida Provisória n° 1.577-6/97. Esta MP ampliou o prazo de decadência da ação rescisória, de dois para cinco anos, quando proposta pela União, os Estados, o Distrito Federal ou os Municípios e suas respectivas autarquias e fundações públicas, e, ainda, criou, em favor das referidas entidades, nova hipótese de rescindibilidade das sentenças.

O ministro Sepúlveda Pertence, então relator, deferiu o pedido de liminar para suspender os efeitos dos dispositivos, porque *não verificou justificativa real*, concreta, que autorizasse o tratamento diferenciado entre as entidades da Administração Pública e as partes em geral. Ressaltou que a jurisprudência reconhece certos privilégios que, embora vetustos, não dispensariam respaldo na realidade, tendo em vista situações de maior dificuldade – "dado o vulto dos negócios estatais" – quanto à defesa estatal no processo. E arrematou: "[...] São discriminações, contudo, que, além da vetustez que lhes dá uma certa aura de respeitabilidade, se tem reputado constitucionais porque não arbitrárias, na medida em que visem a compensar deficiência da defesa em juízo das entidades estatais" (BRASIL, 2011m).

A questão, segundo o ministro, exige demonstração fática, sob pena de não se reconhecer a constitucionalidade de tratamento diferenciado. Seriam admitidas as diferenças quanto a prazos – recurso e defesa – considerando a burocracia e o gigantismo estatal, ainda assim dentro de balizas razoáveis; todavia, não se admitiu, especialmente considerando a unilateralidade da medida, a extensão do prazo para ajuizamento de ação rescisória de dois para cinco anos, beneficiando exclusivamente o aparato estatal (BRASIL, 2011m).

Portanto, a máxima de que a posição privilegiada da Administração Pública corroboraria determinada noção de supremacia do interesse público sobre o privado não se sustentou no caso em apreço. Na verdade, essa "posição privilegiada" pode levar ao controle de instrumentos técnicos específicos, *desde que haja razões de ordem técnica a justificá-lo*, sob pena, como visto, de se incorrer em inconstitucionalidade. As prerrogativas, em síntese, são instrumentais à atuação justificada da Administração Pública.

CAPÍTULO 1
INTRODUÇÃO TEÓRICO-METODOLÓGICA | 49

Percebemos, portanto, que não é a mera alegação de supremacia do interesse público sobre o privado – *suscitada pela Advocacia Pública no precedente examinado* – que irá legitimar a supremacia do aparato estatal sobre o interesse privado.

O interesse público, portanto, construído na esfera pública, requer a consideração de todas as alegações, privadas ou estatais, em jogo para, ao final, revelar seu conteúdo, segundo disponha o ordenamento jurídico vigente. Em outras palavras, é a simplificação sobre a interpretação do "interesse público" que precisa ser superada no contexto do Estado Democrático de Direito.[51]

Com efeito, o interesse público é o resultado da consideração de todos os interesses envolvidos, entre os quais os privados, sendo possível, ao final, identificar o interesse público com o individual ou com o coletivo.[52] Isso, contudo, só se perfaz ao final da fase de aplicação normativa por meio do devido processo, tema a ser explorado a seguir.

Por fim, é imperioso esclarecer que a proposição de mudança terminológica – de supremacia de interesse público para apenas interesse público – não corresponde à postura ingênua de substituição de uma fórmula por outra, como se, abstratamente ou aprioristicamente, a complexidade em torno do sentido do interesse público fosse, definitivamente, solucionada. A provocação, na verdade, apenas obriga ao desvelamento da fórmula e ao cotejo do ato com a realidade fática a partir da discursividade do devido processo, sem presunção em favor de qualquer interesse, seja o estatal ou o individual.

---

[51] Merece destaque a afirmação de Umberto Allegretti: "[...] o interesse público não pertence à Administração como seu próprio, mas ao corpo social e nasce da composição entre os vários interesses públicos, os interesses privados e de grupo (admitida, portanto, uma relação, não de contraposição extrínseca, mas de composição entre os diversos interesses) [...]; há um valor moralizador da conflitualidade e busca de consenso, previstas e explícitas, que substituem as casuais e ocultas que nascem das pressões privadas e corporativas e da ativação facultativa de sujeitos mais vigilantes e dotados" (1998, p. 7, tradução nossa).

[52] Daniel Sarmento apresenta exemplo que colabora na compreensão do tema: "Tome-se como exemplo um caso em que a Administração quisesse proibir a realização de uma manifestação no centro de uma metrópole, sob o argumento de que ela comprometeria gravemente o trânsito de vias importantes, invocando, para tal fim, a supremacia do interesse público sobre o particular. Talvez, a maioria das pessoas daquela comunidade até apoiasse a medida, por não se identificar politicamente com os objetivos da manifestação, e sentir-se prejudicada por ela nos seus interesses mais imediatos. Mas, decerto, a leitura mais adequada do interesse público seria aquela que prestigiasse em primeiro lugar não as conveniências do trânsito de veículos, mas sim a relevância do exercício da liberdade de reunião para o bom funcionamento de uma sociedade democrática. Portanto, aqui, a rigor, não existiria conflito, mas convergência entre os interesses públicos e privados" (2007, p. 81-82).

1.2.3 Devido processo administrativo

Ao discorrermos sobre a "complementaridade das esferas pública e privada no Estado Democrático de Direito" (item 1.2.1), salientamos que a institucionalização de canais de comunicação entre a Administração Pública e a sociedade civil é que confere legitimidade à ação estatal, especialmente tendo em vista a hipercomplexidade e a multiplicidade de interesses do tempo presente.

Por essa razão falamos em Democracia Procedimental, a refletir a indispensabilidade de mecanismos formais de diálogo como foco de estudo do Direito Administrativo. Vasco Manuel Pascoal Dias Pereira da Silva, ao defender o procedimento[53] como alternativa ao ato administrativo, afirma que o Direito Administrativo assiste a um "divórcio entre o procedimento e o poder administrativo", o que:

> [...] implicaria passar a entender o procedimento administrativo como uma estrutura de ligação entre vários sujeitos, públicos e privados, que colaboram na realização de uma determinada função, e não como uma forma de exercício de um poder ('potestà') em desenvolvimento. (SILVA, V., 2003, p. 303-304)

O tema do devido processo administrativo surge, portanto, como *forma* inseparável de *conteúdo*, ou seja, é o meio pelo qual a discussão, as considerações das diversas pretensões a direitos perante a Administração e as ações dispostas a realizar o interesse público emergem e se resolvem.

A pesquisa não acolhe, assim, pressuposições de que o exercício do poder público será mais impessoal ou imparcial pelo simples fato de o agente integrar a Administração Pública. Do mesmo modo, não se presume que o agente privado terá desempenho mais eficiente no exercício de tais funções pelo mero fato de não se incluir no aparato estatal.

Do ponto de vista jurídico, o mau uso da regra de competência pode partir tanto da atuação do agente que integre pessoa jurídica de direito público quanto do agente particular delegado. Em ambas as hipóteses, haverá o risco de subversão da regra de competência.

---

[53] Não pretendemos nos ater à diferença entre processo e procedimento, valendo-se dos dois termos como sinônimos, com enfoque na indispensabilidade da participação cidadã na construção de decisões que lhe digam respeito. Todavia, não ignoramos o tratamento diferenciado por parte de doutrinadores como, por exemplo, Odete Medauar, ao observar que "O procedimento se expressa como processo se for prevista também a cooperação de sujeitos, sob o prisma do contraditório" (2008, p. 43).

A legitimidade da decisão administrativa não advém, portanto, da natureza jurídica da entidade à qual o agente público esteja vinculado, mas, sobretudo, de *como* a atividade é exercida.

A aferição de regra de competência continua a ser requisito de legalidade da ação estatal, mas é ponto de partida, cuja chegada será a realização do interesse público, e o caminho será o processo administrativo.

Nessa linha, podem-se apontar as seguintes vantagens do emprego da noção procedimental para a organização da atividade administrativa: a) uniformização do tratamento da atividade administrativa, uma vez que o procedimento se torna instrumento capaz de "fazer a ponte" entre a atuação administrativa baseada em modelos públicos e em modelos privados; e b) a noção de procedimento torna possível a compreensão da integralidade da atuação administrativa, ou seja, não fica reduzida ao momento singular de expedição da decisão final (SILVA, V., 2003, p. 303).

O emprego do procedimento inibe, por conseguinte, a profusão de decisões administrativas contraditórias. O modelo centrado no ato condensa a atividade administrativa na decisão final, encobrindo, assim, sua complexidade e as etapas que precedem à tomada de decisão, o que pode levar à expedição de conclusões antagônicas. O procedimento, ao impor uma sequência ordenada de atos previamente disciplinados pelo Direito, acaba por uniformizar o funcionamento da Administração Pública, independentemente de o modelo de atuação ser regido pelo direito público ou pelo direito privado (SILVA, V., 2003, p. 303).

Diante das complexas e multifacetadas composições da atividade administrativa, o procedimento torna-se o denominador comum do seu exercício. A legitimidade da atuação administrativa deixa de estar centrada unicamente no conteúdo da decisão final, para abarcar também a forma como foi elaborada:

> Pois, conforme escreve NIGRO, "se a Administração, hoje, cada vez mais, privatiza sua atividade, ou a contratualiza, o valor publicístico dessa atividade não mais pode ser encontrado no seu regime substancial, mas deve ser procurado para além dela e de seus resultados, isto é, na organização". Daí ser no procedimento administrativo, e numa Administração Pública organizada em função dele, que deveria residir o fulcro actual do Direito Administrativo, segundo esta visão italiana. (SILVA, V., 2003, p. 304)

Por outro lado, na dimensão subjetiva, o procedimento fortalece a tutela dos direitos fundamentais em sentido material, ou seja, a concretização dos direitos subjetivos públicos dos cidadãos. O procedimento é condição de possibilidade de tutela dos direitos fundamentais das partes envolvidas, pois abre espaço para manifestação de opiniões e defesa de suas pretensões.[54]

Desse modo, a partir da apreensão da supremacia da Constituição, busca-se legitimidade na atuação administrativa, por meio do respeito aos direitos fundamentais e da incorporação da participação dos cidadãos nos processos decisórios da Administração. Essa demanda fomentou o emprego de mecanismos consensuais na atividade administrativa, até então, focada na figura do ato administrativo. Nesse sentido, merecem destaque as lições de Diogo de Figueiredo Moreira Neto:

> É inegável que o consenso como forma alternativa de ação estatal representa para a Política e para o Direito uma benéfica renovação, pois contribui para aprimorar a governabilidade (eficiência), propicia mais freios contra os abusos (legalidade), garante a atenção de todos os interesses (justiça), proporciona decisão mais sábia e prudente (legitimidade), evitam os desvios morais (licitude), desenvolve a responsabilidade das pessoas (civismo) e torna os comandos estatais mais aceitáveis e facilmente obedecidos. (*in* LIMA, 2006, p. 82-83)

A processualidade surgiu, nesse quadro, como um dos mecanismos de superação das formas autoritárias e de incorporação de técnicas consensuais, que permitem a participação popular na definição das ações estatais.[55] Ao lado do princípio da legalidade, o elemento democrático na atividade administrativa ganha destaque, uma vez que confere previsibilidade e assegura a tutela dos direitos dos interessados, por meio da participação.

A contratualidade emerge como corolário desse novo modelo concertado de administração. As diversas figuras contratuais passam a ser importantes instrumentos de ação administrativa que, além de

---

[54] Odete Medauar, sobre o tema, salienta que "O exercício do poder, num Estado de direito que reconhece e garante direitos fundamentais, não é absoluto; canaliza-se a um fim, implica deveres, ônus, sujeições, transmuta-se em função, o que leva o ordenamento a determinar o filtro da processualidade em várias atuações revestidas de poder" (2008, p. 31-32).

[55] Eduardo García de Enterría e Tomás-Ramón Fernández sustentam que Merkel tem o mérito de estabelecer conceito de procedimento como categoria da Teoria Geral do Direito, deixando de ser apreendido como elemento exclusivo da atividade jurisdicional (2006, p. 452).

agregarem o elemento da consensualidade, passam a realizar múltiplas finalidades. Nesse sentido, leciona Fernando Dias Menezes de Almeida:

> De outro, a percepção da utilização de "módulos convencionais, contratuais, consensuais", como "um dos fatores da atenuação do caráter unilateral e impositivo da atividade administrativa", caracterizando a chamada "Administração concertada", motivada pelo reconhecimento da pluralidade de interesses muitas vezes configurados de modo metaindividual, em uma sociedade complexa, a exigir, no plano dos mecanismos democráticos, mais debate e negociação – e, portanto, aproximação – entre o Estado (Administração) e sociedade. E ainda motivada por elementos como a crise da lei formal como coordenadora de interesses; o processo de *derregulation*, a exigência de racionalidade, modernização e simplificação da atividade administrativa, assim como eficiência e produtividade, alcançados de modo mais fácil quando há consenso sobre o teor da decisão. (*in* ARAGÃO, 2008, p. 336)

Na jurisprudência pátria, há importantes avanços quanto à devida participação no curso de processos administrativos, impactando o controle sobre a motivação da decisão administrativa. Em julgado do Superior Tribunal de Justiça, percebemos como o procedimento, na perspectiva exclusivamente formal, precária de conteúdo e comunicação, revela a face autoritária da Administração, incompatível com o Estado Democrático de Direito. O relator do caso, ministro Felix Fischer, ressaltou o descabimento de decisão do Órgão Especial do Conselho Superior do Ministério Público do Estado de São Paulo que, ao indeferir o vitaliciamento de membro do Ministério Público, limitou sua motivação em "fundadas dúvidas" que "beneficiariam a Administração Superior do Ministério Público",[56] *sem refutar qualquer dos argumentos apresentados pelo servidor e sem considerar os diversos fundamentos do voto proferido no âmbito administrativo por conselheiro que acabou vencido.* Segundo o magistrado, é indispensável a indicação de provas consistentes e a devida consideração dos argumentos aduzidos nos autos. E consignou: "De fato, o ato atacado neste *mandamus* viola o princípio da motivação

---

[56] A manifestação da Administração Pública na espécie em apreço faz recordar outro caso, citado por Odilon da Costa Manso, em 1952, ao se reportar ao precedente norte-americano *Rudolph VS New Orleans*: "Existe uma forte presunção, pela lei, de que o que foi feito sob sanção de um dever público, no cumprimento de funções públicas, de boa-fé, pelo bem público, e sem vantagem particular, foi legalmente executado. Tôda dúvida sôbre a necessidade ou a oportunidade do ato funcional, desde que seja da competência do funcionário, deve ser resolvida contra quem ataca o ato e em favor de aquêle que exerce a função" (MANSO, 1952, p. 10).

dos atos administrativos, elementar em qualquer Estado que se intitule Democrático de Direito" (BRASIL, 2011b).

O princípio do devido processo legal, consagrado na norma do art. 5º, LIV, da CR/88, impõe o dever de observância de esquemas procedimentais pelos agentes investidos no exercício de função administrativa, a exigir devida motivação.

Além disso, sua dupla acepção processual e substantiva corrobora a explicitação do ambivalente papel do procedimento na concretização dos direitos fundamentais. A dimensão processual do referido princípio busca assegurar a regularidade formal das decisões tomadas pelas autoridades públicas. A dimensão substantiva da garantia tem como escopo a tutela dos direitos individuais, por meio do controle do arbítrio das condutas das autoridades investidas de poder (BARROSO, 2002, p. 214).

O alcance do devido processo foi elucidado no julgamento do Mandado de Segurança nº 24.268-0, em que se examinou a legitimidade de ato do Tribunal de Contas da União que anulou pensão após vinte anos de sua concessão. O relator para o acórdão, ministro Gilmar Mendes, fundamentou seu voto no devido processo legal e na respectiva viabilidade do direito à ampla defesa e ao contraditório como indispensáveis à validade do ato do TCU que decidiu pela anulação de pensão concedida. Para tanto, enumerou o conteúdo incerto na noção de devido processo:

> 1) direito de informação (*Recht auf Information*), que obriga o órgão julgador a informar à parte contrária dos atos praticados no processo e sobre os elementos dele constantes;
> 2) direito de manifestação (*Recht auf Ausserung*), que assegura ao defendente a possibilidade de manifestar-se oralmente ou por escrito sobre os elementos fáticos e jurídicos constantes do processo;
> 3) direito de ver seus argumentos considerados (*Recht auf Berucksichtigung*), que exige do julgador capacidade, apreensão e isenção de ânimo (*Aufnahmefahigkeit und Aufnahmebereitschaft*) para contemplar as razões apresentadas [...]. (BRASIL, 2013hh)

Em seguida, concluiu:

> Sobre o direito de ver os seus argumentos contemplados pelo órgão julgador [...], que corresponde, obviamente, ao dever do juiz ou da Administração de a eles conferir atenção [...], pode-se afirmar que envolve não só o dever de tomar conhecimento [...], como também o de considerar, séria e detidamente, as razões apresentadas. (BRASIL, 2013hh)

Em dissertação de mestrado (PEREIRA, 2007a), abordamos o tema sob a lente da "teoria da adequabilidade normativa", elaborada pelo autor alemão Klaus Günther (2004), e destacamos o devido processo como dimensão procedimental do Direito no Estado Democrático. Retomaremos algumas ideias desenhadas na mencionada pesquisa, haja vista a pertinência temática.

Para Klaus Günther, a partir do paradigma procedimental do Direito, são delineados os contornos entre os momentos de elaboração e aplicação normativa, admitindo-se discricionariedade no primeiro e vinculação no segundo. O autor defende a tese de que o discurso de validade de uma norma não possui, *per se*, aplicabilidade em todos os casos.[57] Distingue, portanto, a fase de fundamentação ou validade da fase de aplicação das normas.

Para a fundamentação das normas, afirma Klaus Günther, importa se é do interesse de todos que cada um a observe, visto que uma norma representa o interesse comum e não depende de sua aplicação, mas sim dos motivos apresentados para que ela tenha de ser observada por todos como uma regra (2004, p. 70).

A partir dessas lições, pode-se afirmar que, no juízo de validade, há espaço para a chamada discricionariedade legislativa, quando se tratar da produção de lei, ou discricionariedade regulatória, quando se tratar da edição de ato administrativo regulador. Em ambos, há espaço de avaliação subjetiva, ainda que pautados por comandos constitucionais e legais, dos quais emergirão regras de conduta.

Ocorre que esse momento – de validação – por si só não resolve o problema da aplicação da norma, já que cada caso é capaz de surpreender o aplicador do Direito, dada a limitação do saber humano e a finitude de seu tempo.

Ao discorrer sobre a aplicação do Direito, está-se referindo ao senso de adequabilidade, que se dá por meio de um processo de concreção em que se revelam todas as características da situação, bem como se analisam as normas que possam ser aplicadas ao caso concreto. Não está em pauta a validade da norma, mas a sua adequação ou não às características de uma única situação.

Por conseguinte, quando se consideram todas as particularidades do caso concreto, tendo em vista as normas produzidas no juízo de validação, chega-se à decisão adequada para a espécie, o que não envolve algo irreal ou se confunde com o conceito metafísico de justiça,

---

[57] Esse mesmo referencial teórico foi adotado pelo autor na dissertação de mestrado (PEREIRA, 2007a).

porquanto o procedimento instaurado para o deslinde do conflito fornecerá os indicativos concretos para o balizamento da decisão (CRUZ, 2004, p. 236).

O processo de interpretação com vistas a alcançar a decisão adequada, *no qual as partes interagem discursivamente,* salva o aplicador da norma da missão solitária de resolver o conflito. Heloisa Nascimento Rocha, reportando-se às lições de Habermas, observa que a interpretação construtiva do aplicador da norma deve ser concebida como um empreendimento comum, sustentado pela comunicação pública dos cidadãos. A decisão correta pressupõe, portanto, *a consideração dos argumentos trazidos pelos participantes do discurso.* Assim, ressalta a autora:

> [...] a necessidade apontada por Dworkin de um reconhecimento mútuo de igual respeito por cada um pode ser aplicado através do agir comunicativo, isto é, da prática da argumentação, o que requer que *cada participante adote as perspectivas de todos os demais.* (ROCHA *in* OLIVEIRA, 2004, p. 249, grifo nosso)

Marcelo Andrade Cattoni de Oliveira reforça esse entendimento ao afirmar que a determinação da norma adequada depende do entrelaçamento de argumentos e de perspectivas de interpretação acerca do caso concreto. Para tanto, *resulta indispensável a consideração dos pontos de vista dos indivíduos diretamente implicados.* O que se coloca em questão, frisa o autor, é "[...] a própria garantia de integridade do Direito, a fim de se garantir tanto a coerência normativa da decisão ao sistema jurídico, quanto a sua *adequabilidade ao caso concreto"* (OLIVEIRA, 2004, p. 221, grifo nosso).

O aplicador da norma deve, portanto, no âmbito do devido processo administrativo, reconstruir a situação controvertida, em sua unicidade e irrepetibilidade, do ponto de vista de todos os envolvidos (CARVALHO NETTO, 2005, p. 78). Não há, assim, um exame do mero sentido da norma, cuja clareza, por si só, é insuficiente para encontrar a solução para o caso concreto.

Na presente obra, compreende-se a versão material do devido processo, seja administrativo ou jurisdicional, como a que abarca, além das garantias processuais, a adequabilidade normativa e, consequentemente, vincula-se à descrição completa dos fatos, a partir da participação dialógica dos envolvidos.[58]

---

[58] Carlos Ari Sundfeld destaca a importância da efetiva consideração, por parte da Administração, dos argumentos suscitados pelo administrado passível de ser sancionado:

Revelam-se distintos, portanto, dois momentos: o da elaboração do ato normativo, que comporta competência discricionária, e o da aplicação normativa, especialmente no âmbito de processos administrativos que envolvam restrição à liberdade ou propriedade privadas, nos quais inexiste discricionariedade administrativa.

Contudo, em recente artigo produzido por Humberto Ávila (*in* BINENBOJM *et al.*, 2009, p. 187-202), é apresentada noção, de certo modo, diversa. Segundo o autor, o denominado "neoconstitucionalismo" autorizaria o intérprete do Direito a preferir o princípio em vez da regra, quando da aplicação normativa. Para Humberto Ávila, essa compreensão seria equivocada porque caberia às regras descrever o que é permitido e o que é proibido, tendo, assim, uma "[...] função de eliminar ou reduzir problemas de coordenação, conhecimento, custos e controle de poder" (ÁVILA *in* BINENBOJM *et al.*, 2009, p. 189). Desse modo, ou seja, aplicando-se as regras em primazia aos princípios, diminuir-se-iam a arbitrariedade e a incerteza, "[...] gerando ganhos em previsibilidade e em justiça para a maior parte dos casos", até porque, por meio da regra, o legislador já teria feito a "ponderação pré-legislativa" (ÁVILA *in* BINENBOJM *et al.*, 2009, p. 189). A exceção a esse método, segundo o autor, ocorreria em situações extraordinárias.[59]

Humberto Ávila atribui às regras a condição de antecipar o problema e de se posicionar quanto a sua solução, sendo mitigada a necessidade de se recorrer a princípios, os quais apresentariam comandos ou diretrizes mais genéricas.

O equívoco de tal entendimento resulta da fusão de dois momentos distintos da interpretação normativa, o da validade com o da aplicação. Quando da construção da norma, juízo ou fase de validade, tenta-se antecipar conflitos e apontar soluções, contudo, conforme preconiza a teoria da adequabilidade normativa, a realidade sempre – ou quase sempre – surpreende o legislador, até porque este

---

"A decisão deve ser tomada em vista dos elementos constantes dos autos, inclusive dos argumentos e provas produzidos pelo acusado, que devem merecer consideração expressa. Quem já acompanhou procedimentos administrativos há de ter encontrado, nas decisões, comentários lacônicos do tipo: 'o acusado nada trouxe de novo' ou 'não conseguiu convencer com seus argumentos', com os quais pretende a autoridade analisar a defesa. É indisfarçável o pouco caso e desprezo que se costuma devotar às manifestações do administrado. Mas, este proceder não pode ser aceito, sendo inválida a decisão que não analisa devidamente a defesa, demonstrando como e porque não pode ela ser acolhida" (SUNDFELD, 1985, p. 105).

[59] "O aplicador só pode deixar de aplicar uma regra infraconstitucional quando ela for inconstitucional, *ou quando a sua aplicação for irrazoável, por ser o caso concreto extraordinário*" (ÁVILA *in* BINENBOJM *et al.*, 2009, p. 191, grifo nosso).

tem tempo e inteligência limitados. Assim, quando o conflito surge em determinado contexto, também surgem *pretensões normativas opostas* sustentadas pelos atores envolvidos. *E não será o método de prevalência de regra em relação a princípio – ou vice-versa – que, aprioristicamente, resolverá o problema, ao menos, repita-se, num Estado Democrático de Direito ou no paradigma Procedimental do Direito.*[60]

Impõe-se, dentro da perspectiva da teoria da adequabilidade normativa, reconhecer a precariedade de normas abstratas, sejam regras ou princípios, diante do momento de sua aplicação a determinado caso ou contexto. *Em síntese: a norma não dá conta de sua aplicação, razão pela qual é imprescindível um procedimento dialógico que anteceda a solução, sem métodos ou "razões" que "salvem" o aplicador da norma desse desafio.*

A releitura do próprio Humberto Ávila se faz necessária, em *Teoria dos Princípios: da definição à aplicação dos princípios jurídicos*, para corroborar a noção ora apresentada. Na referida obra, anota o autor que não é a vagueza o traço que distingue regras de princípios, como também "[...] a distinção entre princípios e regras não pode ser baseada no suposto método tudo ou nada de aplicação das regras, pois também elas precisam, para que sejam implementadas suas consequências, de um processo prévio – e, por vezes longo e complexo [...]" (ÁVILA, 2004, p. 39, 40).

Em outra passagem, o autor explicita a particularidade do momento de aplicação normativa:

> Com efeito, muitas vezes o caráter absoluto da regra é completamente modificado depois da consideração de todas as circunstâncias do caso. É só conferir alguns exemplos de normas que preliminarmente indicam um modo absoluto de aplicação mas que, com a consideração de todas as circunstâncias, terminam por exigir um processo complexo de ponderação das razões e contra-razões. (ÁVILA, 2004, p. 36)

Humberto Ávila ilustra sua afirmação a partir da regra do art. 224, do Código Penal, vigente até o advento da Lei nº 12.015/09, que previa, no crime de estupro, presunção incondicional de violência para o caso de a vítima ter idade inferior a 14 anos. Embora a regra não

---

[60] Humberto Ávila, contudo, insiste no "poder" das regras: "Ao se admitir o uso dos princípios constitucionais, mesmo naquelas situações em que as regras legais são compatíveis com a Constituição e o emprego dos princípios ultrapassa a interpretação teleológica pelo *abandono da hipótese legal*, está-se, ao mesmo tempo, consentindo com a desvalorização da função legislativa e, por decorrência, com a depreciação do papel democrático do Poder Legislativo" (ÁVILA *in* BINENBOJM *et al.*, 2009, p. 193, grifo nosso).

disciplinasse exceção, o autor lembra precedente do STF que, ao julgar caso em que a vítima tinha 12 anos,

> [...] atribuiu tamanha relevância a circunstâncias particulares não previstas na norma, como a aquiescência da vítima ou a aparência física e mental de pessoa mais velha, que terminou por entender, preliminarmente, como não configurado o tipo penal, apesar de os requisitos normativos expressos estarem presentes. (ÁVILA, 2004, p. 37)

Dessa forma, podemos afirmar que a teoria da adequabilidade normativa estabelece importantes diretrizes quanto ao modo de aplicação das normas, especialmente diante de conflitos concretos, a descortinar maior extensão para o controle das decisões públicas.

Percebemos, portanto, que é por meio do devido processo administrativo que se constrói, a partir da consideração das particularidades do caso e das pretensões a direito aduzidas pelos interessados, a decisão adequada.

Assim, atende-se ao paradigma do Estado Democrático de Direito e se estabelece parâmetro de controle das decisões, ainda que emanadas por particulares em razão de delegação do exercício de certa atividade estatal. A legitimidade da atuação pública decorrerá, pois, da interlocução entre o Estado, ou quem lhe faça as vezes, e os cidadãos afetados. Nesse ponto, é ilustrativo o episódio "Revolta da Vacina", que muito tem a nos ensinar.

1.2.3.1 Processo administrativo e poder de polícia no evento histórico "Revolta da Vacina"

A relevância do devido processo no exercício do poder de polícia administrativa tem raízes históricas no Direito brasileiro e pode ser compreendida e demonstrada a partir do estudo do episódio que ficou conhecido como "Revolta da Vacina", ocorrida no Rio de Janeiro em 1904,[61] em que a ausência de *interlocução entre a Administração e o cidadão foi determinante para a ocorrência do conflito.*

Na obra *Os bestializados: o Rio de Janeiro e a República que não foi,* José Murilo de Carvalho discorre sobre o contexto político-social

---

[61] Tratamos o tema em artigo produzido no curso de doutorado na disciplina "artigo destinado à publicação", que servirá de base para o tópico em apreço (PEREIRA, 2012, p. 125-138).

em que ocorreu a "Revolta da Vacina", analisando, especialmente, os personagens "revoltosos" e os motivos que levaram à revolta popular.

Inicialmente, o autor observa que oitenta por cento da população do Rio de Janeiro não participava, por meio de mecanismos eleitorais, da vida política do país, o que não significou letargia dos "cidadãos inativos constitucionalmente" em relação a condutas governamentais que lesavam a vida cotidiana de cada um (CARVALHO, J., 2008, p. 91). A revolta revelava exatamente a indignação popular diante de imposições autoritárias do Governo. Carvalho acaba apresentando a concepção dos direitos e deveres na relação entre indivíduos e Estado na primeira década do século XX.

Em breve síntese, o autor relata que Rodrigues Alves, então Presidente da República, nomeou como Diretor do Serviço de Saúde Pública Oswaldo Cruz, cuja primeira meta foi enfrentar a febre amarela, "[...] adotando métodos já aplicados em Cuba" (CARVALHO, J., 2008, p. 94). A extinção dos mosquitos e o isolamento dos doentes foram as medidas adotadas de imediato. Em seguida, o combate à peste bubônica era realizado por brigadas sanitárias que percorriam casas, "[...] desinfetando, limpando, exigindo reformas, interditando prédios, removendo doentes. [...] Cerca de 2500 mata-mosquitos espalharam-se pela cidade" (CARVALHO, J., 2008, p. 94).

De fato, se analisados os atos regulamentares da época, pelos quais eram previstas as prerrogativas governamentais no exercício do poder de polícia sanitária, tornam-se visíveis a imperatividade e a unilateralidade da ação governamental.

No Decreto nº 1.151, de 05.01.1904, o Governo é autorizado a instituir:

> [...] penas às infrações sanitárias multas até dois contos de réis (2:000$), que poderão ser convertidas em prisão até o prazo máximo de três meses, bem como cumulados ou não e mesmo como medida preventiva, apprehensão e destruição dos gêneros deteriorados ou considerados nocivos à saúde, seqüestro e venda de animais ou objectos cuja existência nas habitações for prohibida, cassação de licença, fechamento e interdicção de prédios, obras e construções. (art. 1º, §3º). (DIRECTORIA GERAL DE SAÚDE PÚBLICA, 1909, p. 892)

É criado o Juízo dos Feitos da Saúde Pública, concernente à execução das leis e dos regulamentos sanitários, sendo o Juiz, o Procurador e o Subprocurador nomeados pelo Presidente da República

para mandato de quatro anos, podendo haver recondução (§10 do art. 1°) (BRASIL, 2013c).
Já o §20, do art. 1°, do Decreto n° 1.151, previu que:

> *Não podem* a justiça sanitaria, nem as autoridades judiciarias, quer federaes, quer locaes, *conceder interdictos possessorios contra os actos da autoridade sanitaria exercidos ratione imperii*, nem modificar ou revogar os actos administrativos ou medidas de hygiene e salubridade por ella determinadas nesta mesma qualidade. (BRASIL, 2013c, grifos nossos)

E, ainda, as intimações das medidas sanitárias a cargo da autoridade pública "[...] farão fé sobre os factos a que se referirem, *até prova em contrário*" (§21 do art. 1°) (BRASIL, 2013c, grifo nosso).

O Regulamento dos serviços sanitários a cargo da União, por sua vez, dispôs sobre os procedimentos referentes ao serviço sanitário terrestre. O art. 91 afirma que, a juízo da autoridade sanitária, as casas e os estabelecimentos que não forem "[...] saneaveis e não puderem por isso servir sem prejuízo para a saúde pública" deverão ser desocupados e reconstruídos por seus proprietários. O artigo seguinte determina que, caso ocorra na casa ou no estabelecimento alguma moléstia grave,

> [...] o inspector sanitário immediatamente affixará o interdicto e providenciará para que sejam feitas as necessárias desinfecções, de accôrdo com a natureza da moléstia que houver motivado a medida, e, sem que estas tenham sido praticadas, *não poderá a casa, commodo ou estabelecimento, ser de novo habitado, incorrendo o infrator na multa de 200$000*. (DIRECTORIA GERAL DE SAÚDE PÚBLICA, 1909, p. 923, grifo nosso)

Chegou-se a proibir a lavagem de roupas nas casas que não tivessem "[...] terrenos e installações apropriadas, e em condições de esgotar facilmente as águas" (art. 105) (DIRECTORIA GERAL DE SAÚDE PÚBLICA, 1909, p. 924).

A demolição de casas, sem procedimento prévio que assegurasse efetiva contestação do exame feito pelos inspetores sanitários, foi expressamente prevista no art. 123 do regulamento:

> Toda casa que apresentar graves e insanáveis defeitos de hygiene, considerada, portanto, inhabitavel, será desoccupada, fechada definitivamente por ordem do inspector sanitário, a juízo do delegado de saúde, sendo marcado prazo para o início da demolição, findo o qual a Directoria Geral de Saúde Pública fará por si esta demolição, cobrando do proprietário as despesas; e, no caso da recusa de pagamento por

parte deste, fará que o terreno, materiaes, etc., sejam vendidos em hasta pública, indemnizando-se das despesas feitas e depositando o restante da importância, no Thesouro Federal, à disposição do proprietário. (DIRECTORIA GERAL DE SAÚDE PÚBLICA, 1909, p. 926)

A comunicação ao Governo sobre os doentes era dever de todos os cidadãos, sob pena de multa, conforme dispunha o art. 148, e o isolamento era obrigatório (art. 152) (DIRECTORIA GERAL DE SAÚDE PÚBLICA, 1909, p. 930).

Especificamente quanto à varíola, outorgou-se à polícia sanitária a utilização de "todos os meios" necessários para a vacinação (art. 211). O número de vacinações realizadas por inspetor passou a ser o critério de avaliação de seu desempenho (art. 212) e a ausência de vacinação, fundamento para sanção:

> Art. 214. Si for acommettida de varíola, por não ter sido vaccinada, alguma das pessoas designadas nas leis a que se refere o art. 211, tendo sido o domicilio em que residir o doente percorrido pelo inspector sanitário na visita de policia sanitária, será este responsável pelo fato, sendo por isto suspenso por 15 dias, e o delegado de saúde respectivo censurado. Si o facto repetir-se com o mesmo funccionario, *será o inspector sanitário demitido e o delegado de saúde suspenso por seis mezes.* (DIRECTORIA GERAL DE SAÚDE PÚBLICA, 1909, p. 937, grifo nosso)

De volta ao relato de José Murilo de Carvalho, verificamos que a vacinação obrigatória contra a varíola foi o estopim para a revolta popular. As discussões sobre o projeto de lei que tratou do tema passaram a ocupar o centro das atenções, formando-se grupo contrário à vacinação. Jornais da época denunciavam o caráter autoritário da medida. Segundo o autor:

> Em 1904, na iminência da passagem da nova lei, recorreram [os "positivistas ortodoxos do Apostolado"] a verdadeiro terrorismo ideológico, apontando na vacina inúmeros perigos para a saúde, tais como convulsões, diarréias, gangrenas, otites, difteria, sífilis, epilepsia, meningite, tuberculose. Outro ponto em que os ortodoxos insistiam era a falta de competência do poder público para invadir o recesso dos lares, seja para inspeção, seja para desinfecção, seja para remoção de doentes, ou seqüestro, como preferiam dizer. Sua campanha se fazia através da imprensa e de folhetos impressos pelo Apostolado e distribuídos entre deputados e entre a população. (CARVALHO, J., 2008, p. 98)

Reuniões foram convocadas no Centro das Classes Operárias, nas quais a oposição às medidas governamentais alcançou maior fôlego na população operária. Manifestações de estudantes e operários na rua pregavam a resistência à vacina.

> No dia 13, domingo, o conflito generalizou-se e assumiu caráter mais violento. Um aviso no Correio da Manhã, de 12, convocara o povo a aguardar na praça Tiradentes, onde ficava o Ministério da Justiça [...], pelas duas horas da tarde, quando chegou o chefe de polícia, Cardoso de Castro, seu carro foi apedrejado. A polícia carregou sobre a multidão. O local se tornou uma praça de guerra. Aos poucos, a luta se espalhou pelas ruas adjacentes [...]. Os bondes começaram a ser atacados, derrubados e queimados. Foram quebrados combustores de gás e cortados os fios da iluminação elétrica da avenida Central. (CARVALHO, J., 2008, p. 103-104)

Foi declarado estado de sítio após o Levante da Escola Militar da Praia Vermelha. Ao fim da revolta, aproximadamente mil prisões foram feitas, além de contabilizadas 23 mortes e 67 feridos (CARVALHO, J., 2008, p. 117-118).

O autor conclui que a obrigatoriedade da vacina foi o episódio desencadeador da revolta popular, afastando, como justificativa primeira, aspecto de natureza econômica ou política. A desinfecção das casas, mediante invasão e a exigência de saída dos moradores de seus lares, provocou irritação popular. O caráter moralista adquiriu, no contexto, expressão significativa, a saber:

> A vacina era aplicada nos braços com a ajuda de uma lanceta. Babosa Lima começou a enfatizar a possibilidade da aplicação da vacina na coxa. Os oradores de comício e incitadores foram mais longe. Segundo depoimentos a *O Paiz*, os líderes da revolta espalhavam agentes pelos centros populares com o fim de salientarem os perigos da vacina e dizerem que seria aplicada nas coxas das mulheres e filhas, junto à virilha. (CARVALHO, J., 2008, p. 132)

Outro trecho esclarece a posição de José Murilo de Carvalho sobre a Revolta da Vacina:

> A justificação baseava-se tanto em valores modernos como tradicionais. *Para os membros da elite, os valores eram os princípios liberais da liberdade individual e de um governo não-intervencionista.* A retórica liberal, originalmente difundida por positivistas e liberais ortodoxos, chegou mesmo a atingir setores da classe operária. Um jornal dos gráficos, comentando a revolta em 1905, dizia que ela fora reação contra medida tirânica destinada a

"esmagar todas as conquistas liberais das sociedades modernas". *Para o povo, os valores ameaçados pela interferência do Estado eram o respeito pela virtude da mulher e da esposa, a honra do chefe de família, a inviolabilidade do lar. Acontece que os dois tipos de valores, o moderno e o tradicional, eram perfeitamente compatíveis. Ambos convergiam na oposição à interferência do governo além de limites aceitáveis.* Deu-se aí o fenômeno descrito por Rudé: a fusão de uma ideologia derivada de classes altas, a fusão de valores populares com valores burgueses, gerando a ideológica do protesto. *O inimigo não era a vacina em si, mas o governo, em particular as forças de repressão do governo. Ao decretar a obrigatoriedade da vacina pela maneira como fizera, o governo violava o domínio sagrado da liberdade individual e da honra pessoal. A ação do governo significava tentativa de invasão do espaço até então poupado pela ação pública. A maneira de implementar a obrigatoriedade ameaçava interferir em quase todas as circunstância da vida. O próprio emprego do operário podia estar em perigo.* (CARVALHO, J., 2008, p. 136, grifos nossos)

O viés autoritário na imposição da vacina contrapunha-se diretamente aos princípios republicanos recém-chegados, daí a ilegitimidade estatal. Emergia a "[...] sensação generalizada, entre parte da elite e o povo, de que o regime republicano, como era praticado, não abria espaço para a manifestação pública, não fornecia canais de participação legítima" (CARVALHO, J., 2008, p. 137).

Para José Murilo de Carvalho, a despeito de a revolta não ter provocado mudanças políticas imediatas, além da interrupção da vacinação, "[...] ela certamente deixou entre os que dela participaram um sentimento profundo de orgulho e autoestima, passo importante na formação da cidadania" (2008, p. 139). A conclusão do autor foi demonstrada por meio da imprensa da época:

O repórter do jornal A Tribuna, falando a elementos do povo sobre a revolta, ouviu de um preto acapoeirado frases que bem expressavam a natureza da revolta e este sentimento de orgulho. Chamando o repórter de "cidadão", o preto justificava a revolta: era para "não andarem dizendo que o povo é carneiro. De vez em quando é bom a negrada mostrar que sabe morrer como homem!". Para ele, a vacinação em si não era importante – embora não admitisse de modo algum deixar os homens da higiene meter o tal ferro em suas virilhas. *O mais importante era "mostrar ao governo que ele não põe o pé no pescoço do povo".* (CARVALHO, J., 2008, p. 139, grifo nosso)

Reflexo da Revolta da Vacina pode ser verificado na posição adotada pelo Supremo Tribunal Federal, em 31.01.1905, ao julgar o Recurso em *Habeas Corpus* nº 2.244. O acórdão consta no sítio do STF, no *link* "julgamentos históricos". Após ter sido negada a ordem em primeira instância, o recurso interposto no STF sustentava que o fato de o paciente ter recebido, pela segunda vez, a intimação de inspetor sanitário, para adentrar sua casa e proceder à desinfecção, configurava ameaça e constrangimento ilegal. O Tribunal considerou inconstitucional a disposição regulamentar que facultava à autoridade sanitária penetrar, até com o auxílio da força pública, em casa particular, para realizar operações de expurgo. O STF baseou-se no art. 72, §11, da Constituição de 1891, que dispunha:

> Art. 72 – A Constituição assegura a brasileiros e a estrangeiros residentes no País a inviolabilidade dos direitos concernentes à liberdade, à segurança individual e à propriedade, nos termos seguintes: [...] §11 – *A casa é o asilo inviolável do indivíduo; ninguém pode aí penetrar de noite, sem consentimento do morador, senão para acudir as vítimas de crimes ou desastres, nem de dia, senão nos casos e pela forma prescritos na lei.* (BRASIL, 2013b, grifo nosso)

Eis trecho relevante da decisão:

> Considerando, porém, que a entrada forçada em casa do cidadão para o serviço de desinfecção, sendo apenas autorizada por disposição regulamentar, *importa flagrante violação do artigo 72, §11 da Constituição Federal, o qual cometeu a Lei o encargo de prescrever em quais casos é permitido, de dia, a entrada em casa particular sem consentimento do respectivo morador.* Considerando também que, não colhe o argumento de que o Regulamento, de que se trata, foi expedido em virtude de autorização conferida pela Lei nº 1.151, de 5 de Janeiro de 1904, a qual encarregou o Poder Executivo de organizar o respectivo serviço sanitário, visto como, restringida a questão à espécie vertente nos autos, sendo função exclusivamente legislativa regular a entrada forçada em casa do cidadão nos expressos termos do §11 do artigo 72, *não podia o Congresso nacional subdelegar essa atribuição ao Governo sem ofender a mesma Constituição Federal, que traçou a esfera de cada poder político.* (BRASIL, 2013mm, grifos nossos)

O Judiciário, portanto, diante da violação imposta unilateralmente pelo Executivo, assegurou ao cidadão o mínimo de efetividade de seu direito fundamental à inviolabilidade do lar.

Em 13.10.1906, o STF, nos autos do Agravo nº 841, definiu a competência da instância administrativa em relação à jurisdicional quanto ao poder de polícia sanitária. À primeira cabe averiguar e indicar os reparos necessários nos prédios, enquanto à segunda a execução de tais medidas. Assim, conforme a decisão:

> Nem a Lei que reorganizou os serviços de hygiene administrativa da União, nem os seus Regulamentos, autorizam a duvida que se pretende estabelecer: As espheras de acção das duas autoridades –, a administrativa e a judiciária, estão neste ponto perfeita e nitidamente demarcadas.
> *A primeira compete*, nem podia deixar de competir, interdictar os prédios e indicar os reparos, notificações e obras que o seu critério scentifico reputa indispensáveis, de accôrdo com os interesses da saúde publica, para que os mesmos prédios se tornem habitáveis.
> *A segunda incumbe* a execução destas medidas mediante formulas que se destinam principalmente a garantir a propriedade particular contra possíveis arbítrios. (O DIREITO, 1907, *apud* SUNDFELD, 2013)

Constatamos, assim, que o modo como as medidas de polícia administrativa foram executadas à época influenciaram o Judiciário quanto ao impedimento de a Administração executar, *manu militari*, as ações que eram demandadas pela política sanitária.

Impõe-se, nesse contexto, a releitura do poder de polícia administrativa. A Revolta da Vacina, ocorrida na primeira década do século XX, revela o quanto é autoritária a concepção que exclui o devido processo legal no elo da ação estatal, especialmente quando há direta repercussão na vida do cidadão. Não por outra razão, o Supremo Tribunal Federal, em janeiro de 1905, como visto, acolheu a tese de inconstitucionalidade de dispositivo regulamentar – *unilateral* e inovador no ordenamento jurídico – que autorizava o ingresso de inspetor sanitário em domicílio sem que a lei – devido processo legislativo – previamente tivesse estabelecido os critérios para tanto.

A literatura revelou, por sua vez, a importância do regaste do contexto histórico para a solução de conflitos. As mudanças advindas com a República conviveram com uma realidade social que demandava interlocução com a sociedade, acima de tudo. A imposição estatal aliada ao contexto de mudança paradigmática – monarquia/república – foi determinante para que a Revolta ocorresse.

O paradigma do Estado Democrático de Direito, retratado na Constituição de 1988, tal qual a República no período em que ocorreu o episódio histórico em destaque, exige aprimoramento da comunicação entre as esferas estatal e privada, avançando para a reflexão em torno do modo como as decisões são editadas, a prestigiar a participação dos cidadãos na ação estatal.

O caráter preventivo e educativo deve ser prestigiado no exercício de "poderes" que condicionam ou limitam a liberdade ou propriedade privadas, como ocorre no poder de polícia administrativa. Medidas que valorizem tais aspectos devem ser previamente assumidas como dever da Administração Pública, mediante a institucionalização de canais de comunicação com a população, daí a legitimidade da atuação estatal. Tal aspecto, conforme analisado na descrição do episódio histórico, inexistiu, desaguando na revolta popular.

"Interesse da coletividade", "bem comum", "ordem pública", "segurança nacional", "interesse público" não são, portanto, *per se*, determinados, como se o Executivo fosse "a boca do interesse público".

O respeito à autonomia privada é, portanto, indispensável para a legitimidade da atuação estatal, vez que a esfera pública pressupõe a preservação da esfera privada. Compete, portanto, à Administração Pública, no Estado Democrático de Direito, instituir canais de comunicação com os afetados pelas medidas governamentais antes que haja limitação a seus direitos. Conforme discorremos no item anterior, o devido processo legal é o *locus*, por excelência, de tal interlocução, seja na dimensão administrativa, seja na jurisdicional.

1.3 Estrutura do trabalho

Nesta introdução teórico-metodológica, além da problematização do tema, justificativa e hipótese, foram apresentados os aportes teóricos que nortearão todo o trabalho. As transformações teóricas estruturais do Direito Administrativo e suas repercussões na atividade de polícia administrativa, quais sejam, a complementaridade das esferas público e privada, a releitura da supremacia do interesse público sobre o privado e a centralidade do devido processo administrativo na ação estatal.

No Capítulo 2, será delimitado o poder de polícia administrativa, uma vez que a delegação da execução dessa atividade pressupõe a demarcação da figura jurídica em estudo. Para tanto, distinguiremos, num primeiro momento, poder de polícia administrativa de poder disciplinar e de serviços públicos e, em seguida, examinaremos os atributos e as espécies de manifestação de polícia administrativa.

Ainda nesse capítulo, serão estudados alguns casos já existentes de delegação de poderes públicos a particulares, de modo a compreender a possível particularidade em relação à polícia administrativa.

No Capítulo 3, serão investigados e refutados os fundamentos apresentados pela doutrina e jurisprudência clássicas que defendem a indelegabilidade do poder de polícia administrativa a particulares.

No Capítulo 4, serão apresentados os requisitos para a delegação do poder de polícia, com enfoque na previsão legal e indispensabilidade do devido processo administrativo. Trataremos, ainda, da necessidade de certame público para escolha do agente delegado e da responsabilidade civil em razão de danos causados a terceiros.

Por fim, no Capítulo 5, serão retomadas as questões centrais desta obra, com vistas a responder às indagações apresentadas no item 1.1.

CAPÍTULO 2

O PODER DE POLÍCIA ADMINISTRATIVA E SUA INDELEGABILIDADE

Considerando os pressupostos teóricos tratados no capítulo anterior, passamos a discorrer sobre o poder de polícia administrativa propriamente dito e sua inserção no ordenamento jurídico brasileiro. As semelhanças ou características comuns entre o poder de polícia e as demais atividades administrativas servirão de critério para delimitar o núcleo temático da pesquisa, isto é, faremos a distinção entre polícia administrativa e outras atividades em razão de similitudes que possam gerar dúvidas em sua identificação.

Entre as classificações utilizadas, Maria Sylvia Zanella Di Pietro aponta quatro atividades administrativas (2012, p. 55-56): a) fomento, entendido como incentivo à iniciativa privada de utilidade pública; b) polícia administrativa, que compreende as restrições ao exercício de direitos individuais em benefício do interesse coletivo; c) serviço público, ou seja, função exercida direta ou indiretamente para satisfazer a necessidade coletiva, sob regime predominantemente público; e d) intervenção, que abarcaria a regulamentação e fiscalização da atividade econômica de natureza privada e a atuação direta do Estado no domínio econômico.

A partir do critério referido, apresentaremos a diferença entre poder de polícia e serviços públicos, uma vez que entre essas atividades há características comuns que podem gerar equívoco na identificação de cada qual. Além disso, em determinadas hipóteses, será necessária a coexistência de ambas para garantir o regular exercício da ação pública.

Mas, em relação à atividade de intervenção, inexistem similitudes, considerando que a noção adotada nesta obra insere a regulação da atividade privada no conceito de poder de polícia administrativa e não na de intervenção, distanciando-se, nesse ponto, da ideia apresentada por

Maria Sylvia Zanella Di Pietro.[62] Diante de diferenças bem delimitadas, não discorremos sobre as duas atividades em item individualizado.

Do mesmo modo, não verificamos similitudes entre o poder de polícia administrativa e a atividade de fomento, porquanto esta é essencialmente de incentivo, ao passo que aquela de limitação da atividade privada.

Quanto aos "poderes da Administração", importante diferenciar poder de polícia administrativa e poder disciplinar, uma vez que essa análise identificará o campo *externo* de incidência daquela atividade, sobretudo tendo em vista o fato de o poder disciplinar implicar limitações no âmbito *interno* do aparato estatal.

Identificado o poder de poder de polícia em relação a outras figuras jurídicas, será apresentado o conceito acolhido neste trabalho,[63]

---

[62] Além de parâmetros normativos, conforme será discorrido mais à frente, valemo-nos do conceito de Juarez Freitas, que inclui a regulação no poder de polícia administrativa: "[...] sugere-se, doravante, compreender o 'poder de polícia administrativa' como o exercício de um dever (não mera faculdade) que consiste em *regular*, restringir ou limitar administrativamente, de modo legal e legítimo, o exercício dos direitos fundamentais de propriedade e de liberdade, de maneira a obter, mais positiva que negativamente, uma ordem pública capaz de viabilizar a coexistência dos direitos em sua totalidade, sem render ensejo à indenização, por não impor dano juridicamente injusto" (2009b, p. 209). No mesmo sentido, Floriano de Azevedo Marques Neto: "O poder de polícia se manifesta em três momentos. No primeiro momento tem lugar a função regulamentar (normativa) que tem base na lei e normalmente se completa por comandos infra-legais. Nela têm lugar os atos como o Regulamento, o Decreto, a Portaria e a Instrução" (*in* FIGUEIREDO, 2012, p. 233).

[63] O foco deste livro não trata das controvérsias relacionadas ao conceito do poder de polícia administrativa, razão pela qual é apresentada a posição acolhida pelo trabalho, a partir da qual será examinado o tema da delegabilidade a particulares. Para aprofundamento sobre o conceito, seguem algumas referências: MERKL, Adolf. *Teoría General del Derecho Administrativo*. Madrid, 1993. p. 323; ELGUERA, Alberto. *Policía Municipal*. Buenos Aires, 1963; DOMÍNGUEZ, Alberto. *Policía Sanitaria*. Buenos Aires, 1946; DIEZ, Manuel Maria. *Derecho Administrativo*. Buenos Aires, 1969. t. IV, p. 17 *et seq.*; LAZZARINI, Álvaro *et al. Direito administrativo da ordem pública*. Rio de Janeiro, 1987; FIORINI, Bartolomé. *Manual de Derecho Administrativo*. Buenos Aires, 1968. v. 2, p. 645 et seq. e *Poder de Polícia*. Buenos Aires, 1962; BANDEIRA DE MELLO, Celso Antônio. *Elementos de direito administrativo*. São Paulo, 1992. p. 240 *et seq.*; BEZNOS, Clóvis. *Poder de polícia*. São Paulo, 1979; GASPARINI, Diogenes. *Direito administrativo*. São Paulo, 2012. p. 98 *et seq.*; MOREIRA NETO, Diogo de Figueiredo. *Curso de direito administrativo*. Rio de Janeiro, 2011. p. 293 *et seq.*; GARRIDO FALIA, Fernando. *Tratado de Derecho Administrativo*. Madrid, 1994. v. 2, p. 159 *et seq.*; BÉNOIT, Francis-Paul. *Le Droit Administratif Français*. Paris, 1968. p. 739 *et seq.*; VEDEL, Georges. *Droit Administratif*. Paris, 1968. p. 779 *et seq.*; LAFERRIERE, H. L. *Cours de Droit Public et Administratif*. Paris, 1846. v. 1, p. 368 *et seq.*; CAMPOS, Germán J. Bidart. *Derecho Constitucional*. Buenos Aires, 1966. t. II, p. 550; HERRAIZ, Héctor Eduardo. *Poder de Policía*. Buenos Aires, 1970; MEIRELLES, Hely Lopes. *Direito administrativo brasileiro*. São Paulo, 2012. p. 113 *et seq.*; BETHÉLEMY, Henry. *Traité Élémentaire de Droit Administratif*. Paris, 1916. p. 235 *et seq.*; RIVERO, Jean. *Droit Administratif*. Paris, 2006. p. 450 *et seq.*; CRETELLA JR., José. *Curso de direito administrativo*. Rio de Janeiro, 2006. p. 521 et seq.; DIEZ, Manuel. Maria *Derecho Administrativo*, 1969. v. 6, p. 17 *et seq.*; MARIENHOFF, Miguel S. *Tratado de Derecho Administrativo*. Buenos Aires, 1973. t. IV, p. 510 *et seq.*; TEIXEIRA, José Horácio Meirelles. *Estudos de direito administrativo*. v. 1, p.

de modo a compreender a extensão daquilo que se defende como passível de delegação. Em outras palavras, sem a delimitação do poder de polícia administrativa, inviável examinar em que medida é possível a transferência de sua execução a particulares.

Em seguida, serão indicados os fundamentos jurídicos pela indelegabilidade do poder de polícia administrativa comumente aceitos, os quais agregam complexidade em torno do tema central desta obra.

A partir do objeto desta obra, serão abordadas hipóteses de delegação do exercício de poderes públicos a particulares, inclusive os de polícia, aceitos pelo ordenamento jurídico brasileiro, de modo a compreender a razão pela qual persiste o fundamento genérico da indelegabilidade do poder de polícia.

2.1 Poder de polícia e poder disciplinar

A limitação de liberdades ou direitos individuais é aspecto que se encontra presente tanto no poder de polícia administrativa quanto no poder disciplinar. Do mesmo modo, a regulação, a fiscalização e a sanção[64] são manifestações que se apresentam nas duas figuras, ainda que haja especificidades em cada caso.

Para Hely Lopes Meirelles, o poder disciplinar é a faculdade de aplicar sanções funcionais a servidores que se submetam a uma disciplina interna dos órgãos e serviços públicos e decorre de prerrogativa "[...] que o Estado exerce sobre todos aqueles que se vinculam à Administração por relações de qualquer natureza, subordinando-se às normas de

---

153 et seq.; LINARES, Juan Francisco. *Derecho Administrativo*, 1986. p. 421 et seq.; WALINE, Mareei. *Manuel Élémentaire de Droit Administratif*. 1946, p. 240 et seq.; VALERI, Néstor R. *Implicancias Constitucionales del Instituto de Policía Santa Fe*. 1961; MAYER, Otto. *Derecho Administrativo Alemán*. Buenos Aires, 1949. v. 11, p. 3 et seq.; ALTAMIRA, Pedro Guilhermo. *Policía y Poder de Policía*. Buenos Aires, 1963; BIELSA, Rafael. *Régimen de Policía*. Buenos Aires, 1957; VÁSQUEZ, F. Ramón. *Poder de Policía*. Buenos Aires, 1957; BONNARD, Roger. *Précis Elémentaire de Droit Administratif*. Paris, 1926. p. 397 et seq.; ALESSI, Renato. *Sistema Istituzionale di Diritto Amministrativo Italiano*. Milano, 1960. p. 461 et seq.; CAVALCANTI, Themístocles. Brandão *Curso de direito administrativo*. Rio de Janeiro, 1977. p. 115 et seq.

[64] Lucas Rocha Furtado destaca a diferença entre sanções administrativas: "Nem toda sanção imposta pelo Direito Administrativo, todavia, é decorrência do poder de polícia. O seu âmbito de atuação corresponde à esfera de liberdade dos particulares, de modo que não é correto identificar, por exemplo, a aplicação de sanções a servidores públicos que tenham violado deveres funcionais como manifestação da polícia administrativa. Ou seja, o poder de polícia pode utilizar-se da imposição de sanção como técnica para ordenar atividades privadas, mas nem toda sanção aplicada pela Administração Pública pode ser atribuída ao exercício de poder de polícia" (2007, p. 666).

FLÁVIO HENRIQUE UNES PEREIRA
REGULAÇÃO, FISCALIZAÇÃO E SANÇÃO

funcionamento do serviço ou do estabelecimento que passam a integrar definitiva ou transitoriamente" (MEIRELLES, 2011, p. 128).[65]

Segundo o autor, o poder disciplinar é correlato ao poder hierárquico, embora não se confundam: "No uso do poder hierárquico, a Administração Pública distribui e escalona as suas funções; no uso do poder disciplinar ela controla o serviço e responsabiliza os seus servidores faltosos" (MEIRELLES *in* DI PIETRO; SUNDFELD, 2012, p. 331).

Assim, o poder disciplinar "[...] tem por objetivos ordenar, coordenar, controlar e corrigir as atividades administrativas, no âmbito interno da Administração Pública" (MEIRELLES *in* DI PIETRO; SUNFELD, 2012, p. 329), assegurando-se ao administrado o direito de não cumprir ordens manifestamente ilegais.[66]

Maria Sylvia Zanella Di Pietro, por sua vez, destaca que o poder disciplinar não se limita àqueles que se submetem a vínculo hierárquico, mas também às demais pessoas sujeitas à disciplina administrativa. Vejamos: "Poder disciplinar é o que cabe à Administração Pública para apurar infrações e aplicar penalidades aos servidores públicos *e demais pessoas sujeitas à disciplina administrativa*; é o caso dos estudantes de uma escola pública" (2012, p. 95).

No âmbito do poder de polícia administrativa, diferentemente do poder disciplinar, não há, propriamente, uma relação ínsita à organização de determinada atividade ou estrutura estatal, razão pela qual não é pertinente atrair ao seu campo de incidência relações ou vínculos internos à Administração. Lucas Furtado ressalta esse aspecto:

> O campo para o exercício do poder de polícia correspondente à esfera de liberdade dos particulares. Não se pode querer ampliar a esfera de atuação desse poder para alcançar situações outras, que não se inserem em seu âmbito. As regras decorrentes do poder de polícia emanam necessariamente da lei, e cabe a ela, e somente a ela, fixar a sanção a ser aplicada. (2007, p. 666)

---

[65] Segundo Floriano de Azevedo Marques Neto, o poder disciplinar apura e aplica "[...] penalidades aos agentes públicos ou àqueles submetidos a uma relação jurídica específica. Pode decorrer de vários tipos de relações: (i) relações de trabalho (emprego ou estatutárias); (ii) relações funcionais ou prestacionais (estudante matriculado em escola pública); e (iii) relações contratuais (cláusula exorbitante no contrato administrativo)" (*in* FIGUEIREDO, 2012, p. 232).

[66] Nesse sentido, *v. g.*, dispõe a Lei nº 8.112/90: "Art. 116. São deveres do servidor: [...] IV – cumprir as ordens superiores, exceto quando manifestamente ilegais;" (BRASIL, 2013k).

CAPÍTULO 2
O PODER DE POLÍCIA ADMINISTRATIVA E SUA INDELEGABILIDADE | 73

Para o autor, a sanção aplicada a contratado da Administração Pública legitima-se exatamente pela natureza interna que a disciplina do contrato permite, sendo descabido alegar que tal medida insira-se no campo do poder de polícia administrativa, já que as regras decorrentes deste instituto emanam necessária e diretamente da lei (FURTADO, 2007, p. 666). Não se nega que as sanções contratuais decorram de lei, contudo os contratantes submetem-se ao regime contratual pertinente ao objeto da avença, mediado, por conseguinte, pelas cláusulas previstas em ato bilateral.

Quanto ao poder de polícia administrativa, o Estado desempenha funções, regulamentando, fiscalizando e sancionando, no âmbito externo do aparato estatal, independentemente da presença de um vínculo ou estatuto específico entre ele e o cidadão. A condição, portanto, do cidadão perante o Estado, no âmbito de incidência do poder de polícia administrativa, decorre da circunstância da própria cidadania, ou seja, da existência mesma do indivíduo como titular de direitos e obrigações em uma sociedade determinada. Daí afirmarmos que se trata de disciplina externa.

Aqui, consideramos a distinção. No poder de polícia administrativa, a limitação da atuação do particular não se dá no aparato estatal, pois a disciplina e os condicionamentos estabelecidos pela Administração referem-se ao seu âmbito externo. No poder disciplinar, por outro lado, a atuação estatal visa disciplinar a organização interna de suas atividades, como ocorre com os servidores públicos ou os contratados pela Administração Pública. É que o dinamismo da organização das estruturas estatais pressupõe atividades que, para alcançarem o resultado para o qual foram criadas, conferem ao administrador maior amplitude de ação.

Marçal Justen Filho, ao comentar o art. 87, da Lei nº 8.666/93, que versa sobre as sanções contratuais, observa que quando "[...] alguém se dispuser a participar de uma licitação ou a realizar contratação administrativa, passará a subordinar-se a um regime jurídico muito mais severo do que o aplicável ao cidadão comum" (2012, p. 1017).

Assim, e considerando as diferenças apresentadas, afirma-se que o poder de polícia administrativa se diferencia do poder disciplinar, razão pela qual esta prerrogativa estatal não se insere na análise sobre a delegação do poder de polícia administrativa a particulares.

2.2 Poder de polícia e serviços públicos

Segundo Celso Antônio Bandeira de Mello, serviço público "[...] é toda atividade de oferecimento de utilidade ou comodidade material destinada à satisfação da coletividade em geral" (2011, p. 679), ao passo que o poder de polícia teria como característica marcante a imposição coercitiva de dever de abstenção (2011, p. 844).

Entretanto, o poder de polícia também envolve imposições orientadas a promover condutas ativas, razão pela qual relevante apontar aspectos que confiram identidade a cada uma das figuras jurídicas.

Em relação à previsão constitucional, os serviços públicos são mencionados no art. 175,[67] da CR/88, e o poder de polícia nos arts. 145[68] e 174,[69] neste, ao lado da atividade de fomento e planejamento. Ambos diferem da atividade econômica em sentido estrito, prevista no art. 173,[70] da CR/88.[71]

A distinção entre serviços públicos e poder de polícia não decorre da regulação em si, mas do campo de sua incidência, do que é regulado. Carlos Ari Sundfeld e Jacintho Arruda Câmara demonstram que a regulação é aspecto comum entre as atividades, não mais se resolvendo a distinção *no grau de sua atuação*, já que "[...] alguns serviços públicos se liberalizaram, enquanto atividades privadas foram sendo enquadradas pelo Estado em esquemas organizatórios bastante rígidos" (2006, p. 606). Esses "esquemas organizatórios" decorrem do exercício do poder de polícia administrativa, que disciplina a atividade privada.

Enquanto o poder de polícia regula, fiscaliza e sanciona *atividade privada*, o serviço público envolve a prestação de *atividade estatal* mediante

---

[67] "Art. 175. Incumbe ao Poder Público, na forma da lei, diretamente ou sob regime de concessão oupermissão, sempre através de licitação, a prestação de serviços públicos." (BRASIL, 2012a).

[68] "Art. 145. A União, os Estados, o Distrito Federal e os Municípios poderão instituir os seguintes tributos: [...] II – taxas, em razão do exercício do poder de polícia ou pela utilização, efetiva ou potencial, de serviços públicos específicos e divisíveis, prestados ao contribuinte ou postos a sua disposição;" (BRASIL, 2012a).

[69] "Art. 174. Como agente normativo e regulador da atividade econômica, o Estado exercerá, na forma da lei, as funções de fiscalização, incentivo e planejamento, sendo este determinante para o setor público e indicativo para o setor privado." (BRASIL, 2012a).

[70] "Art. 173. Ressalvados os casos previstos nesta Constituição, a exploração direta de atividade econômica pelo Estado só será permitida quando necessária aos imperativos da segurança nacional ou a relevante interesse coletivo, conforme definidos em lei." (BRASIL, 2012a).

[71] Se tanto serviço público quanto poder de polícia administrativa são atividades estatais, a atividade econômica pertence ao particular. Em outras palavras: "[...] excluem-se do campo privado as atividades que, cabendo ao Estado, não possam ser desempenhadas pelos particulares sem ato estatal de delegação" (SUNDFELD, 2003a, p. 21).

CAPÍTULO 2
O PODER DE POLÍCIA ADMINISTRATIVA E SUA INDELEGABILIDADE | 75

oferta de comodidades aos cidadãos. O foco de cada um é diferente, pois o serviço público regula a *própria atividade estatal* em benefício da coletividade, ao passo que o poder de polícia disciplina *atividade alheia*, ainda que também visando ao bem comum.[72]

A regulação de serviços públicos, por exemplo, não condiciona ou limita a liberdade ou propriedade dos particulares, porque a titularidade da atividade regulada em si já é estatal, a partir da previsão legal, não incidindo, no âmbito de aplicação normativa (Capítulo 1, item 1.2.3), o princípio da livre iniciativa (art. 1º, IV, CR/88). A propósito, para Alexandre de Aragão, a incidência do princípio da livre iniciativa nas relações jurídicas decorrentes do poder de polícia caracteriza a diferença entre este instituto e os serviços públicos (2008, p. 196).

Quanto ao critério para definição dos serviços públicos, a jurisprudência apresenta algumas diretrizes.

A Arguição de Descumprimento de Preceito Fundamental nº 46-7/DF (BRASIL, 2011k) versou sobre o conceito de serviço público, a partir do inciso X, do art. 21, da CR/88.[73] A tese vencedora afirmou que a manutenção do serviço postal e correio aéreo nacional é serviço público, porquanto o legislador constituinte destacou essa atividade para atribuí-la à União, retirando-a, portanto, da titularidade da iniciativa privada (atividade econômica *stricto sensu*).

Na discussão travada, o ministro Gilmar Mendes iniciou seu voto suscitando a controvérsia sobre o critério para se determinar se certa atividade é ou não serviço público. "Seria matéria reservada

---

[72] O ministro Eros Grau, quando do julgamento da ADI nº 3.151/MT, examinou a constitucionalidade de lei que criou taxa pelo exercício de fiscalização do Poder Judiciário em relação à atividade notarial e de registros. Segundo o magistrado, a lei não poderia ter criado a mencionada taxa, uma vez que a fiscalização exercida sobre essa atividade não se ajustava à noção de poder de polícia administrativa e, portanto, não preenchido o requisito do art. 145, II, da CR/88: "Vou fundamentar a minha conclusão. Tratar-se-ia de 'taxa' pelo 'exercício do poder de polícia'. Sucede que o poder de polícia limita ou disciplina atividade de particulares. Nas atividades notariais há serviços exercidos por delegação do Poder Público. Serviços fiscalizados nos termos do §1º do art. 236. Não há 'direito, interesse, ou liberdade', porém, atividade pública, função pública, não sujeita à ação do chamado poder de polícia. [...] No caso, há dever-poder a ser exercido pelos agentes dos serviços notariais e de registro" (BRASIL, 2013ff, p. 158). De fato, a atividade fiscalizadora exercida pelo Judiciário em relação à atividade notarial não configura exercício de poder de polícia administrativa, pois não há atividade privada sendo limitada, mas, sim, atividade estatal delegada. Embora o ministro tenha ficado vencido, vez que o STF conferiu, no citado precedente, sentido amplo ao poder de polícia administrativa, o raciocínio apresentado pelo magistrado aplica-se à diferenciação entre poder de polícia e serviços públicos. Enquanto a polícia administrativa limita atividade privada, o serviço público incide sobre a própria atividade estatal, ainda que delegada a particular.

[73] "Art. 21 – Compete à União: [...] X – manter o serviço postal e o correio aéreo nacional." (BRASIL, 2012a).

exclusivamente ao legislador ou poder-se-ia definir o serviço público a partir do exame do contexto histórico em que se insere certa atividade?" (BRASIL, 2011k).

Segundo o magistrado, o critério legislativo é o mais adequado para definir a atividade como serviço público, pois somente a lei pode destacar determinada atividade para atribuí-la ao Estado, o que não afasta o controle de constitucionalidade em relação à lei que tenha criado o serviço público.[74] Quanto às alternativas no modo de prestação da atividade postal, o ministro defendeu a tese de que a Constituição foi flexível ao tratar da matéria, cabendo ao legislador definir se o serviço seria prestado pela Administração Pública de modo direto ou indireto, nesta hipótese, mediante autorização, concessão, permissão, "[...] ou por outros meios, inclusive a execução pela iniciativa privada, nos termos da legislação, mantendo a União o papel de ente regulador" (BRASIL, 2011k).

O precedente revela o entendimento de que certa atividade somente poderá ser considerada serviço público se houver norma constitucional ou legal que assim disponha. Esse dado é relevante, pois afasta a noção "ontológica" sobre a definição de serviço público. Outro aspecto interessante no julgado, especialmente no voto do ministro Gilmar Mendes, diz respeito à abertura para modalidades diversas de delegação do serviço público. Para o ministro, desde que o Poder Público cumpra a função de "manter o serviço postal", admitir-se-ia modelagem de controle e delegação diferente das previstas nos outros incisos do art. 21, da CR/88.

Em síntese, pode-se afirmar que tanto o poder de polícia quanto o serviço público são atividades de titularidade estatal, assim definidos por lei, porém apresentam naturezas distintas. O primeiro limita ou condiciona a liberdade ou propriedade privadas, já o segundo oferta comodidades fruíveis individualmente pelos cidadãos.

Para além disso, as atividades – serviço público e poder de polícia – relacionam-se. Ao prestar serviço público, o Estado ou o particular que o represente poderá limitar ou condicionar a liberdade ou propriedade dos *indivíduos no âmbito externo da disciplina estatal* e, portanto, exercer poder de polícia.

---

[74] Marçal Justen Filho aponta o critério legal na definição do serviço público: "A instituição de um serviço público depende do reconhecimento jurídico da pertinência daquela atividade para a satisfação dos direitos fundamentais. Costuma-se aludir a *publicatio* ou publicização para indicar o ato estatal formal necessário à qualificação de uma atividade como serviço público. Esse ato de publicização deverá constar de uma lei. A instituição de um serviço público por meio de ato administrativo é ilegal" (2010, p. 694).

CAPÍTULO 2
O PODER DE POLÍCIA ADMINISTRATIVA E SUA INDELEGABILIDADE | 77

Devemos atentar para duas situações: i) o poder do concedente em relação ao concessionário decorrente do vínculo contratual existente entre as partes; e ii) o poder do concessionário, por delegação do concedente, de fiscalizar e disciplinar a ação dos particulares que usufruem dos serviços públicos prestados por aqueles. Neste último é que se fala em poder de polícia como desdobramento da prestação de serviços públicos. Entendemos, contudo, que essa circunstância não implica confusão entre os institutos, mas coexistência entre ambos.

2.3 Conceito

O conceito de poder de polícia revela a principal tensão do Direito Administrativo, qual seja, o conflito entre as prerrogativas públicas e as liberdades individuais.[75] "Bem comum", "interesse coletivo" ou "interesse público" de um lado e de outro as liberdades individuais e o interesse privado.

O fundamento do instituto, segundo a doutrina clássica, residiria na supremacia do interesse público sobre o privado,[76] tendo como finalidade limitar o agir dos administrados – *non facere*. Clóvis Beznos afirma que a finalidade do poder de polícia é a de que os administrados não perturbem "[...] os demais valores acolhidos pelo sistema normativo" (1979, p. 24).

Marçal Justen Filho, por outro lado, registra o avanço doutrinário sobre o tema, ao afirmar que originariamente o poder de polícia administrativa limitava-se a impor aos particulares condutas de cunho omissivo, quer dizer, demarcava o campo das ações das quais os particulares deveriam se abster. Contudo, diante da evolução dos modelos políticos, "[...] a intervenção estatal de conformação das condutas reprovadas deixou de ser apenas repressiva e passou a compreender imposições orientadas a promover condutas ativas reputadas como desejáveis" (JUSTEN FILHO, 2010, p. 569).[77]

---

[75] Para Agustín Gordillo (2003b, t. I, p. III-1), "El derecho administrativo es por excelencia la parte del derecho que más agudamente plantea el conflicto permanente entre La autoridad y La libertad".

[76] Maria Sylvia Zanella Di Pietro é clara quanto ao ponto: "O fundamento do poder de polícia é o princípio da predominância do interesse público sobre o particular, que dá à Administração posição de supremacia sobre os administrados" (2012, p. 121).

[77] Juarez Freitas, por sua vez, destaca a função ativa do poder de polícia, "[...] cuja inércia regulatória antijurídica, ao se chocar contra o sistema constitucional, pode gerar dano juridicamente injusto (certo, especial e anômalo)" (2009b, p. 186). A adoção de medidas promocionais ou preventivas insere-se na leitura de Raquel Carvalho sobre o tema. Segundo

Em dicção mais forte, Carlos Ari Sundfeld propõe a extinção da expressão "poder de polícia administrativa". Segundo o autor, é preciso afastar o "timbre autoritário" que a denominação clássica carrega, pois, "Reconhecer à Administração um poder de polícia parece significar algo além da mera descrição da função de aplicar as leis reguladoras dos direitos, único sentido que a expressão poderia ter no Estado de Direito" (SUNDFELD, 2003a, p. 11).[78]

A suposição, independente de expressa disposição legal, de que cabe ao particular obediência à "boa ordem da coisa pública" sustentaria o veio autoritário do instituto. É o que verificamos em artigo publicado por Hely Lopes Meirelles em 1972, no qual "poder de polícia" e "segurança nacional" quase que se confundiriam, entendida esta como "[...] situação de garantia, individual, social e institucional que o Estado assegura a toda nação, para a perene tranquilidade de seu povo [...]" (MEIRELLES, 1972, p. 295). Os excessos da liberdade individual seriam, assim, contidos sobretudo por meio da imposição de penalidades àqueles que infringissem as regras vigentes, especialmente as de segurança nacional.[79] Normas delimitadoras das atividades de comunicação ou de espetáculos públicos são lembradas pelo autor, que se refere à democracia da seguinte forma:

> É a segurança com desenvolvimento e *democracia*, ou seja, o emprego de *todos os recursos do Estado* para o atingimento dos objetivos e aspirações nacionais, recursos esses que compõem o Poder Nacional, que a ESG [Escola Superior de Guerra] define como "a expressão integrada de meios de toda ordem de que dispõe efetivamente a Nação, numa época considerada, para promover a consecução ou manutenção dos objetivos nacionais". (MEIRELLES, 1972, p. 298, grifos nossos)

---

a autora, a polícia administrativa deve ir além do aspecto repressor, limitador ou sancionador, devendo-se abandonar a ideia de atividade exclusivamente omissa e negativa (2008, p. 330).

[78] Agustín Gordillo, antes mesmo de Sundfeld, já assentava a característica autoritária do instituto, na medida em que "[...] a ordem jurídica não confere à Administração nenhum poder de polícia genérico e indeterminado que a autorize a atuar na ausência de lei [...]" (2003a, t. II, p. V-21, tradução nossa). No original: "[...] el orden jurídico no confiere a la administración ningún 'poder de policía' genérico e indeterminado que la autorice a actuar en ausencia de ley [...]".

[79] Afirma Hely Lopes Meirelles: "Assim é, enfim, em todas as ações ou omissões individuais ou coletivas de repercussão na *ordem interna*, na *paz social*, na *saúde pública*, na *economia popular* e no *bem-estar da comunidade*. Ocorrendo perturbação em qualquer desses setores há interesse público no seu restabelecimento, o que justifica e requer o emprego do Poder Nacional através do *poder de polícia administrativa ou judiciária* como medida assecuratória ou restauradora da normalidade na vida da Nação, que é o objetivo último da *segurança nacional*" (1972, p. 297, grifos nossos).

CAPÍTULO 2
O PODER DE POLÍCIA ADMINISTRATIVA E SUA INDELEGABILIDADE | 79

Percebemos que a compreensão sobre a democracia e a legitimidade[80] da ação pública é diretamente informada pelo paradigma de Estado de Direito em que se vive. No contexto da década de 1970, em que foi elaborado o texto acima, o papel do Estado e a relação entre as esferas pública e privada sustentavam a proteção exclusiva do interesse público pela Administração Pública, reconhecendo prerrogativas estatais que hoje seriam consideradas autoritárias.

Por essa razão, Sundfeld propõe a noção de administração ordenadora, que, para além da mudança de rótulo, significaria "substituição de postura metodológica" (2003a, p. 11). Sustenta o autor que:

[...] a idéia de administração ordenadora surge de outra ordem de raciocínio. Como ponto de partida, ela nega a existência de uma faculdade administrativa, estruturalmente distinta das demais, ligada à limitação dos direitos individuais. O poder de regular originalmente os direitos é exclusivamente da lei. As operações administrativas destinadas a disciplinar a vida privada apresentam-se, à semelhança das outras, como aplicação de leis. (SUNDFELD, 2003a, p. 17)

Na dimensão de aplicação das leis, Carlos Ari Sundfeld destaca a necessidade de reconhecer duas hipóteses: os limites de direitos instituídos diretamente pela lei e os limites de direitos impostos pela Administração, com base na lei. Ambas são abarcadas pela noção de administração ordenadora, a primeira decorre de expressa determinação do legislador, ao passo que a segunda de um ato da Administração que define concretamente os limites dos particulares (SUNDFELD, 2003a, p. 59).

Não se admite, portanto, exercício do poder de polícia descolado da lei ou independente de disposição legal,[81] salvo as situações

---

[80] Paulo Neves de Carvalho, ao apresentar a primeira edição da obra *Motivação e controle do ato administrativo*, destaca que a "[...] legitimidade é conceito fundamental na reformulação do direito administrativo, porque dá autenticidade ao exercício do poder e compatibiliza consistentemente os direitos individuais, os interesses gerais e a justiça social;" (*in* ARAÚJO, 2005, p. 2). Florivaldo Dutra de Araújo, por sua vez, afirma que "Legítimo é o que existe sobre a base de um justo título" (2005, p. 40).

[81] Nesse sentido, inaplicável o entendimento acolhido pelo Supremo Tribunal Federal nos idos de 1973, em que se entendeu implícita a competência para o exercício do poder de polícia administrativa, sem que houvesse qualquer amparo legal. O precedente versou sobre a impetração de mandado de segurança por parte de produtores de leite da cidade de Rio Grande contra ato de médico chefe do posto de saúde, que, embasado em norma regulamentar federal, proibira a venda de leite cru em município onde existisse usina de pasteurização. Na instância ordinária, decidiu-se pela ilegalidade do decreto federal, porquanto este teria criado obrigação não prevista em lei. Contudo, no STF, o ministro Bilac Pinto, então relator, conheceu do recurso extraordinário e lhe deu provimento. Para tanto,

excepcionais, cujo caráter de urgência demanda a autoexecutoriedade. Contudo, ainda assim, princípios de estatura constitucional legitimam tal atuação, como, por exemplo, a dignidade da pessoa humana em relação à remoção de moradores de suas casas em situação de alto risco.[82] Conforme vimos, Carlos Ari Sundfeld propõe novo tratamento do tema, a partir do significado de administração ordenadora, exatamente para afastar o caráter autoritário que acompanhou a noção de polícia administrativa ao longo do tempo. Contudo, embora se reconheça a importância da contribuição do autor, esta obra mantém a terminologia, tendo em vista o fato de haver previsão legal expressa que acolhe o termo, sem prejuízo de também apresentar críticas à concepção clássica do instituto e seus respectivos riscos interpretativos.

Na Constituição da República de 1988, há referência ao "poder de polícia", conforme acentua o art. 145,[83] ao estabelecer a taxa como tributo passível de ser instituído em razão do exercício dessa atividade.

A legislação ordinária vigente também se vale da expressão "poder de polícia" no art. 78 do Código Tributário Nacional (CTN):

> Art. 78. Considera-se poder de polícia atividade da administração pública que, limitando ou disciplinando direito, interesse ou liberdade, regula a prática de ato ou a abstenção de fato, em razão de interesse público concernente à segurança, à higiene, à ordem, aos costumes, à disciplina da produção e do mercado, ao exercício de atividades

---

iniciou o voto delimitando o conceito de polícia administrativa sanitária: "no seu exercício [do poder de polícia sanitária] o Estado pode estabelecer limitações à liberdade, entre as quais se inclui a de comerciar, mediante a proibição da prática de atos que representem ameaça para a saúde pública". Em seguida, afastou o fundamento do Tribunal de Justiça, que considerou ilegal o regulamento proibitivo. Sustentou o relator que a competência discricionária do poder de polícia não estaria condicionada "[...] à enumeração legal específica dos atos sobre que pode incidir" (BRASIL, 2011q, p. 4).

À luz da Carta atual, tal entendimento é inadmissível, seja em razão do princípio da legalidade, previsto no *caput* do art. 37, seja em decorrência do art. 174, ao dispor que a função reguladora deve ser exercida na "forma da lei", o que não implica lei no sentido estrito para cada situação específica, *mas pressupõe embasamento legal.*

[82] Maria Sylvia Zanella Di Pietro escreveu sobre o tema e concluiu: "[...] quando a situação for de emergência, por apresentar risco iminente à segurança, a autoridade investida do Poder de Polícia pode agir compulsoriamente, usando de suas próprias forças, para interditar o uso de locais e residências, para remover pessoas, ou adotar todas as medidas consideradas necessárias para evitar o dano;" (1991, p. 91).

[83] "Art. 145. A União, os Estados, o Distrito Federal e os Municípios poderão instituir os seguintes tributos:
I – impostos;
II – taxas, *em razão do exercício do poder de polícia* ou pela utilização, efetiva ou potencial, de serviços públicos específicos e divisíveis, prestados ao contribuinte ou postos a sua disposição; [...]" (BRASIL, 2012a, grifo nosso).

econômicas dependentes de concessão ou autorização do Poder Público, à tranqüilidade pública ou ao respeito à propriedade e aos direitos individuais ou coletivos. Parágrafo único. Considera-se regular o exercício do poder de polícia quando desempenhado pelo órgão competente nos limites da lei aplicável, com observância do processo legal e, tratando-se de atividade que a lei tenha como discricionária, sem abuso ou desvio de poder. (BRASIL, 2013i)

O dispositivo revela a amplitude do poder de polícia administrativa com enfoque na regulação, ao se referir à limitação ou disciplina do direito e à *regulação* da prática de ato ou abstenção de fato em razão de interesse público.

Acerca da limitação da atividade privada, ensina Marçal Justen Filho que o poder de polícia vai desde a edição de normas gerais até as específicas, compreendendo a execução material das respectivas determinações (2010, p. 570).

Outros comandos constitucionais tratam do tema, embora não haja utilização da denominação "poder de polícia", como, por exemplo, o art. 174, ao versar sobre regulação estatal da atividade econômica:[84]

Art. 174. Como agente normativo e regulador da atividade econômica, o Estado exercerá, na forma da lei, as funções de fiscalização, incentivo e planejamento, sendo este determinante para o setor público e indicativo para o setor privado. (BRASIL, 2012a)

Como agente regulador, o Estado disciplina a liberdade privada ou induz o comportamento dos agentes econômicos tendo em vista os interesses sociais protegidos pelo ordenamento jurídico. O constituinte reconheceu a importância, mediante a regulação da atividade econômica, de proteção à livre concorrência (art. 170, CR/88) e a possibilidade de correção de falhas no mercado, com foco no desenvolvimento harmônico e integrado da sociedade.[85]

---

[84] Diversas atividades privadas são submetidas à disciplina legal, a exigir autorização administrativa para seu funcionamento, uma vez que influem no bem-estar da coletividade (*v. g.*, farmácias, atividade bancária, atividade sanitária, indústria turístico-hoteleira, entre outras).

[85] Segundo Alexandre Aragão, "O Estado deve, valendo-se do conjunto de mecanismos regulatórios que a História lhe deu, com criatividade, proporcionalidade, eficiência e legitimidade, buscar permanentemente não apenas suprir as falhas do mercado como, sobretudo, propiciar o desenvolvimento harmônico e integrado da sociedade preconizado pelos arts. 1º, 3º e 170 da CR" (*in* CARDOSO *et al.*, 2006, p. 467).

Há que se distinguir, contudo, a atividade regulatória como manifestação do poder de polícia, quando há limitação à liberdade privada, da regulação que visa incentivar a atividade econômica. Esta hipótese denomina-se fomento, em que não há utilização de meios coativos ou limitações propriamente ditas, aspecto diferenciador em relação ao poder de polícia.

Ainda na perspectiva de delimitar a figura jurídica em foco, importante examinar os atributos do poder de polícia administrativa, quais sejam, a discricionariedade,[86] a imperatividade e a autoexecutoriedade, uma vez que eles se relacionam com o tema da delegação da atividade.

No que se refere à discricionariedade administrativa, partimos do conceito de Eduardo García de Enterría, para quem a discricionariedade é liberdade de escolha entre indiferentes jurídicos, na medida em que a decisão administrativa se funda em critérios extrajurídicos (GARCÍA DE ENTERRÍA; FERNÁNDEZ, 1997, p. 449), ou, no dizer de Fernando Sainz Moreno, a decisão discricionária é aquela que se toma entre duas ou mais soluções, todas igualmente válidas para o Direito (1976, p. 304).

É verdade, contudo, que tal característica, no âmbito da atividade de polícia administrativa, vem sendo relativizada, como, *v. g.*, acentua Clóvis Beznos, ao afirmar que competência discricionária não seria característica inerente da atividade de polícia administrativa, já que tal atributo dependeria, exclusivamente, da conveniência de o legislador outorgá-lo ao administrador público (BEZNOS, 1979).

Raquel Melo Urbano de Carvalho, por sua vez, embora admita que a discricionariedade nem sempre seja reconhecida àquele que exerce a atividade de polícia administrativa, "[...] pois pode ocorrer de o sistema jurídico impor um único comportamento preventivo ou repressivo como possível diante de dada circunstância fática [...]", acolhe a hipótese de o legislador não prever o modo ou o fato ensejador da medida de polícia, devendo o agente público "[...] ater-se aos limites da liberdade que lhe foi outorgada, seja na gradação das sanções, seja na avaliação da realidade objeto da ação policial" (2008, p. 346). No mesmo sentido, Maria Sylvia Zanella Di Pietro, quando afirma que, em

---

[86] Para Hely Lopes Meirelles, "Poder de polícia é a faculdade discricionária de que dispõe a Administração Pública em geral, para condicionar e restringir o uso e gozo de bens ou direitos individuais, em benefício da coletividade ou do próprio Estado" (1972, p. 289). Para Caio Tácito: "Todos se submetem, com maior ou menor intensidade, à disciplina do interêsse público, seja em sua formação ou em seu exercício. O poder de polícia é uma das faculdades discricionárias do Estado, visando à proteção da ordem, da paz e do bem-estar sociais" (1952, p. 27). No mesmo sentido, Gasparini (1997, p. 68).

[...] grande parte dos casos concretos, a Administração terá que decidir qual o melhor momento de agir, qual o meio de ação mais adequado, qual a sanção cabível diante das previstas na norma legal. Em tais circunstâncias, o poder de polícia será discricionário. (2012, p. 125)

Entendemos, entretanto, que o exame da discricionariedade deve considerar as especificidades de cada espécie de manifestação do poder de polícia, quais sejam: regulação, fiscalização e sanção. A primeira, por se tratar de ato normativo, admite margem de escolha discricionária quanto à formulação de regras técnicas que orientarão a atividade de polícia administrativa; ao passo que na fiscalização, por se tratar de aplicação de normas, é reduzido o alcance da competência discricionária; por fim, na sanção, pela sua natureza punitiva, não se admite o juízo de conveniência e oportunidade em sua aplicação. O tema será tratado no tópico seguinte, ao abordarmos cada uma das espécies do poder de polícia.

Outra forma de atrair a noção de discricionariedade à atividade de polícia administrativa é considerá-la como ínsita à Administração Pública. Sundfeld afirma tratar-se, na verdade, de uma forma de naturalizar o instituto em foco, ou seja, o poder de polícia seria correlato ao dever de os particulares "[...] respeitarem dado valor, jurídico por natureza: a boa ordem da coisa pública". Desse modo, pouco ou nada faltaria para se reconhecer poderes implícitos à Administração não previstos na lei (2003a, p. 11).

A imperatividade, por sua vez, é apontada como outro atributo do poder de polícia administrativa que confere aos comandos estatais a qualidade de impor obrigações em relação a terceiros (CARVALHO FILHO, 2010, p. 98). A autoexecutoriedade integra o rol e autoriza a execução forçada, *manu militari*, do ato de polícia administrativa, contudo, limitada pelo primado dos direitos fundamentais, conforme lembra Juarez Freitas (*in* WAGNER JÚNIOR, 2004, p. 411). Pacífica, nesse ponto, a exigência de previsão legal expressa ou caso de urgência, sob pena de ser vedada a execução imediata do ato administrativo de polícia.

Segundo Celso Antônio Bandeira de Mello:

Da conjugação da posição privilegiada (a) com a posição de supremacia (b) resulta a exigibilidade dos atos administrativos – o *droit du préalable* dos franceses – e, em certas hipóteses, a executoriedade muitas vezes até com o recurso à compulsão material sobre a pessoa ou coisa, como a chamada execução de ofício. (2011, p. 71)

O autor observa que tais prerrogativas decorrem da função administrativa, a impor ao Estado o dever de alcançar e preservar o interesse público. E mais, registra que o interesse público pode significar a proteção do interesse privado, "[...] nos termos em que estiver disposto na Constituição" (BANDEIRA DE MELLO, 2011, p. 69). Embora o administrativista tenha ressaltado o fato de o interesse público poder abarcar o interesse privado, não preconizando, portanto, uma prevalência absoluta do interesse público-estatal, subsiste, nessa visão, a centralidade do ato administrativo – e seu caráter unilateral – no estudo do tema.

Ocorre que a delimitação do interesse público, conforme salientado no capítulo anterior, não é revelada de modo autossuficiente pela norma abstrata. Até porque, quando em pauta o conflito de interesses entre partes diversas, os argumentos suscitam pretensões embasadas *no Direito* e, pois, em normas em aparente tensão. Daí, a indispensabilidade do devido processo, de modo a garantir a discursividade necessária à delimitação do interesse público.

Em resumo e para fins de delimitação do objeto deste trabalho, afirma-se que o poder de polícia administrativa é atividade estatal regida pelo direito público que limita ou condiciona a liberdade e a propriedade privadas por meio da regulação, da fiscalização e da sanção, tendo em vista o interesse público acolhido na lei, cujos atributos adquirem contornos próprios, a depender do contexto de sua aplicação.

2.4 As espécies de manifestações do poder de polícia administrativa

2.4.1 Regulação

A função de edição de normas limitadoras ou condicionantes da liberdade ou propriedade privadas abarca a elaboração de lei pelo legislador ordinário e a produção de ato normativo infralegal pelo administrador.[87]

---

[87] Nesse sentido, Celso Antônio Bandeira de Mello afirma que: "A *polícia administrativa* manifesta-se tanto através de *atos normativos* e de alcance geral quanto de atos concretos e específicos. Regulamentos ou portarias – como as que regulam o uso de fogos de artifício ou proíbem soltar balões em épocas de festas juninas –, bem como as normas administrativas que disciplinem horário e condições de vendas de bebidas alcoólicas em certos locais, são disposições genéricas próprias da atividade de polícia administrativa" (2011, p. 842, grifos nossos).

Este trabalho considera a regulação como uma das manifestações do poder de polícia administrativa, que limita ou condiciona a liberdade e propriedade dos particulares, em razão do interesse público, mediante a edição de atos gerais e abstratos.

O Poder Público detém a "capacidade normativa de conjuntura", ou seja, deve avaliar o conteúdo da regulação a partir das condições sociais e econômicas de cada setor, considerando os impactos da norma sobre os agentes afetados, tendo como alerta o princípio da livre iniciativa, ou seja, descabida a exigência ou limitação que inviabilize a atividade do particular ou que lhe imponha condições desnecessárias (MATTOS *in* ARAGÃO, 2006, p. 352).[88]

Para Celso Antônio Bandeira de Mello, os limites do poder regulamentar decorrem de duas perspectivas: i) limitar a discricionariedade quando da aplicação da norma, estabelecendo o procedimento pelo qual ela será aplicada, ou pela caracterização dos fatos, situações ou comportamentos enunciados na lei de modo vago, a exigir delimitação a partir de "critérios ou avaliações técnicas"; ii) decompor analiticamente o conteúdo legal, expresso em conceitos sintéticos (2011, p. 366).

Conforme veremos, a delimitação dos fatos em atos normativos a partir de critérios técnicos alcança grande dimensão na atualidade, tendo em vista a diversidade de setores que demandam regulação estatal, ao mesmo tempo que os avanços tecnológicos são cotidianos. Alexandre dos Santos Aragão chega a afirmar que o dinamismo e a tecnicização da sociedade justificam o transpasse da matéria para o conteúdo do ato normativo infralegal, cabendo ao Legislativo "[...] o balizamento e a coordenação destas regulações pluriformicas e pluricêntricas" (*in* DI PIETRO; SUNDFELD, 2012, p. 551).

Não por outra razão, Eduardo García de Enterría e Tomáz-Ramón Fernández cuidam dos limites substanciais do regulamento, ao apontarem como vício de legalidade a disciplina deficiente nos regulamentos. A ausência de fundamento objetivo na decisão normativa, ou, ainda, a arbitrariedade consistente na imposição de medidas desproporcionais ou incongruentes às finalidades autorizadoras dos regulamentos, é referência no controle dos atos normativos infralegais (GARCÍA DE ENTERRÍA; FERNÁNDEZ, 1990, p. 217).

A questão que se coloca é a extensão da discricionariedade na edição de atos normativos. De largada, fundamental recordar que a

---

[88] Juarez Freitas afirma que "[...] o exercício digno e legítimo do 'poder de polícia administrativa' significa intervenção reguladora em sentido amplo, nunca mutiladora da esfera 'essencial' dos direitos" (2009b, p. 190).

FLÁVIO HENRIQUE UNES PEREIRA
REGULAÇÃO, FISCALIZAÇÃO E SANÇÃO

discricionariedade ocorre a partir de autorização e balizas legais,[89] isto é, a discricionariedade ocorre no âmbito da legalidade. É a lei que confere mais de uma opção válida e igualmente qualificada para a escolha do administrador, o qual deverá demonstrar que sua opção insere-se na autorização legal.

Há situações, entretanto, que exigem parâmetros técnicos e envolvem dinâmica própria que inviabilizam seu detalhamento na lei.

Na doutrina, Marçal Justen Filho observa ser impossível esperar que o legislador edite regras minuciosas sobre toda e qualquer atividade, logo:

> [...] o poder de polícia deve ter a sua existência instaurada por via legislativa, com a fixação de parâmetros gerais para o seu exercício na via administrativa. Mas é evidente que não é cabível exigir uma lei fixando, por exemplo, os limites máximos no tocante à produção de som em regiões não comerciais. Essa determinação deverá ser adotada por meio de ato administrativo, cuja validade se fará pelo controle por meio de princípios e das regras legais pertinentes. (2010, p. 580)

A observação do autor aplica-se a atos regulatórios sancionadores, pois a sanção decorre do descumprimento de regras, entre as quais as que estabelecem requisitos técnicos para determinada atividade. Duas situações merecem ser diferenciadas: a criação de sanção e a tipificação da infração administrativa. O tema foi abordado no Recurso Especial n° 1.102.578/MG, em que o Instituto Nacional de Metrologia Normalização e Qualidade Industrial (INMETRO) defendeu a legalidade de multa aplicada com base em Resolução. Na instância ordinária, anulou-se a sanção por ausência de lei formal que tipificasse a infração. Contudo, o STJ reformou a decisão reportando-se à lei que confere competência ao INMETRO para expedir regulamentos técnicos. Segundo o voto condutor:

---

[89] Flávio Roman observa que eventual controvérsia quanto à aplicação de atos administrativos editados a partir da denominada "discricionariedade técnica" não estaria imune ao controle jurisdicional, uma vez que a outorga de competência regulamentar exige parâmetros legais, "[...] seja para estabelecer qual a solução técnica a ser aplicada, seja para reconhecer que a melhor decisão para os casos concretos será objeto de apreciação, amparadas em estudos técnicos, pela Administração. Ao Judiciário, por sua vez, sempre cumprirá – inclusive por força da determinação contida no art. 5°, inciso XXXV, da Constituição – apreciar se a atuação administrativa ateve-se aos limites legais, bem como, em razão da incidência dos princípios constitucionais correspondentes, elaborar juízo sobre a racionalidade, a razoabilidade e a proporcionalidade da solução adotada" (ROMAN, 2012, p. 116).

Seria contraproducente exigir lei formal para discriminar todos os por-
menores técnicos exigidos na busca do aprimoramento e da fiscalização
da qualidade dos produtos e serviços colocados no mercado, quando
a lei já prevê a obediência aos atos normativos, bem como delimita as
sanções possíveis. (BRASIL, 2013bb)

De fato, a lei conferiu ao regulamento a disciplina dos requisitos
de natureza técnica que deverão ser atendidos para garantir a qualidade
industrial e a regularidade de produtos à disposição para o consumo,
pois inviável que o legislador ordinário pudesse, dentro de um parâmetro
temporal razoável, haja vista o trâmite do processo legislativo, regular
aspectos que detêm diversidade e complexidade técnicas específicas.

De acordo com o precedente citado, a lei estabeleceu as espécies
de sanção, cabendo ao regulamento, contudo, fixar os condicionamentos
técnicos que, uma vez descumpridos, atraem a sanção legalmente
prevista. Atendeu-se, desse modo, ao princípio da tipicidade administrativa. Discorremos sobre o tema, servindo-nos da lição de Alejandro
Nieto:

> Nieto (2006, p. 319-320) sintetiza as duas formas de atendimento ao
> princípio da tipicidade no Direito Administrativo Sancionador: a)
> descrição legal da infração e da respectiva sanção, mediante completa
> exposição circunstanciada; b) descrição genérica na norma – sem precisão
> de conteúdo – da conduta a ser observada, cuja infração decorrerá do
> descumprimento de um comando estabelecido em outro preceito, de tal
> maneira que *a tipificação resultará da conjugação entre a norma que estabelece
> a ordem (ou proibição) concretamente e a norma que declara genericamente que
> sua violação é uma infração.* (apud PEREIRA, 2007b, p. 69, grifos nossos)

Indispensável, desse modo, a previsão legal sobre a competência
do órgão ou entidade para expedir atos normativos.[90] Contudo, seja
em decorrência de parâmetros técnicos, seja pela impossibilidade de
a lei ordinária antecipar as hipóteses de incidência, tendo em vista a
natureza dinâmica e complexa a ser regulamentada, admite-se que o
ato infralegal determine os condicionamentos técnicos exigíveis para
o cumprimento da finalidade legal.

---

[90] Nesse sentido, o Recurso Especial n° 758.158/RS: "[...] A exigência de aprovação no Exame
Nacional de Certificação Profissional – instituído pela Resolução 691/2001 do Conselho
Federal de Medicina Veterinária – como condição para a obtenção do registro profissional
do médico veterinário não encontra respaldo na Lei 5.517/68 e no Decreto n. 64.704/69"
(BRASIL, 2011h).

O legislador, portanto, ao conferir a competência regulamentar a determinado órgão ou entidade, está limitado pela natureza técnica do tema, dele não podendo se afastar, haja vista que é "[...] o próprio Legislativo, em virtude de sua maior legitimação democrática, quem deve decidir sobre as questões públicas mais importantes, especialmente onde houver interferências nos direitos fundamentais dos cidadãos" (KRELL, 2004).

Em síntese, podemos apontar os seguintes aspectos que balizam o controle do poder de polícia em sua manifestação regulatória: a) a discricionariedade outorgada ao agente regulador se dá no âmbito da legalidade, *lato sensu*, ou seja, princípios e regras limitam o agir da Administração; e b) a discricionariedade é justificada em razão da impossibilidade de o legislador antecipar aspectos técnicos ou procedimentais da matéria.

Por fim, pertinente registrar a distinção entre regulação e autorregulação. Conforme vimos, o poder de polícia administrativa, no qual se insere a manifestação regulatória, vincula todos os cidadãos no âmbito externo da Administração Pública. Trata-se da imposição de limites à liberdade e à propriedade privadas para preservar o interesse público.

A autorregulação, diferentemente, vincula apenas aqueles que, voluntariamente, submetem-se a determinados estatutos ou normas construídas na esfera privada por categorias ou segmentos determinados, os quais, livremente, resolvem editar regras de comportamento. Segundo Vital Martins Moreira, na autorregulação, os "[...] regulados são também os reguladores, através de esquemas organizatórios adequados, necessariamente através de decisões ou acordos estabelecidos por e entre as suas organizações associativas ou representativas" (1997, p. 52).

A depender do setor e dos riscos envolvidos, o legislador poderá, assim, deixar a disciplina de certa matéria para a autorregulação, focando-se nos aspectos gerais de segurança. Desse modo, "[...] as instâncias de auto-regulação serão impostas ou reconhecidas oficialmente pelo Estado e dotadas de poderes de normação e de disciplina obrigatória idênticos aos do Estado" (MOREIRA, V., 1997, p. 54), preservando-se, entretanto, a distinção com a regulação propriamente dita, uma vez que a submissão à esfera regulada, na autorregulação, não é obrigatória.

No Capítulo 4, o tema da delegação da atividade regulatória será tratado na dimensão do poder de polícia administrativa, ou seja, sem referência à autorregulação.

2.4.2 Fiscalização

A autorização legal para que a Administração Pública discipline determinada atividade, impondo conduta comissiva ou omissiva, envolve o dever de fiscalização quanto à execução de tais comandos, ou seja, a competência para regular determinada matéria implica atuação administrativa de verificação e monitoramento das atividades reguladas.[91] Entendemos, nesse cenário, que as autorizações ou licenças são manifestações também da atividade fiscalizadora, pois decorrem da verificação do cumprimento dos condicionamentos dispostos nas normas de polícia administrativa, embora consubstanciados em atos específicos.

São diversas as formas de fiscalização do poder público, a depender do setor submetido à regulação.

No contexto da proteção ambiental, a Lei nº 9.605, de 12.02.1998, dispõe sobre as sanções penais e administrativas derivadas das condutas e atividades lesivas ao meio ambiente (BRASIL, 2013q), e o Decreto nº 6.514, de 22.07.2008, estabelece o procedimento administrativo federal para apuração das infrações ambientais (BRASIL, 2013e).

A vigilância sanitária envolve, do mesmo modo, uma grande diversidade de matérias, conforme se depreende da Lei nº 9.782, de 26.01.1999, que define o Sistema Nacional de Vigilância Sanitária e cria a Agência Nacional de Vigilância Sanitária (ANVISA), a exigir regulamentações específicas para cada tema: agrotóxicos, alimentos, cosméticos, derivados do tabaco, laboratórios, medicamentos, serviços, saúde, entre outros (BRASIL, 2013t).

Por se tratar de atividade essencialmente condicionante ou limitadora da ação privada, torna-se indispensável que haja procedimentos claros e predefinidos em obediência à segurança jurídica, até porque eventual infração resultará na sanção respectiva.

Desse modo, a autuação daqueles que violem os atos normativos deverá obedecer a padrões previamente fixados, a garantir amplo acesso às informações necessárias à defesa, haja vista o preceito constitucional do devido processo, objeto de estudo no capítulo anterior.

A fiscalização é atividade de aplicação normativa em relação a fatos já ocorridos, ou seja, não há, salvo disposição legal expressa,

---

[91] Nesse sentido: "A competência para impor condicionamentos se agrega a de fiscalizar sua observância. Trata-se de poder, atribuído pela lei à Administração, de verificar permanentemente a regularidade do exercício dos direitos pelos administrados" (SUNDFELD, 2003a, p. 75).

espaço para juízo discricionário no exercício da fiscalização, cabendo à Administração ou a quem lhe faça as vezes verificar e adotar medidas que certifiquem a correta ou incorreta atuação daqueles que se submetem às normas de polícia administrativa.[92]

Contudo, em relação ao modo de atuação, há autores que reconhecem competência discricionária na fiscalização. Floriano de Azevedo Marques Neto indica como exemplo a atuação do fiscal municipal, a quem compete exercer o poder de polícia sobre edificações e que, para tanto, possuiria "[...] margem de discricionariedade para interditar ou não uma obra" (*in* ARAGÃO, 2006, p. 581). Na realidade, a avaliação quanto à necessidade de interdição de uma obra tem a ver com aspectos técnicos, passíveis de confirmação posterior, e não com singelo juízo de conveniência e oportunidade.

Dessa forma, será passível de controle jurisdicional a manifestação fiscalizadora do Estado, embora se possa reconhecer, em análise posterior ao ato administrativo e considerando o contexto de sua edição, legítima a opção técnica sustentada quando da ação estatal.

Concordamos, assim, com Marçal Justen Filho, quando observa que se devem avaliar as circunstâncias em que o titular da competência editou o ato, descabendo um juízo meramente retrospectivo que leve à invalidação do ato a partir de informações posteriores. É que o distanciamento temporal permite afirmar que outra escolha deveria ter sido feita; entretanto, uma vez motivado o ato com base em parâmetros técnicos sustentáveis à época de sua edição, descabe a invalidação (JUSTEN FILHO, 2010, p. 1152).

Com efeito, a atividade de monitoramento e verificação do cumprimento de regras de polícia administrativa, por ser de aplicação normativa em relação a fatos já ocorridos e por exigir o atendimento ao devido processo legal, não autoriza, como regra, juízo discricionário, razão pela qual é amplo o respectivo controle jurisdicional.

2.4.3 Sanção

Sancionar significa impor determinada consequência desfavorável a alguém em razão do cometimento de ilícito.[93] No caso, a medida decorre do descumprimento de norma de polícia administrativa e envolve

---

[92] Não se nega, da mesma forma, a possível escolha do modo ou meio pelo qual determinado ato fiscalizador será praticado, desde que não comprometa a ampla defesa e o contraditório.

[93] Daniel Ferreira (2001, p. 14) conceitua sanção como "[...] a consequência determinada pelo ordenamento jurídico a um comportamento comissivo ou omissivo incompatível com a

exame de legalidade, sem margem para avaliação de oportunidade ou conveniência quanto à imposição da sanção ou quanto à espécie de sanção a ser imposta.[94] Incidem na matéria diversos princípios, tais como os da culpabilidade, da individualização da pena e da razoabilidade. Deve-se, no ponto, obediência às normas previamente estabelecidas e às particularidades do caso concreto.

Conforme já tivemos oportunidade de examinar,[95] a interpretação do Direito pressupõe dois momentos distintos: juízo de validação ou de justificação normativa e juízo de aplicação, os quais operam de modo distinto. O primeiro foca a validade da norma à luz do ordenamento jurídico vigente, partindo de situações estáveis ou ordinárias pressupostas pelo legislador para subsidiar a formulação da hipótese normativa. O segundo, por outro lado, atém-se ao juízo de aplicação, a partir das particularidades do caso concreto, a atrair disputa normativa quanto à solução do conflito. Nesta dimensão, não se discute a validade das normas *prima facie* aplicáveis, mas, sim, a norma adequada para reger o caso.

Sob tal enfoque, nos conflitos concretos em que se faz necessário examinar situação pretérita, diferentemente do que ocorre em situações de prognose,[96] não há espaço para juízo de conveniência e oportunidade

---

moldura normativa anteriormente estipulada, quer fosse esta de permissão, de obrigação ou de proibição".

[94] Em sentido contrário, *v. g.*: "O exercício da função sancionatória deverá ser norteado pela discricionariedade, razoabilidade e proporcionalidade; se a lei estabelecer a existência de várias penalidades para uma determinada situação, *existe a liberdade de escolher qual delas é aplicável ao caso concreto*, desde que proporcional à gravidade da falta cometida e sendo inviável a sua substituição pela imposição de obrigações alternativas" (SOUTO, 2005, p. 80, grifo nosso).

[95] O tema foi abordado no Capítulo 1, item 1.2.3. Ver também: PEREIRA, Flávio Henrique Unes. *Sanções disciplinares*: o alcance do controle jurisdicional. Belo Horizonte: Fórum, 2007b.

[96] Diferente a extensão do controle jurisdicional em relação a fatos ainda não ocorridos, ou, no dizer de Gerson dos Santos Sicca: "Na prognose, a lei confere ao administrador a atribuição de realizar uma espécie de avaliação que não pode ser enquadrada em um simples juízo de aplicação ou não da lei, pois a decisão é remetida a considerações de pura política administrativa ou fatos que não podem ser apreciados por estarem projetados para o futuro. Isto não impede o controle, mas apenas o limita '[...] na medida da racionalidade possível', em razão da particularidade e a excepcionalidade da medida que não se restringe ao procedimento de concretização da norma. A prognose se sujeita ao controle judicial, como todos os atos administrativos, respeitados os seguintes parâmetros, como observa António Francisco de Sousa: '1 – Se a autoridade violou normas de procedimento; 2 – se considerou aspectos estranhos à prognose; 3 – se a prognose foi devidamente fundamentada; 4 – se a prognose se apresenta plausível, racional e consensual; 5 – se a Administração observou na sua decisão prognóstica os padrões gerais de valor; 6 – se a prognose é reconhecidamente' ou 'de modo evidente' errada" (SICCA, 2006, p. 272-273).

do administrador público ao aplicar a sanção, tanto assim que o controle jurisdicional deve ser amplo sobre a matéria.

O STJ, em relação ao controle das sanções aplicadas a servidores públicos, apresenta significativo avanço, embora haja decisões que insistam na ocorrência de discricionariedade em matéria disciplinar.[97] No Mandado de Segurança nº 12.983/DF, em que se examinou a violação a direito líquido e certo de servidor demitido do serviço público, o ministro relator, Felix Fischer, superou a preliminar suscitada pela Advocacia Pública no sentido de que descabia o controle jurisdicional de sanção disciplinar, tendo em vista suposta competência discricionária na matéria. Ao iniciar seu voto, o magistrado firmou a tese de que o controle jurisdicional é amplo, uma vez que incidem os princípios da dignidade da pessoa humana e da proporcionalidade. Entre os fundamentos apresentados, ganha relevo o que se reporta ao art. 37, §6º, da CR/88:

> De fato, se o constituinte exige a demonstração de dolo ou culpa do servidor público para poder cobrar os prejuízos por ele causados, por maior razão deve ser exigida a demonstração de tais elementos quando em voga a imposição de sanção disciplinar, da qual pode resultar a pena máxima de perda do cargo público. (BRASIL, 2013z)[98]

---

[97] Ilustrativo, quanto ao reconhecimento de competência discricionária na atividade sancionadora, o julgado do STJ em mandado de segurança contra ato de demissão editado por Ministro de Estado: "[...] 2. Segundo a pacífica jurisprudência desta Corte Superior de Justiça 'o controle jurisdicional dos processos administrativos *se restringe à regularidade do procedimento*, à luz dos princípios do contraditório e da ampla defesa, *sem exame do mérito do ato administrativo*' (RMS 22.567/MT, Rel. Ministro Og Fernandes, Sexta Turma, julgado em 28/04/2011, DJe 11/05/2011). 3. Segurança denegada" (BRASIL, 2013y, grifo nosso). Não há, contudo, no inteiro teor dos votos, qualquer consideração sobre os argumentos fático-jurídicos aduzidos pelo impetrante. Percebemos, assim, que a premissa de que seria mitigado o controle na matéria dispensaria tal consideração. Chama a atenção o fato de se ignorarem precedentes do próprio STJ em sentido contrário, especialmente quando a matéria "servidor público" competia à 3ª Seção do Tribunal, *v. g.*, MS nº 12.983.

[98] Foi o que se viu, do mesmo modo, no julgamento do Mandado de Segurança nº 13.716/ DF, impetrado contra pena de demissão aplicada a servidor que utilizou veículo funcional em interesse particular. Segundo o Tribunal, "[...] Inexiste aspecto discricionário (juízo de conveniência e oportunidade) no ato administrativo que impõe sanção disciplinar. Nesses casos, o controle jurisdicional é amplo e não se limita a aspectos formais (Precedentes: MS nº 12.957/DF, 3ª Seção, Rel. Min. Napoleão Nunes Maia Filho, DJe de 26/9/2008; MS nº 12.983/DF, 3ª Seção, da minha relatoria, DJ de 15/2/2008). II – Esta c. Corte pacificou entendimento segundo o qual, mesmo quando se tratar de imposição da penalidade de demissão, devem ser observados pela Administração Pública os princípios da razoabilidade e proporcionalidade, individualização da pena, bem como o disposto no art. 128 da Lei n.º 8.112/90 (Precedentes: MS nº 8.693/DF, 3ª Seção, Rel. Min. Maria Thereza de Assis Moura, DJe de 8/5/2008; MS nº 7.260/DF, 3ª Seção, Rel. Min. Jorge Scartezzini, DJ de 26/8/2002 e MS nº 7.077/DF, 3ª Seção, Rel. Min. Edson Vidigal, DJ de 11/6/2001). III – *In casu*, revela-se

CAPÍTULO 2
O PODER DE POLÍCIA ADMINISTRATIVA E SUA INDELEGABILIDADE | 93

O fundamento do julgado em apreço aplica-se, a nosso ver, ao regime jurídico sancionador em geral, independentemente de se tratar de matéria disciplinar ou não, até porque o dispositivo constitucional citado não se refere ao regime jurídico funcional de servidor público, mas aos desdobramentos da responsabilidade objetiva do Estado.[99] Ocorre que, até mesmo em relação a julgados que examinam todas as especificidades do caso, a dispensar o socorro à máxima da discricionariedade na aplicação de sanções, ainda se vê referência à competência discricionária. Foi o que ocorreu no Recurso Especial nº 1.130.103/RJ, em que foram mantidas sanções impostas pela Comissão de Valores Imobiliários a ex-administradores e sócios controladores de determinada empresa, cujas condutas violaram direitos de acionistas minoritários. Embora o voto do relator tenha efetivamente examinado as pretensões argumentativas de ambas as partes, ao final, há referência à discricionariedade no exercício da atividade de polícia administrativa sancionadora:

> [...] Ciente dos desafios que o exercício do poder de polícia impõe à Administração Pública, no referente à interpretação dos fatos e à escolha dos meios mais adequados para restringir e condicionar a liberdade dos cidadãos, com vistas ao interesse público, a doutrina brasileira tende a atribuir-lhe o caráter discricionário, máxime quando a lei não detalha a forma como tal prerrogativa pública deverá ser desempenhada, o que ocorre no caso dos autos. (BRASIL, 2013cc)

Do mesmo modo ocorre em relação à aplicação de termos fluidos, tais como "bem comum", "interesse público", "coletividade", como finalidades do poder de polícia administrativa. Nesse sentido, merece atenção a afirmação de que seria cabível a utilização de conceitos indeterminados na hipótese normativa mediante "[...] expressões

---

desproporcional e inadequada a penalidade de demissão do cargo de técnico do seguro social imposta à impetrante, por ter se utilizado de veículo contratado pela agência Rio de Janeiro/Sul do INSS, para efetuar deslocamentos no percurso residência/trabalho e vice-versa, enquanto no exercício do cargo de gerente executiva daquele posto de atendimento, tendo em vista seus bons antecedentes funcionais, a ausência de prejuízo ao erário, bem como a sua comprovada boa-fé. Segurança concedida, sem prejuízo da imposição de outra penalidade administrativa, menos gravosa" (BRASIL, 2013aa).

[99] Fábio Medina Osório correlaciona o tema com a responsabilidade civil do Estado a partir da Constituição: "A CF/88 prevê que agentes públicos somente podem ser responsabilizados por dolo ou culpa, ao tratar do direito de regresso do Estado lesado, que é obrigado a indenizar particulares por faltas de seus funcionários. Trata-se de inegável projeção da culpabilidade, embora aí não esteja escrito, com todas as letras, nominalmente, esse princípio" (*in* SARLET, 1999, p. 86).

genéricas como 'inobservância das diretrizes governamentais de preservação do meio ambiente'" (CARVALHO, R., 2008, p. 333). Todavia, o enunciado utilizado como exemplo não atende a tipicidade, salvo na hipótese de haver outros parâmetros normativos que, uma vez não observados, atraiam a sanção respectiva.[100]

Segundo alguns autores, seria admitida a competência discricionária quanto à aplicação dos comandos legais afetos à matéria. É o que se vê, *v. g.*, na afirmação de Raquel Melo Urbano de Carvalho, quando aduz que o agente público deve "[...] ater-se aos limites da *liberdade* que lhe foi outorgada, seja na gradação das *sanções*, seja na avaliação da realidade objeto da ação policial" (2008, p. 346, grifos nossos).[101]

Ocorre que a interpretação dos chamados conceitos jurídicos indeterminados, ainda quando expressem a infração administrativa a ser sancionada, não desencadeia a competência discricionária, como, aliás, já sinalizam alguns julgados.[102]

O STF, no Recurso Ordinário em Mandado de Segurança n° 24.699/DF (BRASIL, 2011n), tratou da competência discricionária da autoridade administrativa. Embora a matéria se referisse a servidor público, firmou-se a tese de que os atos discricionários são legítimos na extensão em que a lei dispuser *e que não há correlação entre aplicação de conceitos jurídicos indeterminados, tais como "interesse público ou coletivo", e discricionariedade administrativa*. Assim, sustentou o ministro Eros Grau ser amplo o controle do Poder Judiciário sobre a motivação do ato.[103]

---

[100] Sundfeld e Câmara (2013a) tratam especificadamente sobre o tema.

[101] Maria Sylvia Zanella Di Pietro admite a competência discricionária quando "[...] a lei usa certos conceitos indeterminados ou, nas palavras de Linares, 'fórmulas elásticas', assim consideradas aquelas que encerram valorações, isto é, sentidos axiológicos, jurídicos, tais como comoção interna, utilidade pública, bem comum, justiça, equidade, decoro, moralidade etc." (2001, p. 76).

[102] Nesse sentido, leciona Eros Grau (1988, p. 83-84): "O aplicador do Direito, ao decidir pela atribuição ou não atribuição de um conceito a uma certa coisa, estado ou situação, valendo-se, para tanto, de dados extraídos à observação da realidade, decide questão de direito e não questão de fato. Tal decisão envolve ato de apreciação jurídica, ou seja, uma valoração jurídica. A questão, assim, é de direito e não de fato: a verificação do fato está inserida na apreciação jurídica, possuindo apenas função auxiliar em relação a esta última." Em artigo jurídico abordamos o tema: Pereira (2007a).

[103] "O motivo, um dos elementos do ato administrativo, contém os pressupostos de fato e de direito que fundamentam sua prática pela Administração. No caso do ato disciplinar punitivo, a conduta reprovável do servidor é o pressuposto de fato, ao passo que a lei que definiu o comportamento como infração funcional configura o pressuposto de direito. Qualquer ato administrativo deve estar necessariamente assentado em motivos capazes de justificar a sua emanação, de modo que a sua falta ou falsidade conduzem à nulidade do ato" (BRASIL, 2011n, p. 233).

O STJ, do mesmo modo, no Recurso em Mandado de Segurança n° 19.210/RS (BRASIL, 2011c),[104] anulou decisão administrativa que exonerou servidor público em estágio probatório exatamente porque, valendo-se de conceitos fluidos (*v. g*: desempenho "bom", "ruim", "regular"), acabou por não motivar devidamente o ato sancionador. Segundo o voto do ministro relator:

> [...] II – Não atende a exigência de devida motivação imposta aos atos administrativos a indicação de conceitos jurídicos indeterminados, em relação aos quais a Administração limitou-se a conceituar o desempenho de servidor em estágio probatório como bom, regular ou ruim, sem, todavia, apresentar os elementos que conduziram a esse conceito. Recurso ordinário provido. (BRASIL, 2011c)

Isso em razão de a aplicação normativa de conceitos indeterminados nada ter a ver com discricionariedade na sua aplicação. A imposição de sanção administrativa atrai a noção clássica do princípio da legalidade e da tipicidade. Esta, conforme já afirmamos, admite que a infração seja complementada por ato normativo infralegal, sendo indispensável sua observância, sob pena de não se poder exigir do infrator condição mínima de conhecimento prévio do ilícito.

Não se compreende legítima, portanto, a mera utilização de conceitos indeterminados que não espelhem, com segurança, a conduta vedada. Indispensável existirem outros parâmetros (*v. g.*, regulamentos) para aclarar o comportamento que poderá ser considerado ilícito administrativo e que, por conseguinte, legitime a imposição de sanção.

Quanto à culpabilidade, Rafael Munhoz de Mello salienta que seu exame decorre da Constituição da República. Segundo o autor, o princípio da culpabilidade deve ser observado:

> [...] em qualquer manifestação do poder punitivo estatal, seja ele exercido pelo Poder Judiciário, através da imposição de sanções penais, seja ele exercido pela Administração Pública, através da imposição de sanções administrativas. Afinal, nas palavras de Alberto Xavier, "o mesmo Estado não pode aceitar respeitáveis princípios de civilização moderna,

---

[104] Veja ainda: BRASIL. Superior Tribunal de Justiça. Mandado de Segurança n. 12.927/DF. Impte: Maria Nunes de Oliveira Maciel. Impdo: Ministro de Estado da Previdência Social. Rel. Min. Felix Fischer. J. 12.12.2007. *DJ* 12.02.2008. Disponível em: https://ww2.stj.jus.br/revistaeletronica/Abre_Documento.asp?sSeq=746705&sReg=200701488568&sData=20080212&formato=PDF. Acesso em: 15 ago. 2011b.

comportar-se como Estado civilizado num determinado capítulo e rasgar os valores da civilização noutro capítulo"; (MELLO, 2005, p. 25-26)[105]

Assim, a imposição de sanções de polícia administrativa pressupõe o respeito ao devido processo administrativo, no qual sejam consideradas todas as particularidades do caso, tendo em vista princípios elementares do direito administrativo sancionador, os quais balizam o controle jurisdicional sobre a matéria.

2.5 Fundamentos jurídicos da indelegabilidade do poder de polícia administrativa comumente aceitos

Exposto o conceito de poder de polícia administrativa, cabe breve relato das razões apresentadas pela doutrina pátria sobre a indelegabilidade dessa atividade a particulares. Podemos agrupá-las em três: a) ausência de previsão constitucional autorizadora da delegação do poder de polícia administrativa; b) inconstitucionalidade do exercício de poderes de coerção e autoexecutoriedade por parte do particular; e c) necessidade de incidência do regime jurídico do servidor público para o exercício da atividade de polícia administrativa.

No Capítulo 3, cada um desses fundamentos será criticado à luz dos marcos teóricos apresentados no Capítulo 1.

2.5.1 Ausência de previsão constitucional autorizadora da delegação do poder de polícia administrativa

A doutrina destaca o princípio da supremacia do interesse público sobre o interesse particular como o fundamento do poder de polícia administrativa.[106] Para Celso Antônio Bandeira de Mello, de tal princípio procedem vários outros de estatura constitucional (2011, p. 75 et seq.). Heraldo Garcia Vitta, ao tratar da matéria, afirma que a indelegabilidade

---

[105] Ángeles de Palma Del Teso (1996, p. 54) observa que decorre do Estado de Direito a manutenção do equilíbrio entre o interesse público e as garantias individuais, razão pela qual no momento da individualização da sanção, há que entrar em jogo o princípio da culpabilidade, como instrumento de garantia desse frágil equilíbrio. Do mesmo modo, conclui o autor, em um Estado Democrático é fundamental o direito à dignidade da pessoa, que restará lesionado caso seja aplicada sanção a um cidadão que não tenha transgredido voluntariamente a norma ou que haja atuado com a diligência devida.

[106] Maria Sylvia Zanella Di Pietro (2009, p. 115) é clara quanto ao ponto: "O fundamento do poder de polícia é o princípio da predominância do interesse público sobre o particular, que dá à Administração posição de supremacia sobre os administrados".

CAPÍTULO 2
O PODER DE POLÍCIA ADMINISTRATIVA E SUA INDELEGABILIDADE | 97

do poder de polícia a particulares resulta da indisponibilidade do interesse público (2010, p. 136-137).

Desse modo, embora não haja vedação expressa para a delegação do poder de polícia administrativa, ela decorreria do mencionado princípio. Lucas Furtado chega a afirmar que a vedação não decorre de qualquer dispositivo expresso, mas, sim, de "[...] ordem material e mantém relação com o princípio da dignidade da pessoa humana" (2007, p. 649).

Raquel Melo Urbano de Carvalho, por sua vez, destaca que a delegabilidade de funções típicas implicaria renúncia ilegítima, pois colocaria em sério risco a sustentabilidade do próprio Estado (2008, p. 343).

O STF, em relação ao tema, manifestou-se na Ação Direta de Inconstitucionalidade n° 1.717-6/DF (BRASIL, 2011j), na qual se questionou a determinação de que os serviços de fiscalização de profissões regulamentadas fossem exercidos em caráter privado, por delegação do poder público, mediante autorização legislativa, nos termos em que dispôs o art. 58, da Lei n° 9.649/98.[107]

Em determinada passagem do julgamento, o ministro Sepúlveda Pertence ressaltou que a "[...] 'onda neoliberal' não chegou ao ponto de privatizar o poder de polícia e que o exemplo da atividade notarial serviria para mostrar seu caráter excepcional, tanto é que foi necessário prever na Constituição (art. 236) o exercício privado de modo expresso" (BRASIL, 2011j).

Desse modo, a Constituição de 1988 teria previsto, excepcional-mente, a delegação de certas atividades a particulares, como a notarial, o que indicaria a vedação ampla à delegação de poder de polícia administrativa.

---

[107] O artigo 58, da Lei n° 9.649, de 27.05.1998, objeto da ADI n° 1.717-6/DF, assim dispunha: "Art. 58. Os serviços de fiscalização de profissões regulamentadas serão exercidos em caráter privado, por delegação do poder público, mediante autorização legislativa. [...] §2°. Os conselhos de fiscalização de profissões regulamentadas dotados de personalidade jurídica de direito privado, não manterão com os órgãos da Administração Pública qualquer vínculo funcional ou hierárquico. §3°. Os empregados dos conselhos de fiscalização de profissões regulamentadas são regidos pela legislação trabalhista, sendo vedada qualquer forma de transposição, transferência ou deslocamento para o quadro da Administração Pública direta ou indireta. [...]" (BRASIL, 2013r).

2.5.2 Inconstitucionalidade do exercício de poderes de coerção e autoexecutoriedade pelo particular

A possibilidade de criar obrigações unilaterais em relação a terceiros (coercibilidade) e de fazê-las cumprir sem necessidade de intervenção do Poder Judiciário (autoexecutoriedade) seria mais um fundamento para a indelegabilidade do poder de polícia administrativa, porquanto tais atributos seriam inerentes a essa atividade e incompatíveis com a ação do particular.[108]

Segundo Floriano de Azevedo Marques Neto:

> O que define se há ou não violação aos institutos constitucionais no tocante à transferência de atividades intrinsecamente estatais é a abdicação, pela Administração, do poder que a sociedade lhe atribui. Este poder se revela na capacidade de exercer a imperatividade, de exercitar a capacidade de coação administrativa. (2000, p. 76)

Celso Antônio Bandeira de Mello (2006) também observa que a transferência do poder de polícia a particulares implicaria violação ao princípio da isonomia, pois seria o mesmo que reconhecer a um particular poder para impor obrigações a outro.

2.5.3 Necessidade de incidência do regime jurídico do servidor público para o exercício da atividade de polícia administrativa

Juarez Freitas, ao discorrer sobre a indelegabilidade do poder de polícia, afirma que o "[...] o procedimento de 'poder de polícia administrativa' – tipicamente estatal – exige, no geral das vezes, que o agente tenha garantias próprias das funções do Estado" (2009b, p. 203).

Raquel Melo Urbano de Carvalho, na mesma linha, ressalta a condição indispensável de servidor público para o exercício do poder de polícia administrativa:

> [...] somente um servidor público lotado em um órgão público ou entidade administrativa de direito público poderia aferir a visibilidade da fotografia, a ocorrência de excesso de velocidade e lavrar o auto de

---

[108] Nesse sentido: CARVALHO, R., 2008, p. 343. Para Marçal Justen Filho: "Veda-se a delegação do poder de polícia a particulares não por alguma qualidade essencial ou peculiar à figura, mas porque o Estado Democrático de Direito importa o monopólio estatal da violência" (2010, p. 582).

infração cabível, analisar a consistência das autuações mediante exame de numeração sequencial de imagens, das características do veículo e dos dados cadastrais disponíveis. *Afinal, a multa administrativa não pode ser aplicada por um agente que não faz parte do órgão integrante da pessoa jurídica de direito público incumbida de desempenhar o poder de polícia na espécie.* (2008, p. 346, grifos nossos)

A efetividade e a estabilidade seriam, assim, qualidades indispensáveis para o exercício do poder de polícia administrativa, razão pela qual inviável a transferência a particulares que não detêm tais atributos.

2.6 Delegação de poderes públicos

A delegação de atividade estatal, no sentido adotado nesta obra, significa "[...] a transferência do exercício de poderes públicos pertencentes a uma entidade pública que se mantém na titularidade desta, apesar da transferência" (GONÇALVES, 2008, p. 683).[109]

O termo delegação[110] é, contudo, utilizado de modo variado na doutrina, como, por exemplo, por Hely Lopes Meirelles, que trata da delegação no tópico "poder hierárquico":

Delegar é conferir a outrem atribuições que originariamente competiam ao delegante. [...] No âmbito administrativo as delegações são frequentes, e, como emanam do poder hierárquico, não podem ser recusadas pelo inferior, como também não podem ser subdelegadas sem expressa autorização do delegante. (2011, p. 126)

Maria Sylvia Zanella Di Pietro, por sua vez, vale-se da delegação para examinar a transferência do exercício de serviços públicos no modelo tradicional da concessão e permissão. A autora também alerta para novas formas de delegação, tais como a franquia, os contratos de gestão com organizações sociais e a parceria com fundações de apoio, associações ou cooperativas, em regra por meio de convênios (2002, p. 65-66).

---

[109] No mesmo sentido, Ana Raquel Gonçalves Moniz: "Em qualquer de suas formas, a delegação implica a transferência do exercício de um poder público, cuja titularidade se mantém, contudo, na esfera do delegante" (2010, p. 213).

[110] Adotamos o termo delegação e não outorga, por concordarmos com Celso Antônio Bandeira de Mello, que entende ser a primeira a melhor forma de designar a transferência de atividade jurídica, ao passo que a última se limitaria à atividade material (2011, p. 714-715, nota de rodapé n. 8).

Todavia, nos termos em que a ideia de delegação é adotada neste estudo, a transferência do exercício de poderes públicos independe da relação jurídica vertical entre delegante e delegado (hierarquia), ou da prestação de serviços públicos em sentido estrito mediante concessão ou permissão, o que lhe confere, nesse cenário, característica específica.

Considerando a premissa adotada, ou seja, transpasse de atividade fora da relação hierárquica, a delegação pode derivar de lei, de ato ou de contrato, estas duas últimas hipóteses deflagradas pelo administrador público, com base em lei. É o que ensina Pedro Antônio Gonçalves:

> O acto jurídico que opera a delegação pode revestir uma forma legal ou administrativa. No primeiro caso, temos uma *delegação legal;* no segundo, uma *delegação administrativa*, processada com fundamento na lei, por um acto administrativo ou por um contrato administrativo. (2008, p. 1.028)

Partindo-se desse significado, isto é, delegação como exercício de atividade por meio de lei, ato ou contrato, cumpre delimitar o de "poderes públicos", qual seja, prerrogativa que investe alguém na condição de limitar ou condicionar ações de terceiros ou que confira competência decisória ou declaratória em relação à pretensão de direitos. Segundo Floriano de Azevedo Marques Neto (*in* FIGUEIREDO, 2012, p. 223), o conceito de poder "[...] nos remete à ideia de capacidade de alguém comandar a conduta alheia, de se fazer obedecer, ou seja, de em última instância, determinar o comportamento de outrem".

O deslocamento dessa prerrogativa a particulares exige, portanto, precisar o círculo de atribuições delegáveis, caso contrário, inviável o controle do titular da atividade sobre a extensão da função exercida.

Aspecto relevante diz respeito à incidência da lei do mandado de segurança, admitindo-se como *autoridade* coatora o particular delegatário.[111] *Isso decorre do fato de que a delegação da execução de determinada atividade estatal ao particular não desnatura o regime publicístico aplicável.*[112]

---

[111] A jurisprudência é pacífica quanto ao ponto: "[...] 2. A autoridade de instituição privada no exercício de função federal delegada sujeita-se ao crivo da Justiça Federal, desde que o ato não seja de simples gestão, mas de típica delegação. 3. Na hipótese dos autos, o ato contra o qual se volta o impetrante, relativo à suspensão do fornecimento de energia elétrica, não é de simples gestão administrativa, mas de delegação, já que relacionado à continuidade na prestação de serviço público federal" (BRASIL, 2012d). A propósito, dispõe a Súmula nº 510 do STF: "Praticado o ato por autoridade, no exercício de competência delegada, contra ela cabe o mandado de segurança ou a medida judicial" (BRASIL, 2011s).

[112] Segundo Arlete Inês Aurelli, quando "[...] há delegação de competência, deve-se impetrar a segurança contra a autoridade que exerce a competência delegada e praticou o ato, conforme Súmula 510 do STF. Nesse caso, a autoridade coatora é o agente que está no exercício da função pública delegada, como, por exemplo, o diretor de faculdade privada" (2006, p. 147).

Algumas situações ordinárias são ilustrativas de espécies de poder público delegadas a particulares, independentemente de se tratar de poder de polícia administrativa.

Pedro Antônio Gonçalves, por exemplo, reportando-se à doutrina alemã, refere-se à atribuição dada às escolas privadas para editarem "[...] títulos e graus com valor oficial, equiparados para todos os efeitos aos das escolas públicas" (2008, p. 506), ou às atribuições dos comandantes ou capitães de navios e comandantes de aeronave, os quais passam a ser autoridades máximas a bordo. O autor lembra, ainda, o poder exercido por contratados que promovem revistas pessoais no acesso a estádios de futebol, a contribuir para a prevenção de ilícitos criminais, e a certificação indispensável de profissionais independentes, como os veterinários, sem a qual é vedado o transporte e a circulação de animais (GONÇALVES, 2008).

Há também previsão da arbitragem na Administração Pública, autorizada, por exemplo, no art. 23, XV, da Lei nº 8.987/95, ou ainda na Lei nº 11.079/04, que assegura o juízo arbitral nos contratos administrativos firmados com o poder público, indicando outra modalidade de exercício de poder público por particulares. O fato de a arbitragem se limitar a direitos ou bens disponíveis não retira o poder decisório transferido a particular para definir, com a qualidade de definitividade, conflito entre as partes.

As hipóteses são diversas e o exame de cada caso a partir do regime jurídico específico apontará a ocorrência ou não de delegação de poderes públicos a particulares.

Pelas primeiras menções feitas, percebemos que ora a delegação de poder público ocorre mediante direta previsão legal, tal como acontece com os capitães e comandantes, bem como com os proprietários de restaurantes em relação à restrição ao fumo, ora por meio de contrato, como se dá com empresas contratadas ou concessionárias de serviços públicos.

Inviável, pelo visto, pretender exaurir as hipóteses de delegação de poder público previstas no ordenamento jurídico brasileiro, razão pela qual examinaremos algumas delas: proprietário de restaurantes e comandantes de embarcações, como exemplo de delegação realizada diretamente por lei; titularidade de serviço notarial, como exemplo de delegação mediante ato; e delegatários de serviços públicos e contratos de prestação de serviços (terceirização *lato sensu*), como exemplos de delegação contratual.

A delegação referente aos comandantes de embarcações é hipótese clássica de exercício privado de poder de polícia, e seu exame em cotejo com a delegação relativa a proprietários de restaurante ilustra bem a espécie de delegação por lei.

A relevância e a previsão constitucional (art. 236) da atividade notarial justificam sua abordagem como típica delegação por ato administrativo.

A concessão de serviços públicos, por sua vez, também prevista na Constituição de 1988 (art. 175), é emblemática forma de delegação contratual de poderes públicos. O caso dos presídios, na modalidade da parceria público-privada, retrata novas formas de interação entre as esferas pública e privada, ao passo que a terceirização (sentido amplo), embora não se apresente como modalidade nova, vem suscitando questões relevantes e redefinindo seus limites.

Dessa forma, pretendemos verificar se existem ou não características justificadoras de tratamento diverso conferido a tais hipóteses, em relação a outras espécies de execução de poderes públicos por particulares.

2.7 Hipóteses de delegação do exercício de "poderes públicos", incluídos os de polícia, a particulares, admitidas no ordenamento jurídico brasileiro

Conforme salientamos, a delegação de poderes pode ocorrer sob três formas: i) diretamente da lei; ii) mediante contrato; e iii) por ato administrativo. A seguir, passamos a tratar de exemplos de cada uma dessas hipóteses.

2.7.1 Proprietários de restaurantes e comandantes de embarcações

A lei pode atribuir a particulares o exercício de poderes públicos, incluídos os de polícia administrativa, de modo direto, ou seja, sem a necessidade de um ato ou contrato que especifique a delegação.

A proibição de fumar em restaurantes é exemplo de delegação de poderes a particulares conferida diretamente pela lei. O responsável por estabelecimento privado deve fiscalizar o cumprimento dos condicionamentos em relação a terceiros. Vejamos o art. 3º da Lei nº 13.541, de 07.05.2009, do Estado de São Paulo, que, ao proibir o consumo de cigarros em recintos fechados, confere ao proprietário do estabelecimento o poder de advertir o infrator:

CAPÍTULO 2
O PODER DE POLÍCIA ADMINISTRATIVA E SUA INDELEGABILIDADE | 103

Art. 3º O responsável pelos recintos de que trata esta lei *deverá advertir* os eventuais infratores sobre a proibição nela contida, bem como sobre a obrigatoriedade, caso persista na conduta coibida, de imediata retirada do local, se necessário mediante o auxílio de força policial. (SÃO PAULO, 2013, grifo nosso)

O dever de o proprietário advertir é visível no dispositivo que estabelece multa a ele no caso de descumprimento da norma, conforme se depreende do art. 4º:

Artigo 4º – Tratando-se de fornecimento de produtos e serviços, o empresário deverá cuidar, proteger e vigiar para que no local de funcionamento de sua empresa não seja praticada infração ao disposto nesta lei.
Parágrafo único – *O empresário omisso* ficará sujeito às sanções previstas no artigo 56 da Lei federal n.º 8.078, de 11 de setembro de 1990 – Código de Defesa do Consumidor, aplicáveis na forma de seus artigos 57 a 60, sem prejuízo das sanções previstas na legislação sanitária. (SÃO PAULO, 2013, grifo nosso)

Considerando que a lei em apreço cria limitação à liberdade privada, no âmbito externo do aparato estatal, dirigindo-se a todos os cidadãos qualificados como "responsáveis pelo recinto", entendemos tratar-se de norma de polícia administrativa, cuja execução confere poder de polícia administrativa a particular, no caso, o responsável pelo estabelecimento privado.

Outro exemplo de delegação de poder público a particular, mediante direta disciplina legal, é a atividade desenvolvida pelos comandantes de embarcações. A Lei nº 9.537, de 11.12.1997, que dispõe sobre a segurança do tráfego aquaviário em águas sob jurisdição nacional, atribui aos comandantes de embarcações determinados poderes públicos.

O art. 9º afirma que "todas as pessoas a bordo estão sujeitas à autoridade do Comandante", e o art. 10 dispõe que o Comandante poderá "ordenar o desembarque de qualquer pessoa" (inciso II), "ordenar a detenção de pessoa em camarote ou alojamento [...]" (inciso III) e "determinar o alijamento de carga" (inciso IV) (BRASIL, 2012c).

Não há, propriamente, um vínculo específico entre o comandante e aqueles que estão submetidos às suas ordens, as quais limitam a liberdade ou a propriedade privada a partir do mencionado comando legal, a revelar, do mesmo modo, exercício de poder de polícia administrativa por particular.

2.7.2 Titular de serviço notarial

A Constituição da República de 1988, no art. 236, estabelece que a atividade notarial e de registro será exercida em *caráter privado*, por delegação do Poder Público.[113] Constatamos, de imediato, que a função notarial e de registro é pública e seu exercício é expressamente admitido como delegável ao particular, sem que isso comprometa a titularidade estatal da função.

Ainda segundo o art. 236, §3º, da CR/88, o agente delegado receberá a delegação após aprovação em concurso público. Portanto, indispensável a edição de ato administrativo que promova a investidura na função pública do candidato aprovado no certame. Não há, desse modo, delegação direta da lei ou vínculo contratual entre o delegante e o delegado, mas transpasse de exercício de atividade *por ato administrativo*.

A atividade notarial foi analisada pelo STF, quando do julgamento da Ação Direta de Inconstitucionalidade nº 3.151/MT, proposta pela Associação dos Notários e Registradores do Brasil (ANOREG/BR) contra dispositivos de lei do Estado do Mato Grosso, que instituiu tributos em relação à atividade notarial (BRASIL, 2013ff).

O ministro relator, Carlos Ayres Britto, foi acompanhado pela maioria do Pleno do Tribunal e afirmou que a atividade notarial é distinta dos serviços públicos. Para o magistrado, cuida-se de atividade própria do poder público, de natureza jurídica e não material, e delegada de modo unilateral e não contratual.[114] Em resumo, concluiu:

> Numa frase, então, serviços notariais e de registro são típicas atividade estatais, mas não são serviços públicos, propriamente. Inscrevem-se, isto sim, entre as atividades tidas como função pública *lato sensu*, a exemplo das funções de legislação, diplomacia, defesa nacional, segurança pública, trânsito, controle externo e tantos outros cometimentos que, nem por ser de exclusivo domínio estatal, passam a se confundir com serviço público. (BRASIL, 2013ff, p. 136)

---

[113] "Art. 236. Os serviços notariais e de registro são exercidos em caráter privado, por delegação do Poder Público.
[...]
§3º – O ingresso na atividade notarial e de registro depende de concurso público de provas e títulos, não se permitindo que qualquer serventia fique vaga, sem abertura de concurso de provimento ou de remoção, por mais de seis meses." (BRASIL, 2012a).

[114] Segundo o ministro, "[...] o que recai sobre cada um dos titulares de serventia extra-judicial é um ato unilateral de delegação de atividade, expedido de conformidade com lei específica de cada Estado-membro ou do Distrito Federal, respeitadas as normas gerais que se veiculem por lei da União acerca dos registros públicos e da fixação dos sobreditos emolumentos [...]" (BRASIL, 2013ff, p. 137).

A dificuldade de classificar a atividade notarial entre as modalidades ordinárias de ação estatal (serviços públicos, fomento, intervenção e poder de polícia) decorre da diversidade de atribuições previstas para essa função. Daí, no dizer do ministro Ayres Britto, "[...] os serviços notariais e de registro são serviços notariais e de registro, simplesmente, e não, qualquer outra atividade estatal" (BRASIL, 2013ff, p. 138).

No ponto, concordamos com essa posição, pois, ao mesmo tempo que cabe aos notários e registradores exercerem a fiscalização do recolhimento de impostos,[115] a caracterizar atividade de polícia administrativa, cabe a eles realizar, por escritura pública e sem a participação do Judiciário, separações, conforme art. 1.124-A, §1º, do Código de Processo Civil (Lei nº 5.869, de 11.01.1973), o que nada tem a ver com o exercício de poder de polícia. Por isso, a dificuldade na classificação da atividade notarial, de modo genérico, entre as atividades clássicas da Administração Pública.

O STF, em outro julgamento, tratou de matéria relevante para a atividade notarial, ao reconhecer que o notário e o oficial de registro não são servidores públicos, embora exerçam atividade tipicamente estatal. Colhemos da Ação Direta de Inconstitucionalidade nº 3.151/MT, movida pela Associação dos Notários e Registradores do Brasil, decisão que parte desse pressuposto:

> [...] 3. Os notários e os registradores exercem atividade estatal, entretanto *não são titulares de cargo público efetivo*, tampouco ocupam cargo público. Não são servidores públicos, não lhes alcançando a compulsoriedade imposta pelo mencionado artigo 40 da CB/88 – aposentadoria compulsória aos setenta anos de idade. 4. Ação direta de inconstitucionalidade julgada procedente. (BRASIL, 2013ff, grifo nosso)

A relevância da atividade notarial e de registro, por sua vez, é bem retratada na Lei nº 8.935, de 18.11.1994, que dispõe serem a publicidade, a autenticidade, a segurança e a eficácia dos atos jurídicos garantidas por meio dessa função. Para tanto, o "[...] notário, ou tabelião, e oficial de registro, ou registrador, são profissionais do direito, *dotados*

---

[115] A esse dever de fiscalizar corresponde a responsabilidade prevista no art. 134, do Código Tributário Nacional: "Art. 134. Nos casos de impossibilidade de exigência do cumprimento da obrigação principal pelo contribuinte, respondem solidariamente com este nos atos em que intervierem ou pelas omissões de que forem responsáveis:
[...]
VI – os tabeliães, escrivães e demais serventuários de ofício, pelos tributos devidos sobre os atos praticados por eles, ou perante eles, em razão do seu ofício; [...]". (BRASIL, 2013i).

106
FLÁVIO HENRIQUE UNES PEREIRA
REGULAÇÃO, FISCALIZAÇÃO E SANÇÃO

de fé pública",[116] gozando "[...] de independência no exercício de suas funções".[117]

A remuneração da atividade ocorre mediante o pagamento de emolumentos fixados diretamente pela lei, conforme estabelece o §2º do art. 236 da CR/88, ao passo que se garante a isonomia na escolha dos agentes delegados a partir da realização de concurso público (§3º do art. 236 da CR/88).

O Estado, por sua vez, exerce a fiscalização da atividade delegada, nos termos do art. 37, da Lei nº 8.935/94, cabendo ao Juízo competente, conforme o art. 38 da referida lei, zelar para que os serviços sejam prestados com "[...] rapidez, qualidade satisfatória e de modo eficiente, podendo sugerir à autoridade competente a elaboração de planos de adequação e melhor prestação desses serviços" (BRASIL, 2013m).

O constituinte, como visto, no seu juízo discricionário, entendeu por destacar determinada atividade e fixou o modo como seria sua execução, delegando-a, no caso, ao particular e, por conseguinte, indicando mecanismos de controle e monitoramento.

Devemos atentar para a enorme importância da função notarial delegada ao particular. Esse aspecto revela que o critério decisivo para se afirmar a indelegabilidade do exercício do poder de polícia a particulares não poderá ser simplesmente o grau de "importância" da função.

2.7.3 Concessionários de serviços públicos

Conforme dispõe o art. 175, da CR/88, o Estado poderá delegar a prestação de serviço público ao particular, assumindo este, nos termos da legislação específica, a responsabilidade pela atividade em nome próprio e sendo ressarcido, em regra, mediante a cobrança de tarifas dos usuários.

Entre as diversas atribuições do concessionário, encontram-se exemplos de poder público em relação ao usuário particular, que são instrumentais ao cumprimento das obrigações impostas pela própria concessão. Há deslocamento do poder de fiscalização no tocante ao cometimento de irregularidade por parte do usuário, atrelado à prestação de serviço público. Trata-se de delegação contratual ou negocial, com base na lei.

---

[116] Art. 3º da Lei nº 8.935/94.

[117] Art. 28 da Lei nº 8.935/94. Sobre o tema, leitura obrigatória: BACELLAR FILHO. Do regime jurídico de notórios e registradores. *In*: FERRAZ; MOTTA (Coord.). *Direito público moderno*: homenagem especial ao professor Paulo Neves de Carvalho, p. 457-475.

Sobre o tema, há julgado do Tribunal de Justiça do Rio Grande do Sul, Apelação Cível nº 70031653165 (RIO GRANDE DO SUL, 2011), em que foi pleiteada indenização decorrente de acidente de trânsito, no qual houve a colisão de veículo contra animais bovinos em trecho rodoviário sob concessão. A concessionária alegou, entre outros motivos, a indelegabilidade do poder de polícia para se eximir da indenização.

Segundo o desembargador relator, a responsabilidade da concessionária é objetiva, nos termos do §6º, do art. 37, da CR/88, além de incidir o art. 25 da Lei nº 8.987/95. Considerou, também, que se trata de relação de consumo entre a concessionária e o usuário, aplicando-se a responsabilidade objetiva pelo fato do serviço, conforme dispõe o art. 14 do Código de Defesa do Consumidor.[118]

Quanto à delegação do poder de polícia, o magistrado afirmou que a indelegabilidade "[...] diz tão somente com atos normativos ou que exijam coerção física – inclusive, como referido em citação trazida pela própria ré à fl. 377 – e *não com atos fiscalizatórios, estes passíveis, sim, de delegação*" (RIO GRANDE DO SUL, 2011).

Esse julgado revela exemplo de poder de polícia delegável ao particular, no caso, concessionário de rodovia, que é responsável por danos causados por animais que invadam a pista. Assim, por decorrência lógica, é reconhecido o "poder" da concessionária de controlar o acesso de animais à rodovia, em manifestação de poder de autoridade, decorrente do poder de polícia, que coexiste com a prestação de serviço público e com ele não se confunde.

Em determinados casos, verificamos também a face autoexecutória da atividade delegada que admite, por exemplo, a suspensão da prestação do serviço pela concessionária em razão do inadimplemento do usuário. É o que autoriza o art. 6º, §3º, II, da Lei nº 8.987, de 13.02.1995, que dispõe sobre o regime de concessão e permissão da prestação de serviços públicos.[119]

---

[118] No STJ, a matéria é tratada à luz do Código de Defesa do Consumidor, *v. g.*: BRASIL. Superior Tribunal de Justiça. *Recurso Especial n. 573.260/RS*. Recte: Coviplan Concessionária Rodoviária do Planalto S/A. Recdo: Dilles Carmelina Diolchi. Rel. Min. Aldir Passarinho Júnior. J. 27.10.2009. DJ 09.11.2009. Disponível em: https://ww2.stj.jus.br/revistaeletronica/Abre_Documento.asp?sSeq=923360&sReg=200301272313&sData=20091109&formato=PDF. Acesso em: 14 nov. 2011g.

[119] "Art. 6º. Toda concessão ou permissão pressupõe a prestação de serviço adequado ao pleno atendimento dos usuários, conforme estabelecido nesta Lei, nas normas pertinentes e no respectivo contrato.
§1º Serviço adequado é o que satisfaz as condições de regularidade, continuidade, eficiência, segurança, atualidade, generalidade, cortesia na sua prestação e modicidade das tarifas.

FLÁVIO HENRIQUE UNES PEREIRA
REGULAÇÃO, FISCALIZAÇÃO E SANÇÃO

A Agência Nacional de Energia Elétrica (ANEEL), ao regular a matéria por meio da Resolução nº 414/2010, estabelece as condições gerais de fornecimento de energia e, no art. 129, prevê o termo de ocorrência de irregularidade, verdadeiro ato administrativo *a ser praticado pelo concessionário delegatário*:

> Art. 129. Na ocorrência de indício de procedimento irregular, a distribuidora deve adotar as providências necessárias para sua fiel caracterização e apuração do consumo não faturado ou faturado a menor.
> §1º A distribuidora deve compor conjunto de evidências para a caracterização de eventual irregularidade por meio dos seguintes procedimentos:
> I – emitir o Termo de Ocorrência e Inspeção – TOI, em formulário próprio, elaborado conforme Anexo V desta Resolução; (BRASIL, 2013a)

O art. 172 e seguintes da citada Resolução ainda autorizam o concessionário a suspender o fornecimento de energia em determinadas hipóteses:

> Art. 172. A suspensão por inadimplemento, precedida da notificação prevista no art. 173, ocorre pelo:
> I – não pagamento da fatura relativa à prestação do serviço público de distribuição de energia elétrica;
> II – não pagamento de serviços cobráveis, previstos no art. 102;
> III – descumprimento das obrigações constantes do art. 127; ou
> IV – desligamento do consumidor livre ou especial da Câmara de Comercialização de Energia Elétrica – CCEE, nas hipóteses de que tratam os incisos I e III do art. 15 da Convenção de Comercialização de Energia Elétrica, aprovada pela Resolução Normativa nº 109, de 26 de outubro de 2004. (BRASIL, 2013a)

Da leitura dos artigos acima citados, constatamos que há delegação de ato de autoridade ao concessionário/particular, pois caberá a ele avaliar o cometimento de irregularidade por parte do usuário com consequência nitidamente desfavorável, o corte de energia.

---

§2º A atualidade compreende a modernidade das técnicas, do equipamento e das instalações e a sua conservação, bem como a melhoria e expansão do serviço.
§3º Não se caracteriza como descontinuidade do serviço a sua interrupção em situação de emergência ou após prévio aviso, quando:
I – motivada por razões de ordem técnica ou de segurança das instalações; e,
II – por inadimplemento do usuário, considerado o interesse da coletividade." (BRASIL, 2013n).

Em relação à edição de determinados atos normativos, também se reconhece a respectiva transferência ao concessionário, desde que se trate de matéria exclusivamente técnica.[120] No Direito português, exige-se, como regra, a aprovação do poder concedente, conforme lembra Marcello Caetano: "[...] o concedente delega ao concessionário a iniciativa da elaboração dos regulamentos, reservando-se apenas o direito de os aprovar antes de entrarem em vigor" (1996, p. 243).

Não há, propriamente, delegação de poder normativo que envolva discricionariedade administrativa na formulação de política pública, mas, sim, obrigação de disciplina a respeito de questões que, uma vez não regulamentadas, poderiam causar favorecimentos no curso da prestação dos serviços públicos.

Constatamos, assim, que ao concessionário particular é transferida a execução de poderes públicos, até mesmo como condição da execução dos serviços públicos delegados, a indicar, como na atividade notarial, a regularidade da delegação de determinados poderes a particulares em relação ao ordenamento jurídico pátrio.

2.7.4 Parceiros privados nas concessões especiais (parcerias público-privadas): o caso dos presídios

A parceria público-privada (PPP), regida pela Lei nº 11.079, de 30.12.2004, que institui as normas gerais para licitação e contratação de parceria público-privada no âmbito da Administração Pública, embora não seja o objeto deste estudo, ilustra mais uma forma de delegação de poderes públicos a particulares por meio de contrato.

Em que pese a Lei nº 11.079/04 dispor expressamente sobre a indelegabilidade do poder de polícia (art. 4º, III),[121] aspecto a ser examinado no Capítulo 3, o caso da PPP nos presídios apresenta elementos importantes quanto à prática de poderes públicos por particulares.

O Estado de Minas Gerais foi um dos precursores na gestão de presídios a partir da Lei das Parcerias Público-Privadas. No modelo

---

[120] Nesse sentido, Alexandre Santos de Aragão (2008, p. 403): "Todavia, só é admissível a atribuição de poderes normativos aos concessionários em matéria essencialmente técnica, não aquelas que envolvam a política pública quanto ao serviço".

[121] "Art. 4º. Na contratação de parceria público-privada serão observadas as seguintes diretrizes:
[...]
III – indelegabilidade das funções de regulação, jurisdicional, do exercício do poder de polícia e de outras atividades exclusivas do Estado;" (BRASIL, 2013w).

mineiro, o caderno de encargos do concessionário particular prevê uma série de obrigações que são mensuradas por 150 (cento e cinquenta) indicadores diferentes.

Cabe ao parceiro privado a implantação da infraestrutura, sendo que o Estado poderá impugnar os trabalhos que não satisfaçam as condições contratuais, e a gestão do complexo penal, em parceria com o Estado. Neste ponto, cabe também ao particular prestar serviços e atividades assistenciais: assistência jurídica, educacional, profissionalizante, cultural e recreativa, à saúde, social e material.

Em relação à segurança, prevê o edital que o parceiro particular organizará e prestará os serviços de apoio referentes às atividades de gestão e operação técnico-administrativa de cada unidade penal, assim como dos serviços de monitoramento interno, excetuados expressamente os de segurança externa, os quais permanecerão de responsabilidade do Estado.

O sistema de segurança e os serviços de monitoramento interno, de responsabilidade do parceiro particular, compreendem a:

> [...] manutenção da guarda e do monitoramento para a custódia e para a segurança dos sentenciados no interior de cada UNIDADE PENAL, e devem ser executados conforme disposições legais e regulamentares, observadas as orientações e determinações do DIRETOR PÚBLICO DE SEGURANÇA DO COMPLEXO PENAL, ouvido o SUBDIRETOR PÚBLICO DE SEGURANÇA da UNIDADE PENAL. (MINAS GERAIS, 2013c).

Muito embora o vínculo entre o presidiário e a administração prisional possa decorrer do poder disciplinar[122] e, portanto, fora do conceito de poder de polícia administrativa, é *inegável o controle de informações estratégicas por parte do particular que estão diretamente relacionadas à segurança do estabelecimento prisional e dos próprios detentos. O monitoramento da guarda do presidiário, ainda que sob a supervisão do agente público estatal, aproxima o concessionário de atividades inerentes ao Estado.*

---

[122] A propósito, ainda no caso da concessão dos presídios, consta o dever de o concessionário atuar na "disciplina, controle e inspeção" dos presidiários (MINAS GERAIS, 2008). Em curso na 5ª Vara da Fazenda Estadual, a Ação Civil Pública nº 0024.08.135.073-8, que objetiva a anulação da contratação de parceria público-privada relativa à gestão de presídios no Estado de Minas Gerais. Na inicial, é destacado o item relativo à "Execução penal, custódia, guarda, carceragem, assistência jurídica, médica, pscicológica, social e moral a presos – Atividades exclusivas do Estado – Indelegabilidade prevista na Lei Federal 11.079/04" (MINAS GERAIS, 2013b).

O PODER DE POLÍCIA ADMINISTRATIVA E SUA INDELEGABILIDADE

Cabe destacar que o modelo mineiro apresenta uma série de mecanismos de controle, muitos deles supervisionados pelo Diretor Público de Segurança do Complexo Penal, ocupante de cargo público, e da própria Secretaria de Defesa Social, além de órgãos criados para acompanhar as atividades do contratado.

Percebemos, assim, que, muito embora haja atuação privada em setor estratégico ou de inquestionável relevância para o Estado, foi prestigiada a eficiência administrativa, na perspectiva do resultado a ser alcançado, a demonstrar que o contexto atual não prescinde – até porque não vedado constitucionalmente – de novas alternativas de interação entre a esfera pública e a privada na execução de tarefas que outrora eram predicado exclusivo dos aparatos estatais.[123]

2.7.5 Terceirização: contratação de prestação de serviços

A terceirização é termo utilizado para diferentes enfoques, razão pela qual indispensável apresentar o sentido acolhido por esta obra.[124]

---

[123] Aqui é relevante considerar informações a respeito da população carcerária no Brasil. Antônio Carlos dos Santos, em artigo sobre o tema, apresenta dados de 2006: "A população carcerária aumentou 17% desde 2004 e o déficit de vagas cresce à média de 3.500 presos por mês. Para complicar, a construção de novas penitenciárias esbarra na falta de verbas, desde 2001, houve queda de 58% nos recursos federais destinados à segurança, de acordo com levantamento feito pela ONG Contas Abertas, especializada em fiscalizar o orçamento público" (*in* PEIXINHO; CANEN, 2009, p. 121). Mais adiante, o mesmo autor comenta os resultados obtidos em estabelecimentos penais em que foi realizada parceria público-privada, cada uma com particularidades próprias: "O índice de reincidência criminal dos egressos do presídio de Guarapuava [no qual a experiência público-privada foi realizada] chega a somente 6%. Em Maringá, por sua vez, no mesmo Estado, tal índice alcança 30%. A média nacional é gritante: 70% de reincidência criminal" (SANTOS *in* PEIXINHO; CANEN, 2009, p. 125).

[124] O tema da "terceirização" suscita diversas controvérsias, as quais não configuram o foco deste estudo. Algumas referências revelam questões mais discutidas: JACOBY FERNANDES, Jorge Ulisses. Terceirização de mão-de-obra no serviço público. *Fórum Administrativo – FA*, Belo Horizonte, ano 6, n. 62, abr. 2006; DUARTE, Fabrício Souza. A terceirização e sua utilização: a possibilidade de sua utilização pela Administração Pública. *Fórum de Contratação e Gestão Pública – FCGP*, Belo Horizonte, ano 4, n. 38, fev. 2005; CARVALHO FILHO, José dos Santos. Terceirização no setor público: encontros e desencontros. *Fórum de Contratação e Gestão Pública – FCGP*, Belo Horizonte, ano 8, n. 89, maio 2009; JACOBY FERNANDES, Jorge Ulisses. Terceirização: restrições e cautelas na aplicação no serviço público. *Fórum de Contratação e Gestão Pública – FCGP*, Belo Horizonte, ano 5, n. 58, out. 2006; FORTINI, Cristiana; VIEIRA, Virginia Kirchmeyer. A terceirização pela Administração Pública no direito administrativo: considerações sobre o Decreto n° 2.271/97, a Instrução Normativa n° 2/08 e suas alterações, a ADC n° 16 e a nova Súmula n° 331 do TST. *Revista da Procuradoria-Geral do Município de Belo Horizonte – RPGMBH*, Belo Horizonte, ano 4, n. 8, p. 39-55, jul./ dez. 2011; FERRAZ, Luciano. A Lei de Responsabilidade Fiscal e terceirização de mão-de-obra no serviço público. *Fórum Administrativo – FA*, Belo Horizonte, ano 1, n. 2, abr. 2001; GARCIA, Flávio Amaral. A relatividade da distinção atividade-fim e atividade-meio na terceirização aplicada à Administração Pública. *Revista Brasileira de Direito Público – RBDP*, Belo Horizonte, ano 7, n. 27, out./dez. 2009.

FLÁVIO HENRIQUE UNES PEREIRA
REGULAÇÃO, FISCALIZAÇÃO E SANÇÃO

Adotamos a noção ampla, entendida como a contratação de terceiros para prestação de serviços em benefício da Administração Pública. Nessa dimensão, a terceirização representa uma das faces por meio das quais há o deslocamento da execução de determinada atividade ou serviço a particulares, razão pela qual cabe examinar a possível ocorrência de transferência de poder público a particulares, considerando, especialmente, a evolução do tema no ordenamento jurídico pátrio.

O Decreto-Lei n° 200/67, estabelece, no art. 10, §7°, diretriz quanto ao tema:

> Art. 10. A execução das atividades da Administração Federal deverá ser amplamente descentralizada. [...]
> §7° Para melhor desincumbir-se das tarefas de planejamento, coordenação, supervisão e contrôle e com o objetivo de impedir o crescimento desmesurado da máquina administrativa, *a Administração procurará desobrigar-se da realização material de tarefas executivas, recorrendo, sempre que possível, à execução indireta*, mediante contrato, desde que exista, na área, iniciativa privada suficientemente desenvolvida e capacitada a desempenhar os encargos de execução. (BRASIL, 2013f, grifo nosso)

O dispositivo indica que as atividades materiais deveriam ser destinadas ao setor privado, mediante execução indireta ou por meio de terceirização. Emerge, assim, o critério da atividade-meio ("material") e atividade-fim, permitindo-se a delegação no caso da primeira e vedando-se na hipótese da segunda. É o que restou consolidado na Súmula n° 331 do Tribunal Superior do Trabalho, quando afirma que:

> II – A contratação irregular de trabalhador, mediante empresa interposta, não gera vínculo de emprego com os órgãos da administração pública direta, indireta ou fundacional (art. 37, II, da CF/1988).
> III – Não forma vínculo de emprego com o tomador a contratação de serviços de vigilância (Lei n° 7.102, de 20-06-1983), de conservação e limpeza, bem como a de serviços especializados *ligados à atividade-meio do tomador*, desde que inexistente a pessoalidade e a subordinação direta. (BRASIL, 2013xx, grifo nosso)

Tais balizas foram necessárias em contexto revelador de fraudes a concursos públicos, em que se optava pela terceirização para evitar o procedimento do certame, sem qualquer justificativa técnica.[125]

---

[125] Segundo Rodrigo de Lacerda Carelli, três fatores são indicativos da terceirização de mão de obra de forma ilícita. O primeiro, quando a empresa tomadora é a gestora do trabalho,

CAPÍTULO 2
O PODER DE POLÍCIA ADMINISTRATIVA E SUA INDELEGABILIDADE | 113

Contudo, o critério da atividade-meio *versus* atividade-fim tem se demonstrado insuficiente para resolver diversas questões que emergem de novo contexto econômico e tecnológico, a exigir maior especialização, visando à eficiência diante de demandas concretas.[126] É o que afirma o parecer apresentado nos autos da Reclamação n° 10.132, em curso no STF, em que o tema da terceirização de "atividade inerente" é enfocado: "[...] a especialização acelera o processo de inovação tecnológica, incluindo a inovação em processos de gestão (formas de organizar tarefas, utilizar equipamentos e instrumentos específicos para prestar determinados serviços)" (BRASIL, 2013ll, p. 5).[127] Ainda segundo o parecer, "[...] uma das principais facetas da especialização – qual seja, a repetição e o conhecimento tácito acumulado – só é possível quando este serviço se torna a única ou principal *expertise* da empresa, algo que seria impraticável às concessionárias individualmente" (BRASIL, 2011, p. 32).[128]

---

ou seja, determina o modo, o tempo e a forma como o trabalho será realizado. O segundo, quando a empresa contratada não detém "saber específico", ou seja, "[...] a especialização da contratada equivale à da contratante, que detém em seu quadro elementos tão ou mais especializados nas tarefas contratadas do que aqueles pertencentes ao quadro da contratada [...]". Terceiro, quando a empresa contratada utiliza-se dos materiais fornecidos pela contratante, a indicar que "[...] o que interessa para a empresa contratante é o trabalho pessoal dos empregados da contratada, que somente serão colocados para a apropriação de seu trabalho pela tomadora" (2003, p. 125, 136 e 140).

[126] Flávio Garcia, em artigo específico sobre o tema, observa que não será o critério "atividade fim *versus* atividade meio" que indicará o caráter ilícito da terceirização, contudo, alerta para a cautela que deverá ser adotada pelo administrador público quando exista cargo com atribuições coincidentes com as que serão contratadas: "Assim, nada obsta que o administrador, no exercício de sua competência discricionária, entenda que determinada atividade – ainda que finalística – será melhor desempenhada por meio de contrato de prestação de serviços do que por meio de servidores ocupantes de cargo efetivo. Contudo, essa opção, para que se torne legítima, depende de que os cargos sejam extintos total ou parcialmente no âmbito do quadro geral de pessoal, justamente com vistas a evitar a indesejável coexistência de servidores concursados e terceirizados" (2009).

[127] Parecer feito pela LCA Consultoria a pedido da FEBRATEL (Federação Brasileira de Telecomunicações) e da ABRADEE (Associação Brasileira de Distribuidores de Energia Elétrica). Equipe Técnica: Fernando Camargo; Bernardo G. Macedo; Cláudia Viegas; Ricardo Sakamoto; Tiago Maciel da Costa; Ana Carolina Garcia (Petição n° 61.864, de 27.11.2012, *in* BRASIL, 2013ll).

[128] Outra hipótese que revela a insuficiência do critério da atividade-fim *versus* atividade-meio é destacada por Diogo Palau Flores dos Santos: "[...] pode-se enumerar como exemplo o que se tem verificado no setor bancário, em que há terceirização de atividades de processamento de dados, microfilmagens, atendimento, cobrança, compensação de cheque e transporte de valores, atividades que até um tempo atrás eram consideradas atividades essencialmente bancárias e que somente as instituições financeiras realizariam" (2010, p. 23). Floriano de Azevedo Marques Neto caminha na mesma linha: "No mundo hodierno, pautado pela especialização e sinergia das atividades econômicas e, de outro lado, pela sofisticação tecnológica, coloca-se praticamente impossível distinguir o que seja e o que não seja atividade-meio" (2000, p. 72).

No setor de telefonia, é demonstrado o avanço que a terceirização pode proporcionar, considerando-se a necessidade de especialização e de acompanhamento das tecnologias:

> Terceirizar serviços de rede, portanto, permite às companhias telefônicas acompanhar as novas tecnologias de forma muito mais ágil, o que traz eficiência às empresas de telefonia e também benefícios à sociedade, que pode melhor usufruir dessas novas tecnologias, com mais qualidade e variedade a preços mais módicos. O avanço tecnológico é mais facilmente difundido quando ocorre de forma terceirizada, visto que as empresas terceirizadas atendem a várias empresas de telecomunicações. Se tais atividades fossem desenvolvidas nas próprias empresas de telefonia, o ritmo de inovação certamente seria menor, dada a perda de especialização, e sua difusão ao mercado seria prejudicada, pois a inovação ficaria circunscrita à empresa de telefonia que tenha atingido tal avanço. (BRASIL, 2010, p. 47)

Tanto assim que o próprio legislador, em setores específicos, autoriza que o representante do Estado, no caso o concessionário, contrate terceiros para atividades *inerentes* ao serviço público delegado. É o que prevê a Lei nº 8.987/95:

> Art. 25. Incumbe à concessionária a execução do serviço concedido, cabendo-lhe responder por todos os prejuízos causados ao poder concedente, aos usuários ou a terceiros, sem que a fiscalização exercida pelo órgão competente exclua ou atenue essa responsabilidade.
> §1º Sem prejuízo da responsabilidade a que se refere este artigo, a concessionária poderá contratar com terceiros o desenvolvimento de *atividades inerentes*, acessórias ou complementares ao serviço concedido, bem como a implementação de projetos associados. (BRASIL, 2013n, grifo nosso)[129]

A terceirização de serviço ou atividade, por outro lado, não é focada na mão de obra de trabalhador específico, mas no resultado do trabalho, no serviço e na atividade em si considerados,[130] ou, no dizer

---

[129] No mesmo sentido, a Lei nº 9.472/97: "Art. 94. No cumprimento de seus deveres, a concessionária poderá, observadas as condições e limites estabelecidos pela Agência: [...] II – contratar com terceiros o desenvolvimento de atividades *inerentes*, acessórias ou complementares ao serviço, bem como a implementação de projetos associados" (BRASIL, 2013p, grifo nosso).

[130] Floriano de Azevedo Marques Neto observa que até mesmo a contratação de serviços de natureza continuada tem previsão legal: "Mesmo em se tratando de serviços de natureza continuada (e veja-se que a Lei n. 8.666/1993 admite expressamente a contratação deste tipo

CAPÍTULO 2
O PODER DE POLÍCIA ADMINISTRATIVA E SUA INDELEGABILIDADE | 115

de Marcos Juruena Villela Souto, "[...] a essência da terceirização é a atividade e não a pessoa física" (2001, p. 371). Não há entre o tomador e o prestador do serviço vínculo de pessoalidade ou relação de emprego propriamente dita.[131]

Em Consulta do Tribunal de Contas do Estado de Minas Gerais, em que se examinava a viabilidade de município *terceirizar etapas de serviço público de limpeza urbana*, discutiu-se acerca das diferenças entre atividade-fim e atividade-meio do município. Destacam-se da Consulta em apreço um pequeno trecho e duas citações que ilustram a precariedade de tal distinção como critério de aferição da legalidade ou não de determinada terceirização:

Ademais, cabe ao Administrador Público deliberar sobre o modo de execução material das atividades as quais podem ser viabilizadas, vale repetir, tanto por intermédio de servidores integrantes em carreira estruturada *em cargos efetivos quanto por meio da contratação de entidade privada*. Nesse particular, a lição de Marcus Juruena Villela Souto: "Em pronunciamentos anteriores, já me manifestei no sentido de que a Administração tanto pode se valer da criação de cargos ou empregos públicos – CF, art. 37, I e II – ou da contratação administrativa de empresas especializadas na prestação de serviços lícitos – CF, art. 37, XXI, Lei n. 8666/93, art. 6º, Código Civil, art. 1216. *Ambas as opções têm sede constitucionalmente assegurada ao Chefe do Poder Executivo no exercício da função de direção superior*." (SOUTO, Marcus Juruena Villela. Direito Administrativo das Concessões. Rio de Janeiro: Lumen Juris, 2004. 5ª Ed.)

Ainda nessa linha de argumentação, cabe repetir os ensinamentos de Flávio Amaral Garcia, para quem, *"nada obsta que o Administrador, no exercício de sua competência discricionária, entenda que determinada atividade – ainda que finalística – será melhor desempenhada por meio de contrato*

---

de atividades que se prolonga no tempo – cf. art. 57, II), não ocorrerá a mera contratação de pessoal *se o consentimento avençado se revestir de especialidade e de peculiaridade nitidamente identificáveis*. Aqui emerge forte o traço de especialização técnica que é característico dos contratos de gerenciamento, conforme demonstramos no item 15.2 supra." E conclui: "Visando a contratação administrativa à realização de um serviço bem determinado, por período certo, sob a responsabilidade da empresa contratada e com produtos finais identificados no objeto contratual, afasta-se a alegação de burla ao princípio do concurso público" (2000, p. 75, grifos nossos).

[131] Dinorá Adelaide Musetti Grotti sobre o tema afirma: "A terceirização lícita é, pois, aquela em que não haja elementos de relação de emprego entre o contratante e o trabalhador, principalmente a inexistência da pessoalidade e a subordinação hierárquica (art. 3º da CLT); é aquela em que o contratante quer o resultado, o produto, na forma e no tempo contratados" (2012). A propósito, o Tribunal de Contas da União já decidiu que "a verdadeira terceirização é contratação de serviços e não locação de trabalhadores" (BRASIL, 2011c, p. 19530).

de prestação de serviços do que por meio de servidores ocupantes de cargos efetivos.' (GARCIA, de Flávio Amaral. A relatividade da distinção entre atividade-fim e atividade-meio na terceirização aplicada à Administração Pública. Revista Brasileira de Direito Público – RBDP. Belo Horizonte, ano 7, n. 27, out./nov. 2009). (MINAS GERAIS, 2013d)

Muito embora a manifestação acima refira-se a caso de terceirização de "etapas de serviço público de limpeza urbana", constatamos que, em certo segmento e a partir de contexto econômico e social delimitado, a terceirização de atividade-fim se justificará pelo ganho de eficiência decorrente da especialização e da capacidade de investimento tecnológico que a iniciativa privada poderá oferecer.

Exemplo de terceirização em setor estratégico está em curso, há alguns anos, no Município do Rio de Janeiro, onde, por meio de licitação, foi terceirizada a gestão do chamado "Centro de Operações Rio". Consta do contrato a seguinte delimitação de seu objeto:

> CLÁUSULA SEGUNDA (Objeto) – O objeto do presente contrato é a Prestação de Serviços de Infraestrutura no Apoio ao Gerenciamento de Crises e Riscos de Natureza Urbana do Centro de Operações Rio – cuja estrutura integrará diversas forças de segurança social do âmbito municipal, estadual e federal – com mapeamento, monitoramento e desenvolvimento de estratégias de atuação preventivas e repressivas sobre eventos humanos e naturais danosos à cidade do Rio de Janeiro, implementando e atualizando o Plano de Gerenciamento de Crises (PGC) do Centro de Operações do Rio, a ser realizado no Rio de Janeiro. Parágrafo único – os serviços deverão ser prestados com obediência rigorosa, fiel e integral a todas as exigências, normas, itens, elementos, condições gerais e especiais, contidos no presente Termo de Contrato, no Termo de Referência, bem como em detalhes e informações fornecidas pela CONTRATANTE. (*in* BRASIL, 2013ll)

A afastar a hipótese de mera atividade material ou zeladoria de edifício, consta no Anexo 1 do contrato a obrigação do parceiro privado sobre o gerenciamento de crises de natureza urbana e climática:

> A CONTRATADA será responsável por prestar uma assessoria direta e especializada no gerenciamento de riscos e crises, tendo como missão primordial agir com flexibilidade e agilidade necessárias em situações de riscos ou crise, atuando desde o desenvolvimento de estudos e técnicas de prevenção ao gerenciamento e articulação de estratégias de atuação do Centro de Operações. (*in* BRASIL, 2013ll)

A transferência da execução de certa atividade estatal não exonerará a Administração Pública do dever de monitorar e fiscalizar o contratado ou o agente delegado.[132] Floriano de Azevedo Marques Neto, ao abordar a contratação de empresas privadas para prestação de serviços de gerenciamento, acompanhamento e apoio à fiscalização das concessionárias de sistemas rodoviários, destaca que a Administração não se exonera de suas prerrogativas. Segundo o autor:

> Pretende, isto sim, recorrer ao concurso de uma empresa especializada, reunidora de uma *expertise* que a Administração não possui e nem pretende (ainda dentro daquela margem de opções administrativas) empregar esforços para desenvolver. Antes de importar o gerenciamento da renúncia a qualquer prerrogativa ou atividade inerente ao poder público, ele permite – em tese – o aperfeiçoamento desta, a partir da utilização de meios tecnologicamente mais desenvolvidos. (MARQUES NETO, 2000, p. 70)

Ainda que o autor não reconheça poder decisório à empresa privada contratada, o contratado passa a gerenciar informações estratégicas sobre a atividade estatal, de modo a influir, decisivamente, nas deliberações estatais. Não se trata, portanto, de mera atividade material, porquanto o gerenciamento da própria informação objeto do contrato já é revelador do "poder" delegado.

Quando o processo e não simplesmente o ato administrativo passa a ser o foco da ação estatal, percebemos a relevância de atividades que, até então, poderiam ser consideradas como mera preparação do ato administrativo ou singelos atos materiais. É que as informações captadas e selecionadas pelo parceiro privado são determinantes para a conclusão ou conteúdo do ato administrativo, a revelar a administração de prerrogativas públicas de extrema importância no contexto do exercício de poderes públicos.

Curiosa, também, a situação da segurança privada, muitas vezes contratada pela Administração Pública para, de modo *subsidiário e complementar*, atuar na segurança pública. A Lei nº 7.102/83, que disciplina a atividade econômica das empresas de segurança, indica

---

[132] Aqui acolhe-se o conceito de agente delegado cunhado por Romeu Felipe Bacellar Filho: "Agentes delegados são aqueles que exercem uma função pública ou prestam serviços públicos em regime de colaboração com a Administração visando a uma contraprestação. São nomeados, designados ou contratados, outorgando-se-lhes uma delegação de função, ofício ou serviço. Tais agentes colaboram com a Administração, exercendo funções públicas das mais variadas, embora não prescindam de um vínculo jurídico com o Ente Estatal" (2010).

como condição de funcionamento de determinadas atividades a contratação de segurança privada, demonstrando a complementaridade com a própria segurança pública, dever do Estado, consoante previsão constitucional (art. 144).[133]

Em estabelecimentos públicos, não é incomum a presença de segurança privada contratada pela Administração Pública. Caso o contratado impeça o acesso de determinada pessoa em razão de descumprimento de norma de conduta, estar-se-á diante de atuação inerente à própria atividade de segurança, então contratada pela Administração Pública. Supor a inviabilidade dessa atuação pelo particular, porquanto não investido em cargo público, é ignorar outras formas de o particular representar o Estado, como demonstrado neste capítulo.

Ademais, caso fosse ilegítima a referida atuação do vigilante privado contratado para controlar a entrada em imóveis públicos, dever-se-ia considerar ilegal a atuação de funcionário de cinema que, em cumprimento às leis, impede o acesso de crianças em sessões de

---

[133] "Art. 1º. É vedado o funcionamento de qualquer estabelecimento financeiro onde haja guarda de valores ou movimentação de numerário, que não possua sistema de segurança com parecer favorável à sua aprovação, elaborado pelo Ministério da Justiça, na forma desta lei.

§1º Os estabelecimentos financeiros referidos neste artigo compreendem bancos oficiais ou privados, caixas econômicas, sociedades de crédito, associações de poupança, suas agências, postos de atendimento, subagências e seções, assim como as cooperativas singulares de crédito e suas respectivas dependências.

§2º O Poder Executivo estabelecerá, considerando a reduzida circulação financeira, requisitos próprios de segurança para as cooperativas singulares de crédito e suas dependências que contemplem, entre outros, os seguintes procedimentos:

I – dispensa de sistema de segurança para o estabelecimento de cooperativa singular de crédito que se situe dentro de qualquer edificação que possua estrutura de segurança instalada em conformidade com o art. 2º desta Lei;

II – necessidade de elaboração e aprovação de apenas um único plano de segurança por cooperativa singular de crédito, desde que detalhadas todas as suas dependências;

III – dispensa de contratação de vigilantes, caso isso inviabilize economicamente a existência do estabelecimento.

§3º Os processos administrativos em curso no âmbito do Departamento de Polícia Federal observarão os requisitos próprios de segurança para as cooperativas singulares de crédito e suas dependências.

Art. 2º – O sistema de segurança referido no artigo anterior inclui pessoas adequadamente preparadas, assim chamadas vigilantes; alarme capaz de permitir, com segurança, comunicação entre o estabelecimento financeiro e outro da mesma instituição, empresa de vigilância ou órgão policial mais próximo; e, pelo menos, mais um dos seguintes dispositivos:

I – equipamentos elétricos, eletrônicos e de filmagens que possibilitem a identificação dos assaltantes;

II – artefatos que retardem a ação dos criminosos, permitindo sua perseguição, identificação ou captura; e

III – cabina blindada com permanência ininterrupta de vigilante durante o expediente para o público e enquanto houver movimentação de numerário no interior do estabelecimento." (BRASIL, 2013j).

filmes cuja classificação de idade não seja a recomendada.[134] Se assim for, em todas essas situações será necessário acionar a polícia ostensiva, cujo número de agentes é notoriamente reduzido diante da demanda por segurança pública no país.

Desse modo, podemos concluir que não é o mero critério "atividade-fim *versus* atividade-meio" que norteará o tema da delegação, na contratação de terceiros, do exercício de poderes públicos a particulares.

Examinadas algumas hipóteses de exercício de poderes públicos por particulares, passamos a refutar os fundamentos da indelegabilidade do exercício do poder de polícia administrativa, haja vista, entre outros fatores, inexistir diferença substancial em relação às situações analisadas e que são admitidas pelo ordenamento jurídico brasileiro.

---

[134] O Recurso Especial n° 1072035/RJ ilustra hipótese de exercício de ato de polícia administrativa pelo particular, sem que haja prejuízo quanto ao regime jurídico público a ser aplicado na espécie. Pai e filho ajuizaram ação indenizatória contra a United Cinemas Internacional Brasil LTDA., alegando, em síntese, que foram retirados da sala de cinema, *manu militari*, sob o argumento de que o filho era menor e não tinha idade mínima para assistir ao filme. Não há dúvida quanto ao fato de se tratar de exercício de poder de polícia, porquanto a legislação ordinária confere competência ao poder público para regular as diversões e espetáculos públicos, classificando-os por faixas etárias (art. 74, do Estatuto da Criança e do Adolescente, Lei n° 8.069, de 13.07.1990). Examinou-se, no caso, se seria lícito ou não o pai levar o filho para assistir a um filme, ainda que a classificação etária fosse incompatível. No precedente em apreço, a discussão, portanto, não focou a legitimidade do exercício de atos de polícia decorrentes de tais regramentos pelo particular, a indicar, ao menos, uma concordância tácita quanto ao cabimento. Vejamos, a propósito, que a ministra relatora não vislumbra relevância no fato de o pai e filho "[...] terem entrado na sala de cinema, para, após, serem de lá retirados. Nada indica que a retirada tenha se dado de forma grosseira, violenta ou abusiva. Conforme demonstrado, a conduta se mostra justificável diante do cenário legal que à época existia" (BRASIL, 2013dd). O que se busca efetivamente saber é se houve arbitrariedade no exercício da atividade fiscalizadora. Não interessa se o ato de polícia administrativa foi praticado por pessoa jurídica de direito privado ou de direito público. Não está em pauta examinar se é lícita a execução dos respectivos atos de polícia administrativa pelo particular, no caso, o funcionário da empresa que transmite os filmes em salas de cinema. Afinal, seria inviável, repita-se, imaginar que somente servidor público poderia fiscalizar e adotar medidas cautelares em cumprimento a normas de polícia administrativa de espetáculos públicos.

CAPÍTULO 3

CRÍTICAS AOS FUNDAMENTOS JURÍDICOS DA INDELEGABILIDADE DO PODER DE POLÍCIA ADMINISTRATIVA

No capítulo anterior, foram apresentadas hipóteses em que há núcleo comum representado pelo exercício de poderes públicos delegáveis a particulares e que, à semelhança da atividade de polícia administrativa, limita, condiciona e fiscaliza comportamentos dos cidadãos.

Neste capítulo, examinaremos os fundamentos comumente apontados pela doutrina e jurisprudência pátrias sobre a indelegabilidade do poder de polícia a particulares. Apresentados os aportes teóricos (Capítulo 1), delimitado o objeto do estudo e analisadas algumas hipóteses de exercício de poderes públicos por particulares (Capítulo 2), oportuno enfrentar os argumentos que mais diretamente desafiam a hipótese deste trabalho.

Para tanto, consideramos os seguintes fundamentos que demandam reflexão individualizada: a) ausência de autorização constitucional para a delegação do exercício do poder de polícia administrativa; b) qualificação da atividade de polícia administrativa como típica de Estado, a requerer o manejo da coercibilidade e da autoexecutoriedade; e c) indispensabilidade da estabilidade no serviço público para o exercício legítimo do poder de polícia administrativa.

3.1 Autorização constitucional

A Constituição de 1988 não conferiu tratamento sistematizado ao tema da delegação de atribuições públicas às entidades de direito privado. A compreensão adequada de toda a extensão desse fenômeno

FLÁVIO HENRIQUE UNES PEREIRA
REGULAÇÃO, FISCALIZAÇÃO E SANÇÃO

pressupõe a análise conjugada de diversos dispositivos constitucionais, bem como a distinção ou similitudes entre as hipóteses de delegação de serviços públicos e poder de polícia. Além disso, muitas vezes, a Constituição habilita a delegação de competências públicas por meio de cláusulas gerais e outras vezes por meio de cláusulas setoriais.

O texto constitucional autoriza, em diversos dispositivos, a delegação da prestação dos serviços públicos a entidades com personalidade de direito privado. Com base em análise sistematizada da Constituição, é possível concluir que a referida delegação pode ser efetuada por meio de lei, contrato ou ato, estes dois últimos com base em lei.

A delegação legal de serviços públicos está amparada no art. 37, XIX, da CR/88, que prevê descentralização administrativa por meio da criação de entidades da administração indireta. Segundo tal dispositivo, a criação da nova entidade, que receberá tanto a titularidade quanto a competência para prestar o serviço público, depende de manifestação do Poder Legislativo (DI PIETRO, 2012, p. 422).

O poder central poderá, com fulcro no art. 37, XIX, da CR/88, criar empresa pública ou sociedade de economia mista prestadoras de serviços públicos, o que denota que o texto constitucional chancela a prestação de serviços públicos – atividade típica do Estado – por meio de entidades de direito privado, ou seja, valendo-se de formas jurídico-privadas de organização.

A delegação contratual ou negocial de serviços públicos está fundamentada genericamente na norma inscrita no art. 175, *caput*, da CR/88. O texto constitucional estabelece, como regra geral,[135] que o Poder Público poderá prestar diretamente os serviços públicos ou de forma indireta, mediante delegação a particulares, por meio de contratos administrativos de concessão e permissão de serviços públicos. As hipóteses de delegação de serviços públicos a pessoas jurídicas de direito privado poderão ser formalizadas por meio das seguintes espécies contratuais: concessão comum de serviços públicos (Lei n° 8.987/95 e

---

[135] Trata-se de regra geral na medida em que o próprio texto constitucional categoriza certos serviços públicos de manutenção obrigatória pelo poder público, como é o caso do serviço postal e correio aéreo nacional, nos termos do art. 21, X, CR/88. A Constituição também prevê serviços públicos de prestação obrigatória do poder público e de delegação obrigatória a terceiros, como os serviços de rádio e TV, conforme determina o art. 223, CR/88. Por fim, o texto constitucional estabelece a categoria dos serviços públicos não exclusivos do poder público, que também podem ser prestados pelos particulares independentemente de delegação. São os serviços de saúde (arts. 196, 197); educação (arts. 205, 208, 211 e 213); previdência social (arts. 201 e 202) e assistência social (arts. 203 e 204).

CAPÍTULO 3
CRÍTICAS AOS FUNDAMENTOS JURÍDICOS DA INDELEGABILIDADE DO PODER DE POLÍCIA ADMINISTRATIVA | 123

Lei nº 9.074/95), concessão patrocinada (Lei nº 11.079/04), concessão administrativa (Lei nº 11.079/04), permissão de serviços públicos (arts. 2º e 40, Lei nº 8.987/95) e contrato de programa (art. 13 c/c art. 6º, II, da Lei nº 11.107/2005).

A delegação do exercício do poder de polícia administrativa, por sua vez, careceria de autorização constitucional ou fundamento constitucional. O exemplo da atividade notarial e de registro, previsto no art. 236 da CR/88, serviria, nessa linha de entendimento, de exceção a confirmar a regra, ou seja, quando o constituinte entendeu por delegar função estatal ao particular, expressamente o fez, o que não teria ocorrido na hipótese de delegação do poder de polícia administrativa.

Contudo, entendemos que o constituinte não vedou a delegação do exercício de polícia administrativa pelo fato de ter destacado a atividade notarial no texto constitucional. O art. 236, da CR, acolhe interesse de determinada categoria que, no curso do processo constituinte, organizou-se de modo a demonstrar a necessidade de se dar tratamento constitucional a certa atividade. Não pretendeu, portanto, dispor sobre a delegação da atividade notarial visando proibir qualquer outra.

Da mesma forma, o tratamento constitucional à delegação de serviços públicos, nos termos do art. 175, da CR, muito mais do que autorizar a transferência da execução dessa atividade, que, aliás, já existia por meio de lei antes mesmo da previsão constitucional, teve como escopo firmar as bases do regime da delegação de serviços públicos com foco na proteção ao usuário e não exaurir as formas de delegação de atividades estatais.[136]

Ocorre que inexiste fundamento constitucional que obrigue disciplina *no próprio texto constitucional* acerca da possibilidade de delegar o exercício de determinada função estatal.[137] Em outras palavras, a ausência de regra constitucional expressa sobre a delegação do poder de polícia administrativa não pode ser interpretada como proibição a tal delegação.

---

[136] Nesse sentido, acolhemos a contribuição do professor Carlos Ari Sundfeld, por ocasião da defesa da tese de doutoramento na UFMG.

[137] José dos Santos Carvalho Filho, no ponto, caminha na mesma conclusão: "*Inexiste qualquer vedação constitucional* para que pessoas administrativas de direito privado possam exercer o poder de polícia em sua modalidade fiscalizatória. Não lhes cabe – é lógico – o poder de criação das normas restritivas de polícia, mas, uma vez já criadas, como é o caso das normas de trânsito, nada impede que fiscalizem o cumprimento das restrições. Aliás, cabe aqui observar *que a Lei nº 9.503/97* (Código de Trânsito Brasileiro) *é claríssima ao admitir que o agente da autoridade de trânsito, a quem incumbe comprovar a infração, seja servidor civil, estatutário ou celetista ou, ainda, policial militar designado pela autoridade de trânsito*" (2010, p. 87, grifos nossos).

Paulo Otero observa que se deve partir do modelo constitucional para avaliar a liberdade que o legislador ordinário terá para disciplinar a matéria. Segundo o autor,

> [...] o espaço constitucional de liberdade decisória do legislador pode provocar "movimentos migratórios" de categorias de necessidades colectivas, isto é, modificações na configuração da fronteira entre as necessidades colectivas objecto de satisfação por actividade pública ou privada.
> [...] a satisfação de uma necessidade colectiva pública legalmente definida, em princípio integrada na esfera de ação de entes públicos, pode ser objecto de transferência para entidades privadas, sem que isto tenha significado de privatização ou reprivatização de sua titularidade. (OTERO, 1995, p. 50 e 51)

Deve ser examinado, portanto, se a Constituição em vigor veda, expressa ou implicitamente, a transferência de atividades de polícia administrativa a particulares, o que, no caso do Brasil, inexiste.

Outro aspecto merecedor de destaque é o modo de execução de atividades estatais na organização administrativa de cada ente federativo, a dispensar tratamento constitucional federal. Embora reconheça a complexidade da matéria quando em exame situações específicas, Celso Antônio Bandeira de Mello considera que "[...] é competente para dada medida de polícia administrativa quem for competente para legislar sobre a matéria" (2011, p. 852).

O exercício do poder de polícia decorre da competência legislativa prevista na Constituição para cada ente – União, estados, Distrito Federal e municípios –, os quais, em determinado contexto e considerando a diretriz política vencedora das urnas, disciplinarão a *organização administrativa respectiva* por intermédio da salutar interlocução com o Poder Legislativo e com a sociedade civil.

Assim, não caberia esperar que a Constituição da República se ocupasse da organização administrativa de cada ente da Federação.

O fato de inexistir delegação da titularidade da função estatal de polícia administrativa corrobora a desnecessidade de tratamento constitucional específico, porquanto apenas se cogita da transferência de sua execução. Nesse sentido, leciona Pedro Gonçalves:

> A delegação não se assume como uma "verdadeira transferência", posto que **não envolve a perda da titularidade** de poderes ou de direitos públicos; trata-se, ao invés, de uma **"transferência de exercício"**, que, provocando uma *cisão entre titularidade e exercício*, **não põe**

CAPÍTULO 3
CRÍTICAS AOS FUNDAMENTOS JURÍDICOS DA INDELEGABILIDADE DO PODER DE POLÍCIA ADMINISTRATIVA | 125

manifestamente em causa a pertença do poder delegado ao Estado ou à entidade pública que ocupa a posição de delegante. Quer dizer, a delegação de poderes públicos em entidades particulares não significa uma "perda", "cessão" ou "alienação" dos poderes públicos delegados: os particulares apenas são investidos da *capacidade de exercer poderes que continuam a pertencer ao Estado ou à entidade pública delegante*. **A decisão legislativa de delegação (ou de previsão da possibilidade de delegação) tem, por isso, implicações ao mero nível da organização administrativa e dos sistemas ou modelos de execução de funções e de poderes públicos, desconhecendo, quanto a esse aspecto, um impacto político-constitucional que reclame a previsão constitucional expressa.** (2008, p. 948-949, grifos nossos)

O autor resume a questão a partir dos seguintes argumentos: 1. a delegação de poderes públicos a particulares envolve apenas sua execução, permanecendo a Administração com a titularidade da atividade estatal; 2. exatamente por se tratar do modo de exercício de atividade administrativa, está em pauta a organização do exercício da função pública, a dispensar obrigatoriedade de tratamento constitucional.

Hipótese análoga à de dispensa de tratamento constitucional consta do inciso *XXI* do art. 37 da CR/88,[138] pois, desde que não se trate de mera locação de mão de obra,[139] poderá o Poder Público delegar a execução de determinado "serviço", valendo-se para tanto de contratação administrativa, *nos termos em que o legislador ordinário dispuser*.

O constituinte reconheceu à Administração Pública a liberdade para contratar "serviços", cuja definição legal dispõe ser "toda atividade

---

[138] "Art. 37. A administração pública direta e indireta de qualquer dos Poderes da União, dos Estados, do Distrito Federal e dos Municípios obedecerá aos princípios de legalidade, impessoalidade, moralidade, publicidade e eficiência e, também, ao seguinte: [...] XXI – ressalvados os casos especificados na legislação, as obras, *serviços*, compras e alienações serão contratados mediante processo de licitação pública que assegure igualdade de condições a todos os concorrentes, com cláusulas que estabeleçam obrigações de pagamento, mantidas as condições efetivas da proposta, nos termos da lei, o qual somente permitirá as exigências de qualificação técnica e econômica indispensáveis à garantia do cumprimento das obrigações." (BRASIL, 2012a).

[139] José dos Santos Carvalho Filho esclarece a diferença entre locação de mão de obra e terceirização de serviços, considerando a primeira modalidade ilícita, uma vez que se pretende por meio dela substituir empregados e servidores públicos: "A contratação de serviços, portanto, como espécie de terceirização de atividades administrativas de apoio, é legítima na medida em que a Administração vislumbra o resultado como um todo, cabendo-lhe, por isso mesmo, remunerar diretamente o prestador do serviço. Quando a Administração terceiriza tendo como alvo cada um dos trabalhadores responsáveis pela execução da atividade administrativa, ela também efetua pagamento direto à empresa intermediária, mas não alveja globalmente o resultado, e sim a energia dispendida por parte de cada um dos trabalhadores a seu serviço" (CARVALHO FILHO *in* FORTINI, 2009, p. 49).

destinada a obter determinada utilidade para a Administração".[140] Nesse sentido amplo, é possível enquadrar a atividade de poder de polícia administrativa, que se expressa mediante regulação, fiscalização e sanção (v. Capítulo 2).[141]

Carlos Pinto Coelho Motta, a propósito do inciso XXI do art. 37, afirma:

> Sob o prisma constitucional, não há qualquer obstáculo ao trespasse de atividades de pessoa jurídica pública ou governamental a particulares que possam desempenhá-las a contento. O inciso XXI do art. 37 da Constituição Federal não distingue os serviços que admitem, ou não, execução por terceiros: não caberia, pois, ao intérprete fazer tal distinção. (1997, p. 806)

Não é diferente o raciocínio desenvolvido por Marco Aurélio de Barcelos da Silva, ao discorrer sobre o fundamento constitucional das concessões administrativas no âmbito das parcerias público-privadas:

> Em verdade, por se estar diante de um tipo de contrato administrativo, enxerga-se no art. 22, XXVII, da Constituição da República de 1988, *a fonte legitimadora para a recém-criada espécie de concessão*. Tal dispositivo atribui à União a competência para criar normas gerais sobre licitações e contratos administrativos em todas as modalidades. Em face disso, tem-se que a Lei Federal n. 11.079/04, ao acrescer um novo modelo contratual (por mais sofisticado que fosse) às demais fórmulas de contratação da Administração Pública, *fê-lo tomando por base a abertura e a competência atribuída pelo referido dispositivo. Por isso, factível enxergar, para a dita concessão, a devida e a distinta aderência constitucional.* (2009, p. 89, grifos nossos)

---

[140] "Art. 6º Para os fins desta Lei, considera-se:
[...] II – Serviço – toda atividade destinada a obter determinada utilidade de interesse para a Administração, tais como: demolição, conserto, instalação, montagem, operação, conservação, reparação, adaptação, manutenção, transporte, locação de bens, publicidade, seguro ou trabalhos técnico-profissionais;" (Lei nº 8.666/93) (BRASIL, 2013l).
Entendemos que o fato de o artigo exemplificar os serviços em atividades que poderiam ser consideradas "acessórias" não desautoriza a interpretação que abarque também espécies "não acessórias". Dessa forma, descabe aplicar o dispositivo legal a partir de suposta *mens legislatoris* por causa do "tipo" de exemplo utilizado, até porque, se assim fosse, bastaria que o legislador delimitasse o conceito de "serviços" valendo-se da expressão, *v. g.*, atividades acessórias, o que, todavia, não ocorreu.

[141] Oportuno reiterar o conceito de poder de polícia adotado aqui (item 2.3): o poder de polícia administrativa *é atividade estatal* regida pelo direito público que delimita a liberdade e a propriedade privadas por meio da regulação, fiscalização e sanção, tendo em vista o interesse público, cujos atributos adquirem contornos próprios, a depender da espécie de manifestação.

CAPÍTULO 3
CRÍTICAS AOS FUNDAMENTOS JURÍDICOS DA INDELEGABILIDADE DO PODER DE POLÍCIA ADMINISTRATIVA | 127

O entendimento do autor no sentido de que a competência para a União legislar sobre normas gerais de contratação legitima a criação de nova espécie de concessão é aplicável à hipótese de delegação, via contrato, da atividade de polícia administrativa. A abertura do cogitado art. 37, XXI, e do art. 22, XXVII, ambos da CR/88, dá aderência a esse posicionamento.

Não pretendemos afirmar a dispensabilidade de lei específica sobre a autorização de delegação de determinada atividade de polícia administrativa, como, aliás, será demonstrado no Capítulo 4 desta obra. Contudo, além de inexistir dispositivo constitucional que vede tal delegação, encontramos comandos que dão sustentação à delegação legal e à contratual para a execução do serviço de polícia administrativa. É o que constatamos, por exemplo, no art. 37, *XIX*, da CR/88:

> Art. 37. A administração pública direta e indireta de qualquer dos Poderes da União, dos Estados, do Distrito Federal e dos Municípios obedecerá aos princípios de legalidade, impessoalidade, moralidade, publicidade e eficiência e, também, ao seguinte: [...]
> XIX – somente por lei específica poderá ser criada autarquia e autorizada a instituição de empresa pública, de sociedade de economia mista e de fundação, cabendo à lei complementar, neste último caso, definir as áreas de sua atuação; [...] (BRASIL, 2012a)

O princípio da especialidade, a partir desse comando constitucional, autoriza que o poder público crie entidade da Administração Indireta especializada no desempenho de certa atividade de sua competência. De tal modo, a criação da nova entidade dependerá de habilitação legislativa, uma vez que a entidade central não pode dispor livremente de suas atribuições e os administradores da nova entidade não poderão se afastar dos objetivos prescritos na lei que cria ou autoriza sua instituição (DI PIETRO, 2002, p. 53). Sendo assim, nos termos do art. 37, XIX, da CR/88, a criação de autarquia pressupõe lei específica e a criação de empresas públicas, de sociedades de economia mista e de fundações governamentais depende de autorização legislativa.

É importante observar que o princípio da especialidade e a regra do art. 37, XIX, da CR/88, *não vinculam a criação das entidades da Administração Indireta unicamente às hipóteses de delegação de serviços públicos*. Tais normas não fixam a regra de que toda entidade da Administração Indireta deverá ser especializada na prestação de serviços públicos. Tampouco vinculam a criação das autarquias, sociedades de economia mista e empresas públicas ao desempenho de uma

FLÁVIO HENRIQUE UNES PEREIRA
REGULAÇÃO, FISCALIZAÇÃO E SANÇÃO

atividade administrativa preordenada. Pelo contrário, o art. 37, XIX, CR/88, tem o *status* de cláusula geral que *admite a criação de entidades para o desempenho de qualquer uma das atividades tipicamente desenvolvidas pela Administração Pública*, quais sejam, o *exercício do poder de polícia*, a prestação de serviços públicos, a intervenção no domínio econômico e o fomento. Podemos concluir, com base no art. 37, XIX, CR/88, que, a princípio, é legítima a criação de entidade da Administração Indireta, incluídas as de direito privado, para o desempenho especializado dessas espécies de atividade estatal.

Apenas em duas hipóteses é possível inferir que o texto constitucional buscou atrelar a criação de determinadas espécies de entidade da Administração Indireta ao desempenho de atividades específicas. Trata-se das hipóteses em que o Estado atua diretamente no domínio econômico e dos casos em que os entes federados celebram consórcio administrativo e instituem nova pessoa jurídica para gestão associada de serviço público.

O art. 173, *caput*, da CR/88, determina que, ressalvados os casos previstos no próprio texto constitucional, o Estado somente poderá explorar diretamente atividade econômica quando necessário aos imperativos de segurança nacional ou a relevante interesse coletivo, conforme determinação legal. O §1º do referido dispositivo, com redação modificada pela Emenda Constitucional nº 19/98,[142] estabelece que lei fixará o estatuto jurídico das empresas públicas e das sociedades de economia mista exploradoras de atividade econômica. Tal norma denota que, segundo o texto constitucional, a atuação direta do Estado no domínio econômico deve ser empreendida, preferencialmente, por meio de empresas ou sociedades de economia mista. Vejamos:

> Art. 173. Ressalvados os casos previstos nesta Constituição, a exploração direta de atividade econômica pelo Estado só será permitida quando necessária aos imperativos da segurança nacional ou a relevante interesse coletivo, conforme definidos em lei.
> §1º A lei estabelecerá o estatuto jurídico da empresa pública, da sociedade de economia mista e de suas subsidiárias que explorem atividade

---

[142] O texto original da norma consubstanciada no §1º, do art. 173, da CR/88, encerrava a seguinte redação: "§1º A empresa pública, a sociedade de economia mista e outras entidades que explorem atividade econômica sujeitam-se ao regime jurídico próprio das empresas privadas, inclusive quanto às obrigações trabalhistas e tributárias" (BRASIL, 2012a). Tal norma explicita que, além das empresas públicas e das sociedades de economia mista, outras entidades administrativas estariam habilitadas a explorar diretamente atividade econômica. Diferentemente, a nova redação considera que apenas as empresas públicas, sociedades de economia mista e suas subsidiárias estão autorizadas a explorar tal atividade.

CAPÍTULO 3
CRÍTICAS AOS FUNDAMENTOS JURÍDICOS DA INDELEGABILIDADE DO PODER DE POLÍCIA ADMINISTRATIVA | **129**

econômica de produção ou comercialização de bens ou de prestação de serviços, dispondo sobre:

I – sua função social e formas de fiscalização pelo Estado e pela sociedade;

II – a sujeição ao regime jurídico próprio das empresas privadas, inclusive quanto aos direitos e obrigações civis, comerciais, trabalhistas e tributários;

III – licitação e contratação de obras, serviços, compras e alienações, observados os princípios da administração pública;

IV – a constituição e o funcionamento dos conselhos de administração e fiscal, com a participação de acionistas minoritários;

V – os mandatos, a avaliação de desempenho e a responsabilidade dos administradores.

§2º – As empresas públicas e as sociedades de economia mista não poderão gozar de privilégios fiscais não extensivos às do setor privado. (BRASIL, 2012a)

O Estado pode atuar de forma direta ou indireta no domínio econômico. A atuação direta do Estado na área econômica ocorre nas situações em que ele assume o papel de agente econômico – isto é, Estado-empresário – e se encontra disciplinada nos arts. 173 e 177,[143] da CR/88. Dessa forma, o Estado poderá atuar como empresário nas hipóteses em que explora as atividades previstas no art. 177 sob o regime de monopólio, bem como naquelas previstas pelo art. 173. Na atuação indireta no domínio econômico, o Estado assume o papel de agente normativo e regulador, exercendo as funções de fiscalização, incentivo e planejamento, sendo este determinante para o setor público e indicativo para o setor privado, conforme preceitua o art. 174, da CR/88.[144]

---

[143] "Art. 177. Constituem monopólio da União:

I – a pesquisa e a lavra das jazidas de petróleo e gás natural e outros hidrocarbonetos fluidos;

II – a refinação do petróleo nacional ou estrangeiro;

III – a importação e exportação dos produtos e derivados básicos resultantes das atividades previstas nos incisos anteriores;

IV – o transporte marítimo do petróleo bruto de origem nacional ou de derivados básicos de petróleo produzidos no País, bem assim o transporte, por meio de conduto, de petróleo bruto, seus derivados e gás natural de qualquer origem;

V – a pesquisa, a lavra, o enriquecimento, o reprocessamento, a industrialização e o comércio de minérios e minerais nucleares e seus derivados, com exceção dos radioisótopos cuja produção, comercialização e utilização poderão ser autorizadas sob regime de permissão, conforme as alíneas *b* e *c* do inciso XXIII do *caput* do art. 21 desta Constituição Federal.

§1º A União poderá contratar com empresas estatais ou privadas a realização das atividades previstas nos incisos I a IV deste artigo observadas as condições estabelecidas em lei." (BRASIL, 2012a).

[144] "Art. 174. Como agente normativo e regulador da atividade econômica, o Estado exercerá, na forma da lei, as funções de fiscalização, incentivo e planejamento, sendo este determinante para o setor público e indicativo para o setor privado.

É possível depreender do comando constitucional que a atuação direta sobre o domínio econômico pressupõe a instituição de empresas estatais, ao passo que a atuação indireta poderá ser desenvolvida pela Administração Direta ou por qualquer entidade da Administração Indireta, uma vez que o texto não define o perfil da entidade competente para tal mister.

O art. 241, da CR/88, por sua vez, consagra a noção de federalismo por cooperação e prevê que os entes federados poderão celebrar convênios e consórcios públicos para promoção da gestão associada de serviços públicos:

> Art. 241. A União, os Estados, o Distrito Federal e os Municípios disciplinarão por meio de lei os consórcios públicos e os convênios de cooperação entre os entes federados, autorizando a gestão associada de serviços públicos, bem como a transferência total ou parcial de encargos, serviços, pessoal e bens essenciais à continuidade dos serviços transferidos. (BRASIL, 2012a)

Os consórcios públicos estão disciplinados pela Lei nº 11.107/05. São acordos administrativos celebrados entre entes federados que resultam na criação de uma nova entidade administrativa, de natureza de direito público ou *privado*, esta última prevista no §1º do art. 1º da referida lei.

Da conjugação do art. 241 da CR/88 com as normas do Decreto nº 6.017/07, que regulamenta a mencionada Lei nº 11.107/05, é possível concluir o sentido amplo conferido ao "serviço público", tal como previsto no comando constitucional em apreço.

Segundo se depreende do art. 3º do cogitado decreto, os objetivos dos consórcios públicos ultrapassam a noção estrita de serviços públicos. Vejamos:

---

§1º – A lei estabelecerá as diretrizes e bases do planejamento do desenvolvimento nacional equilibrado, o qual incorporará e compatibilizará os planos nacionais e regionais de desenvolvimento.

§2º – A lei apoiará e estimulará o cooperativismo e outras formas de associativismo.

§3º – O Estado favorecerá a organização da atividade garimpeira em cooperativas, levando em conta a proteção do meio ambiente e a promoção econômico-social dos garimpeiros.

§4º – As cooperativas a que se refere o parágrafo anterior terão prioridade na autorização ou concessão para pesquisa e lavra dos recursos e jazidas de minerais garimpáveis, nas áreas onde estejam atuando, e naquelas fixadas de acordo com o art. 21, XXV, na forma da lei." (BRASIL, 2012a).

CAPÍTULO 3
CRÍTICAS AOS FUNDAMENTOS JURÍDICOS DA INDELEGABILIDADE DO PODER DE POLÍCIA ADMINISTRATIVA | 131

Art. 3º Observados os limites constitucionais e legais, os objetivos dos consórcios públicos serão determinados pelos entes que se consorciarem, admitindo-se, entre outros, os seguintes:
I – a gestão associada de serviços públicos;
II – a prestação de serviços, inclusive de assistência técnica, a execução de obras e o fornecimento de bens à administração direta ou indireta dos entes consorciados;
III – o compartilhamento ou o uso em comum de instrumentos e equipamentos, inclusive de gestão, de manutenção, de informática, de pessoal técnico e de procedimentos de licitação e de admissão de pessoal;
IV – a produção de informações ou de estudos técnicos;
V – a instituição e o funcionamento de escolas de governo ou de estabelecimentos congêneres;
VI – a promoção do uso racional dos recursos naturais e a proteção do meio-ambiente;
VII – o exercício de funções no sistema de gerenciamento de recursos hídricos que lhe tenham sido delegadas ou autorizadas;
VIII – o apoio e o fomento do intercâmbio de experiências e de informações entre os entes consorciados;
IX – a gestão e a proteção de patrimônio urbanístico, paisagístico ou turístico comum;
X – o planejamento, a gestão e a administração dos serviços e recursos da previdência social dos servidores de qualquer dos entes da Federação que integram o consórcio, vedado que os recursos arrecadados em um ente federativo sejam utilizados no pagamento de benefícios de segurados de outro ente, de forma a atender o disposto no art. 1º, inciso V, da Lei nº 9.717, de 1998;
XI – o fornecimento de assistência técnica, extensão, treinamento, pesquisa e desenvolvimento urbano, rural e agrário;
XII – as ações e políticas de desenvolvimento urbano, sócio-econômico local e regional; e
XIII – o exercício de competências pertencentes aos entes da Federação nos termos de autorização ou delegação.
§1º Os consórcios públicos poderão ter um ou mais objetivos e os entes consorciados poderão se consorciar em relação a todos ou apenas a parcela deles.
§2º Os consórcios públicos, ou entidade a ele vinculada, poderão desenvolver as ações e os serviços de saúde, obedecidos os princípios, diretrizes e normas que regulam o Sistema Único de Saúde – SUS. (BRASIL, 2010)

Constatamos que o exercício do poder de polícia está contemplado nos incisos VI e IX. A proteção ao meio ambiente, por exemplo, que é prevista no inciso VI, não se enquadra no conceito estrito de serviço público, e requer o manejo do chamado poder de polícia ambiental. Também se depreende do art. 2º, da Lei nº 11.107/2005, que os objetivos dos consórcios serão definidos pelos entes da Federação que, ao ratificarem, mediante lei, o protocolo de intenções (art. 5º), estabelecerão, entre outras, a finalidade do consórcio (art. 4º, I). Dessa forma, desde que respeitadas as limitações constitucionais (*v. g.*, art. 173 CR/88), cabe ao legislador definir, no campo de sua competência, as atividades que devem ser consideradas serviços públicos. Ou seja, pode ser abarcada atividade de polícia administrativa no sentido amplo de serviço público, conforme autorizam os diplomas normativos que regulamentam o art. 241, do Texto Constitucional.

Dessa forma, é admitido que o consórcio público, constituído como pessoa jurídica de direito privado, exerça poder de polícia administrativa, a corroborar a tese de que não são apenas as pessoas jurídicas de direito público autorizadas a executar essa função.

Assim, tanto o art. 37, XIX, possibilita o exercício do poder de polícia administrativa por pessoa jurídica de direito privado, como também o art. 241, da CR/88.

A delegação legal do exercício do poder de polícia também pode ser feita a favor de particulares, pessoas físicas ou jurídicas, com fundamento em cláusulas setoriais que autorizam e incentivam o exercício do poder de polícia pelos particulares em relação a matérias específicas. Os exemplos mais emblemáticos estão presentes no art. 216, §1º, e art. 225 da CR/88:

> Art. 216. Constituem patrimônio cultural brasileiro os bens de natureza material e imaterial, tomados individualmente ou em conjunto, portadores de referência à identidade, à ação, à memória dos diferentes grupos formadores da sociedade brasileira, nos quais se incluem:
> I – as formas de expressão;
> II – os modos de criar, fazer e viver;
> III – as criações científicas, artísticas e tecnológicas;
> IV – as obras, objetos, documentos, edificações e demais espaços destinados às manifestações artístico-culturais;
> V – os conjuntos urbanos e sítios de valor histórico, paisagístico, artístico, arqueológico, paleontológico, ecológico e científico.
> §1º – O Poder Público, *com a colaboração da comunidade*, promoverá e protegerá o patrimônio cultural brasileiro, por meio de inventários, registros, vigilância, tombamento e desapropriação, e de outras formas de acautelamento e preservação [...].
> [...]

CAPÍTULO 3
CRÍTICAS AOS FUNDAMENTOS JURÍDICOS DA INDELEGABILIDADE DO PODER DE POLÍCIA ADMINISTRATIVA | 133

Art. 225. Todos têm direito ao meio ambiente ecologicamente equilibrado, bem de uso comum do povo e essencial à sadia qualidade de vida, *impondo-se ao Poder Público e à coletividade o dever de defendê-lo e preservá-lo para as presentes e futuras gerações.* (BRASIL, 2012a, grifo nosso)

As normas supracitadas veiculam cláusulas setoriais que autorizam os particulares a exercerem poder de polícia, respectivamente, nas áreas de tutela do patrimônio histórico cultural e do meio ambiente.[145] Entretanto, as habilitações contidas em tais normas devem ser complementadas pela legislação infraconstitucional, para que não funcionem como cheques em branco a serem livremente preenchidos pelos particulares.

O exercício da função administrativa constitui *munus* público, o que significa atuar em nome e em prol de outrem e manejar as prerrogativas atribuídas pelo ordenamento jurídico de forma instrumental. Portanto, leis devem disciplinar a participação dos particulares no exercício do poder de polícia, prevendo formas e procedimentos de atuação, regime jurídico de seus atos e regras de controle.

É importante esclarecer que, em tais hipóteses, o exercício do poder de polícia pelos particulares não exclui a atuação do poder público. Pelo contrário, a atuação dos particulares possui caráter complementar, conforme explicitado no texto constitucional em referência.

O tema da delegação do exercício de poder de polícia administrativa requer análise de possível reserva da Administração prevista na Constituição, ou seja, saber se há disciplina constitucional sobre prestação exclusiva de certa atividade pela Administração Pública. É o que verificamos, por exemplo, no exercício da segurança pública:

---

[145] Sobre o tema, observa Floriano de Azevedo Marques Neto: "Note-se que as disposições constantes dos arts. 21, 23 ou 25 da Constituição da República não fazem qualquer alusão à competência exclusiva e indelegável para exercer atividades de acompanhamento e mesmo de fiscalização da execução dos ajustes firmados pelo poder público. De outro lado, nem o art. 20 nem o art. 26 (que prescrevem os bens da União ou dos Estado) trazem regra que vede a contratação de terceiros para tutelar, zelar ou fiscalizar o uso de bens públicos. [...] Frise-se por demais que o art. 23 da CR arrola competências comuns das três esferas da Federação, incluindo no inciso I aquela atinente à conservação do respectivo patrimônio. Ora, obrigar aí uma competência indelegável ou uma vedação ao concurso de terceiros para o exercício desta competência significaria estender tal vedação para outras competências presentes no art. 23, como por exemplo a saúde pública, a proteção de obras e bens de valor histórico, o acesso à cultura, proteção do meio ambiente, abastecimento alimentar, atividades para o desempenho das quais o poder público se utiliza habitualmente dos serviços de terceiros" (2000, p. 74).

Art. 144. A segurança pública, dever do Estado, direito e responsabilidade de todos, é exercida para a *preservação da ordem pública e da incolumidade das pessoas e do patrimônio, através dos seguintes órgãos*:
I – polícia federal;
II – polícia rodoviária federal;
III – polícia ferroviária federal;
IV – polícias civis;
V – polícias militares e corpos de bombeiros militares.
§1º A polícia federal, instituída por lei como órgão permanente, organizado e mantido pela União e estruturado em carreira, destina-se a:
I – apurar infrações penais contra a ordem política e social ou em detrimento de bens, serviços e interesses da União ou de suas entidades autárquicas e empresas públicas, assim como outras infrações cuja prática tenha repercussão interestadual ou internacional e exija repressão uniforme, segundo se dispuser em lei;
II – prevenir e reprimir o tráfico ilícito de entorpecentes e drogas afins, o contrabando e o descaminho, sem prejuízo da ação fazendária e de outros órgãos públicos nas respectivas áreas de competência;
III – exercer as funções de polícia marítima, aeroportuária e de fronteiras;
IV – exercer, com exclusividade, as funções de polícia judiciária da União.
§2º A polícia rodoviária federal, órgão permanente, organizado e mantido pela União e estruturado em carreira, destina-se, na forma da lei, ao patrulhamento ostensivo das rodovias federais.
§3º A polícia ferroviária federal, órgão permanente, organizado e mantido pela União e estruturado em carreira, destina-se, na forma da lei, ao patrulhamento ostensivo das ferrovias federais.
§4º – Às polícias civis, dirigidas por delegados de polícia de carreira, incumbem, ressalvada a competência da União, as funções de polícia judiciária e a apuração de infrações penais, exceto as militares.
§5º – Às polícias militares cabem a polícia ostensiva e a preservação da ordem pública; aos corpos de bombeiros militares, além das atribuições definidas em lei, incumbe a execução de atividades de defesa civil.
§6º – As polícias militares e corpos de bombeiros militares, forças auxiliares e reserva do Exército, subordinam-se, juntamente com as polícias civis, aos Governadores dos Estados, do Distrito Federal e dos Territórios.
§7º – A lei disciplinará a organização e o funcionamento dos órgãos responsáveis pela segurança pública, de maneira a garantir a eficiência de suas atividades.
§8º – Os Municípios poderão constituir guardas municipais destinadas à proteção de seus bens, serviços e instalações, conforme dispuser a lei.
§9º A remuneração dos servidores policiais integrantes dos órgãos relacionados neste artigo será fixada na forma do §4º do art. 39. (BRASIL, 2012a, grifos nossos)

CAPÍTULO 3
CRÍTICAS AOS FUNDAMENTOS JURÍDICOS DA INDELEGABILIDADE DO PODER DE POLÍCIA ADMINISTRATIVA | 135

Diversos trechos do dispositivo revelam o caráter exclusivo da execução da atividade de segurança pública, a começar pelo *caput*, quando se utiliza da expressão "através dos seguintes órgãos". As referências, nos parágrafos do dispositivo em análise, a "órgão permanente", estruturado em "carreira", para desempenho de atividades "exclusivas", indicam, nesse contexto normativo, a indelegabilidade da atividade de segurança pública.

Decorre do mesmo dispositivo constitucional o dever de o agente responsável pelo exercício de atividade de poder de polícia requisitar a força policial, quando houver resistência ao cumprimento de obrigação decorrente da fiscalização ou sanção administrativa, salvo quando presente situação de urgência. Não por outra razão, dispõe o já citado art. 3º, da Lei nº 13.541/09, do Estado de São Paulo, ao vedar o fumo em restaurantes:

> Art. 3º O responsável pelos recintos de que trata esta lei deverá advertir os eventuais infratores sobre a proibição nela contida, bem como sobre a obrigatoriedade, *caso persista na conduta coibida, de imediata retirada do local, se necessário mediante o auxílio de força policial.* (SÃO PAULO, 2013, grifo nosso)

Daí concluirmos pela limitação à transferência da execução forçada de atos de polícia administrativa para particulares, em hipótese de resistência do infrator à obrigação estabelecida no bojo de fiscalização ou sanção. É que essa resistência pode exigir a atuação dos órgãos de segurança pública, nos termos da Constituição em vigor.

Também em sintonia com o art. 142 e seus parágrafos,[146] da CR/88, que dispõe serem as Forças Armadas "instituições nacionais permanentes

---

[146] "Art. 142. As Forças Armadas, constituídas pela Marinha, pelo Exército e pela Aeronáutica, são instituições nacionais permanentes e regulares, organizadas com base na hierarquia e na disciplina, sob a autoridade suprema do Presidente da República, e destinam-se à defesa da Pátria, à garantia dos poderes constitucionais e, por iniciativa de qualquer destes, da lei e da ordem.
§1º – Lei complementar estabelecerá as normas gerais a serem adotadas na organização, no preparo e no emprego das Forças Armadas.
§2º – Não caberá "habeas-corpus" em relação a punições disciplinares militares.
§3º Os membros das Forças Armadas são denominados militares, aplicando-se-lhes, além das que vierem a ser fixadas em lei, as seguintes disposições:
I – as patentes, com prerrogativas, direitos e deveres a elas inerentes, são conferidas pelo Presidente da República e asseguradas em plenitude aos oficiais da ativa, da reserva ou reformados, sendo-lhes privativos os títulos e postos militares e, juntamente com os demais membros, o uso dos uniformes das Forças Armadas;
II – o militar em atividade que tomar posse em cargo ou emprego público civil permanente será transferido para a reserva, nos termos da lei;

e regulares", é indelegável a execução de diversas atribuições, como, por exemplo, declarar guerra e celebrar a paz (art. 21, II); assegurar a defesa nacional (art. 21, III); permitir que forças estrangeiras transitem pelo território nacional (art. 21, IV); decretar o estado de sítio, o estado de defesa e a intervenção federal (art. 21, V), entre outros.

Do mesmo modo, a instituição de políticas públicas é competência exclusiva do Legislativo ou do Executivo quanto ao *estabelecimento de diretrizes*, conforme, aliás, preconiza, *v. g.*, o art. 21, XX, CR/88, que fixa como competência da União estabelecer diretrizes para o desenvolvimento urbano.

A Constituição, ao se reportar a determinadas carreiras de Estado, igualmente aponta a indelegabilidade de funções, como, por exemplo, a "administração fazendária e seus servidores fiscais" (art. 37, XVIII) e as "administrações tributárias [...] exercidas por servidores de carreiras específicas" (art. 37, XXII). Do mesmo modo, em relação aos "membros das Polícias Militares e Corpos de Bombeiros Militares, instituições organizadas com base na hierarquia e disciplina" (art. 42, *caput*), aos órgãos do Ministério Público (art. 127 e seguintes), aos advogados públicos e defensores públicos (art. 135) e às Forças Armadas (art. 142 e seguintes). Igual tratamento é dispensado às atividades de controle externo, previstas no art. 71, a cargo dos Tribunais de Contas.

Na dimensão da legislação ordinária, é possível que haja vedação expressa à delegação, como ocorre na Lei nº 11.079, de 30.12.2004, que institui as normas gerais para licitação e contratação de parceria

---

III – O militar da ativa que, de acordo com a lei, tomar posse em cargo, emprego ou função pública civil temporária, não eletiva, ainda que da administração indireta, ficará agregado ao respectivo quadro e somente poderá, enquanto permanecer nessa situação, ser promovido por antiguidade, contando-se-lhe o tempo de serviço apenas para aquela promoção e transferência para a reserva, sendo depois de dois anos de afastamento, contínuos ou não, transferido para a reserva, nos termos da lei;

IV – ao militar são proibidas a sindicalização e a greve;

V – o militar, enquanto em serviço ativo, não pode estar filiado a partidos políticos;

VI – o oficial só perderá o posto e a patente se for julgado indigno do oficialato ou com ele incompatível, por decisão de tribunal militar de caráter permanente, em tempo de paz, ou de tribunal especial, em tempo de guerra;

VII – o oficial condenado na justiça comum ou militar a pena privativa de liberdade superior a dois anos, por sentença transitada em julgado, será submetido ao julgamento previsto no inciso anterior;

VIII – aplica-se aos militares o disposto no art. 7º, incisos VIII, XII, XVII, XVIII, XIX e XXV e no art. 37, incisos XI, XIII, XIV e XV;

X – a lei disporá sobre o ingresso nas Forças Armadas, os limites de idade, a estabilidade e outras condições de transferência do militar para a inatividade, os direitos, os deveres, a remuneração, as prerrogativas e outras situações especiais dos militares, consideradas as peculiaridades de suas atividades, inclusive aquelas cumpridas por força de compromissos internacionais e de guerra." (BRASIL, 2012a).

CRÍTICAS AOS FUNDAMENTOS JURÍDICOS DA INDELEGABILIDADE DO PODER DE POLÍCIA ADMINISTRATIVA

público-privada no âmbito da Administração Pública, cujo art. 4°, inciso III, dispõe expressamente sobre a indelegabilidade do poder de polícia.[147] Ocorre que a opção do legislador por vedar a delegação do poder de polícia administrativa relaciona-se à discricionariedade política em determinado campo e não a comando de conteúdo geral sobre o tema, ou seja, não alcança outras atividades de polícia administrativa que, também em razão de particularidade, poderão ter tratamento legislativo diverso. A propósito, observamos que, na mensagem anexa ao projeto que resultou na Lei n° 11.079, inexiste qualquer justificativa constitucional para a vedação à delegação cogitada no art. 4°, III.[148]

Em síntese, respeitadas as hipóteses em que a Constituição dispõe sobre o exercício direto do Estado acerca de determinada atividade, como quando requer a sua execução por servidor público de carreira estatal, e desde que respeitados os requisitos que serão apresentados no capítulo a seguir, o legislador ordinário poderá admitir a delegação do exercício de atividade de polícia administrativa a particulares em relação a determinado setor.

3.2 Poder de coerção e autoexecutoriedade

Outro fundamento que inviabilizaria a delegação do poder de polícia é a impossibilidade de os particulares manejarem poder de coerção ou poder de império, na medida em que estes envolvem a força do Estado para fazer valer o direito.[149]

---

[147] "Art. 4° Na contratação de parceria público-privada serão observadas as seguintes diretrizes: [...] III – *indelegabilidade* das funções de regulação, jurisdicional, *do exercício do poder de polícia* e de outras atividades exclusivas do Estado;" (BRASIL, 2013w, grifos nossos).

[148] Eis o trecho da mensagem do projeto de lei em que é feita referência à indelegabilidade do poder de polícia administrativa: "9. O capítulo segundo, por sua vez, estabelece os princípios, o objeto, regras específicas, remuneração e garantias dos contratos de parceria público-privada. Merece destaque, entre as normas contidas no projeto, aquela que delimita o objeto da parceria, entendida como acordo firmado entre a Administração Pública e entes Privados, que estabelece vínculo obrigacional para implantação ou gestão, no todo ou em parte, de serviços, empreendimentos e atividades de interesse público, em que o financiamento e a responsabilidade pelo investimento incumbem ao ente privado. Indica o mesmo dispositivo a observância dos princípios da eficiência, respeito aos destinatários dos serviços e entes incumbidos de sua execução, *indelegabilidade* das funções de regulação, jurisdicional e de *poder de polícia*, responsabilidade fiscal, transparência, repartição dos riscos adequada a capacidade gerencial das partes e sustentabilidade financeira e vantagem sócio-econômicas do projeto (art. 2°)" (BRASIL, 2013w).

[149] Para Marçal Justen Filho: "Veda-se a delegação do poder de polícia a particulares não por alguma qualidade essencial ou peculiar à figura, mas porque o Estado Democrático de Direito importa o monopólio estatal da violência" (2010, p. 582).

Em didática exposição sobre o tema, Carlos Ari Sundfeld afirma que a convivência em sociedade depende de organização que, por sua vez, demanda o estabelecimento de normas jurídicas. Estas, contudo, necessitam de uma força para surgirem e para serem respeitadas. Daí a noção de poder (2003b, p. 19-20).

O autor observa que há várias espécies de poderes distribuídos em diversos grupos sociais: o do empregador em relação aos empregados, o do pai em relação aos filhos e o da diretoria de um clube em relação a seus associados. O Estado brasileiro, por sua vez, reúne um grupo de pessoas (brasileiras e estrangeiras) que se submetem a tipo específico de poder, o político. O uso da força física caracteriza esse poder e o distingue dos demais, muito embora o Estado não a utilize de modo ordinário. Contudo, é a potência de sua existência que faz com que todos sejam submetidos aos comandos do Estado (SUNDFELD, 2003b, p. 19-20).

A noção de poder extroverso ou de coerção autoriza que determinado sujeito interfira ou atinja a esfera jurídica de outrem e, nessa medida, aproxima-se da noção de poder político. Todavia, o que é indispensável para a configuração do poder extroverso é a existência de uma norma jurídica prévia, legitimada pelo poder político do Estado e em conformidade com a Constituição, a autorizar seu exercício.

Importante esclarecer que essa norma pode autorizar determinado sujeito a intervir na esfera jurídica de outrem sem que ele esteja apto a fazer uso de força física para impor determinada conduta, ou seja, sem que, *manu militari*, imponha o comportamento esperado. Isso, como se viu, é característica do poder político concedido ao Estado.

Pedro Gonçalves observa que o monopólio da força é insuscetível de cisão com a ação direta do Estado:

> O monopólio do *emprego* da força – que, insiste-se, se refere a *meios* e não a *tarefas* – não postula apenas a *titularidade* de um certo conjunto de poderes pelo Estado, mas também o *exercício* desses mesmos poderes pelo próprio Estado. Trata-se, por conseguinte, de um *monopólio estatal de execução*, que não se apresenta susceptível de uma cisão entre a *titularidade* (estatal) e o *exercício* (particular). (2008, p. 960, grifos nossos)

Relevante, no ponto, observar a diferença entre coercibilidade e autoexecutoriedade como atributos dos atos administrativos. A primeira, como visto no Capítulo 2, é a qualidade de impor aos particulares determinadas condutas, nos limites da competência legal que disponha sobre a matéria. A segunda é a prerrogativa de fazer valer a imposição estatal, independentemente da participação do Poder Judiciário, sendo indispensável a previsão legal expressa para tanto ou situação fática de urgência que demande o ato, como inerência à proteção dos direitos fundamentais.

Conforme discutido anteriormente, os defensores da indelegabilidade do poder de polícia administrativa apresentam, como de fundamental importância, a impossibilidade de cessão do poder extroverso ou do poder de coerção a particulares.

Celso Antônio Bandeira de Mello, em artigo que aborda o tema "serviço público e poder de polícia: concessão e delegação", é taxativo ao afirmar que os atos expressivos de poder público, de autoridade pública, não podem ser delegados a particulares, salvo raras exceções,[150] sob pena de ofensa ao "[...] equilíbrio entre os particulares em geral, ensejando que uns oficialmente exercessem supremacia sobre outros" (2006, p. 9).

Ao discorrer sobre atividade instrumental ou meramente material de execução do poder de polícia, o renomado administrativista revela o obstáculo que considera intransponível à delegação de tal função ao particular. É que a atividade material ou instrumental, especialmente quando se vale de equipamento ou máquina (*v. g.*, parquímetros), afastaria o subjetivismo inerente às avaliações humanas:

> É que as constatações efetuadas por tal meio caracterizam-se pela impessoalidade (daí porque não interfere o tema do sujeito, da pessoa) e asseguram, além de exatidão, uma igualdade completa no tratamento dos administrados, o que não seria possível obter com o concurso da intervenção humana. (BANDEIRA DE MELLO, 2011, p. 26)

O autor parte da premissa de que a atividade de polícia exercida por servidor público, cuja investidura em cargo público legitima o exercício do ato de autoridade, atenderia melhor o comando da impessoalidade em relação aos administrados. Nesse sentido, Raquel Melo Urbano de Carvalho ressalta, como já mencionamos, a condição indispensável de servidor público para o exercício do poder de polícia administrativa:

---

[150] Segundo o autor, "[...] salvo hipóteses excepcionalíssimas (caso dos poderes outorgados aos comandantes de navio), não há delegação de ato jurídico de polícia a particular e nem a possibilidade de que este o exerça a título contratual. Pode haver, entretanto, habilitação do particular à prática de ato material preparatório ou sucessivo a ato jurídico desta espécie, nos termos e com as limitações supra-assinaladas" (BANDEIRA DE MELLO, 2011, p. 848).

[...] *somente um servidor público lotado em um órgão público ou entidade administrativa de direito público* poderia aferir a visibilidade da fotografia, a ocorrência de excesso de velocidade e lavrar o auto de infração cabível, analisar a consistência das autuações mediante exame de numeração sequencial de imagens, das características do veículo e dos dados cadastrais disponíveis. Afinal, a multa administrativa não pode ser aplicada por um agente que não faz parte do órgão integrante da pessoa jurídica de direito público incumbida de desempenhar o poder de polícia na espécie. (2008, p. 346, grifos nossos)

A necessidade ou não de o agente executor da atividade de polícia administrativa ser servidor público será tratada no próximo item, contudo, desde já, afirmarmos que o argumento da indelegabilidade do poder de coerção não se sustenta, pois é o devido processo administrativo que confere legitimidade à ação estatal, conforme expusemos no item sobre as transformações estruturais do Direito Administrativo (Capítulo 1, item 1.2.3), e não apenas a mera investidura em cargo público.

É por meio do devido processo administrativo, e não simplesmente a condição de servidor público, que será possível resistir à arbitrariedade. Como afirmamos, no Estado Democrático de Direito, descabem pressuposições de que o exercício do poder público será mais impessoal ou imparcial pelo simples fato de o agente integrar a Administração Pública. Do mesmo modo, não se presume que o agente privado terá um desempenho mais eficiente no exercício de tais funções pelo mero fato de não se incluir no aparato estatal. Em ambas as hipóteses, haverá risco de desvios, pois em jogo condutas humanas.

A legitimidade da decisão administrativa advirá, portanto, do modo como ela será exercida, a elevar como pressuposto democrático da ação estatal a institucionalização de canais de comunicação entre as esferas pública e privada.

Quando analisamos a "Revolta da Vacina" (Capítulo 1, item 1.2.3.1), aludimos a este aprendizado: a decisão unilateral que afeta ou limita a liberdade ou propriedade privadas requer a interlocução com os potenciais afetados, em nome da legitimação do exercício do poder.

Por outro lado, conforme vimos no Capítulo 2, a investidura em cargo público não é a única forma legítima de exercício de atividade que envolve autoridade ou poder público, a par de que, no exercício de tais funções, o regime jurídico público tem plena incidência, seja quem for o seu exercente.

Ainda assim, Raquel Urbano de Carvalho insiste no argumento de que o poder de polícia administrativa é atividade típica do Estado que,

CRÍTICAS AOS FUNDAMENTOS JURÍDICOS DA INDELEGABILIDADE DO PODER DE POLÍCIA ADMINISTRATIVA

por se fundar "[...] na supremacia geral decorrente do poder extroverso do Estado" (2008, p. 342-343), não admite a combinação com o regime jurídico privado. E conclui:

> Ora, as atividades de polícia administrativa são *próprias do Estado* e, assim, indelegáveis. *Devem permanecer sob a égide do regime jurídico de direito público*, com prestação por órgãos ou por entidades públicas da Administração Indireta. Afinal, foi a execução de atividades de polícia essenciais à sobrevivência social que justificou o próprio surgimento do Estado, não sendo lícita qualquer conduta de renúncia, sob pena de sério risco de corrosão na sua sustentabilidade. (CARVALHO, R., 2008, p. 343, grifos nossos)

Ocorre que, como já demonstrado no Capítulo 1, o Estado não deixa de ser o titular da atividade delegada quando transfere apenas a sua execução ao particular, tal qual acontece em relação ao serviço público concedido.

Sobre a indispensabilidade da incidência do regime jurídico público na atividade de polícia administrativa não há discordância. Quando se reconhece a possibilidade de delegação da atividade de polícia administrativa ao particular, não se imagina que o regime jurídico que disciplinará as relações daí decorrentes seja transmudado em regime de direito privado. Aliás, também é assim em relação à delegação do serviço público, cujo regime publicístico permanece, ainda que a execução do serviço seja deixada a cargo do particular.

A partir de lição de Carlos Ari Sundfeld, demonstramos que o relevante é o regime da decisão ou ato de autoridade, independentemente da natureza da pessoa jurídica que o pratica (Capítulo 1, item 1.2.1.1). Não haverá, por conseguinte, alteração do regime jurídico público, inerente aos atos de autoridade, em razão de pessoa jurídica de direito privado que vier a editá-los.[151]

No mesmo sentido, foi apresentada a posição de Dolors Canals I Ametller, para quem é fundamental desconstruir a identificação entre órgão público e função pública. O norte a regular a execução da função

---

[151] Recente decisão do ministro Celso de Melo caminha nesse sentido: "A delegação da execução de serviço público, mediante outorga legal, não implica alteração do regime jurídico de direito público, inclusive o de direito tributário, que incide sobre referida atividade. Consequente extensão, a essa empresa pública, em matéria de impostos, da proteção constitucional fundada na garantia da imunidade tributária recíproca (CF, art. 150, VI, 'a')" (BRASIL, 2013yy).

pública é o regime jurídico da atividade, ainda que haja delegação a pessoa jurídica de direito privado (Capítulo 1, item 1.2.1.1).

Nesse sentido, o aporte teórico apresentado no Capítulo 1 afasta a correlação *entre órgãos públicos e funções públicas ou entre ato administrativo e servidor público. Em síntese, o regime jurídico decorre da atividade e permanece regulando-a, ainda que sua execução seja feita por particulares.*

A esse respeito, Pedro Gonçalves, ao tratar do exercício de poderes públicos por entidades privadas:

> Ora, na nossa interpretação, a delegação de poderes públicos em entidades privadas para a tomada de decisões que preencham os requisitos do conceito de acto administrativo envolve a atribuição de uma capacidade formal para a prática de actos administrativos. *Quer dizer, os actos das entidades privadas qualificam-se como actos administrativos nos mesmos termos em que como tais se qualificariam se fossem praticados por órgãos de entidades públicas.* (2008, p. 1058, grifos nossos)

No Brasil, José dos Santos Carvalho Filho avança na matéria ao admitir a delegação do exercício do poder de polícia a entidades da Administração Pública, ainda que de natureza privada – empresas públicas e sociedades de economia mista, porquanto prolongamentos do Estado. O fundamental para ele é a existência de lei que disponha sobre a delegação a tais entidades, tendo em vista inexistir vedação constitucional sobre o tema, a par de que os atos produzidos na função delegada "[...] caracterizam-se como atos administrativos, o que não é nenhuma novidade no direito administrativo" (CARVALHO FILHO, 2010, p. 86-87).

O autor, contudo, entende que a delegação apenas pode ocorrer em relação à pessoa jurídica integrante da Administração Pública, pois as da iniciativa privada "[...] jamais serão dotadas de potestade (*ius imperii*) necessária ao desempenho da atividade de polícia" (CARVALHO FILHO, 2010, p. 88).

Considerando o trabalho doutrinário do mencionado autor, percebemos a influência do princípio da "supremacia do interesse público sobre o privado", haja vista que, no início do capítulo sobre poder de polícia de seu livro, José dos Santos Carvalho Filho afirma que a Administração não pode atuar à sombra daquele princípio e que "[...] o particular há de curvar-se diante do interesse coletivo". E conclui: "É fácil imaginar que, não fora assim, se implantaria o caos na sociedade" (2010, p. 81).

CRÍTICAS AOS FUNDAMENTOS JURÍDICOS DA INDELEGABILIDADE DO PODER DE POLÍCIA ADMINISTRATIVA

Transparece clara a pré-compreensão no sentido de que seria inviável conduzir a atuação do privado em prol da coletividade, como se houvesse uma oposição inconciliável, na medida em que a ideia de privado-mercado-lucro seria contrária à finalidade pública. Ao revés, seria difícil compreender o fato de o autor admitir a delegação do poder de polícia à empresa estatal de natureza privada e não aceitar a delegação ao particular.

De imediato recordamos o fato de que o serviço público, embora seja indissociável da finalidade pública, é perfeitamente compatível com a noção de lucro, tanto é que se admite a delegação ao particular, conforme prevê o art. 175, da CR/88.

É nesse contexto que cabe resgatar o referencial teórico sobre a complementaridade das esferas pública e privada (Capítulo 1, item 1.2.1), a revelar noção de público que, na verdade, reconhece – mais que isso, requer – o caráter complementar entre as duas dimensões. A noção de público em oposição ao privado ou a correlação de público com estatal não se sustenta no modelo de Estado Democrático de Direito vigente, como ficou demonstrado no Capítulo 1, item 1.2.2, quando tratamos do tema "supremacia do interesse público sobre o privado", propondo-lhe novas perspectivas.

Ademais, a noção de autoridade é amplamente admitida em relação a agentes privados, a servirem de exemplo os inúmeros casos de autoridades "privadas" apontadas como coatoras em mandados de segurança, além das atividades exercidas por particulares e que manejam poderes públicos, conforme já apresentado no Capítulo 2.

O STF, em relação ao tema, manifestou-se na Ação Direta de Inconstitucionalidade nº 1.717-6/DF (BRASIL, 2011j),[152] na qual se questionou a determinação de que os serviços de fiscalização de profissões regulamentadas fossem exercidos em caráter privado, por delegação do poder público, mediante autorização legislativa, nos termos em que dispôs o art. 58, da Lei nº 9.649/98.[153]

---

[152] Esse julgado tem sido seguido pelos tribunais, em outros julgados, *v. g.*: AC nº 2003.30.00.001480-7, no qual se examinou o dever ou não de realização de concurso público no Conselho Regional de Odontologia do Estado do Acre: "2. A pretendida alteração foi, entretanto, julgada inconstitucional na ADI n. 1717, Rel. Ministro Sidney Sanches, sob fundamento de que a 'interpretação conjugada dos artigos 5º, XIII, 22, XVI, 21, XXIV, 70, parágrafo único, 149 e 175 da Constituição Federal leva à conclusão no sentido da indelegabilidade, a uma entidade privada, de atividade típica de Estado, que abrange até poder de polícia, de tributar e de punir, no que concerne ao exercício de atividades profissionais regulamentadas, como ocorre com os dispositivos impugnados'" (BRASIL, 2011t).

[153] O artigo 58 da Lei nº 9.649, de 27.05.1998, objeto da ADI nº 1.717-6/DF, assim dispunha: "Art. 58. Os serviços de fiscalização de profissões regulamentadas serão exercidos em

FLÁVIO HENRIQUE UNES PEREIRA
REGULAÇÃO, FISCALIZAÇÃO E SANÇÃO

A premissa dos requerentes era clara: a atividade de fiscalização de profissões desempenha finalidade pública e, "[...] *ao contrário do interesse da corporação*, os Conselhos de Fiscalização, *investidos de poder de polícia*, defendem os interesses públicos da sociedade e do cidadão usuário dos serviços profissionais" (BRASIL, 2011j, grifo nosso). Segundo o ministro relator, Sidney Sanches, quando do exame da medida cautelar,[154] a delegação em pauta estaria vedada pelos artigos 5º, XIII; 22, XVI; 21, XXIV; 70, parágrafo único; 149 e 175, todos da Constituição.

Em contraposição a esses fundamentos, manifestou-se o ministro Maurício Corrêa: a) não haveria violação ao art. 5º, XIII, porquanto este dispositivo afirma que a liberdade de exercício profissional deve atender as qualificações constantes em lei, ao passo que o art. 58, da Lei nº 9.649/98, cuidava da organização, estrutura, funcionamento e controle do órgão fiscalizador de profissões regulamentadas; b) inexistência de correlação entre o mencionado art. 58 e o que trata o art. 21, XXIV, da CR/88, "[...] visto que a função de 'organizar, manter e executar a inspeção do trabalho' nada tem a ver com a de fiscalização do exercício de profissão regulamentada", porque "[...] a inspeção do trabalho diz respeito, essencialmente, às condições dos ambientes físico e psíquico em que o trabalho é exercido, o que nada tem a ver com a fiscalização do exercício de profissão regulamentada"; c) o art. 22, XVI, da CR/88, também não estaria violado, pois trata da competência privativa da União para legislar sobre prévias condições para o exercício de profissões, sendo que o art. 58 da lei então em apreço limitava-se à disciplina do órgão fiscalizador, não havendo qualquer disposição sobre condição para o exercício de profissão regulamentada.

Quanto ao exercício, em caráter privado, da atividade fiscalizadora, o magistrado observou que a Constituição não apresenta disposição que afirme a impossibilidade da delegação; aliás, em relação ao serviço notarial e de registro, "[...] de conotação muito mais ampla do que a fiscalização do exercício de determinada profissão",

---

caráter privado, por delegação do poder público, mediante autorização legislativa. [...]
§2º. Os conselhos de fiscalização de profissões regulamentadas dotados de personalidade jurídica de direito privado, não manterão com os órgãos da Administração Pública qualquer vínculo funcional ou hierárquico.
§3º. Os empregados dos conselhos de fiscalização de profissões regulamentadas são regidos pela legislação trabalhista, sendo vedada qualquer forma de transposição, transferência ou deslocamento para o quadro da Administração Pública direta ou indireta. [...]" (BRASIL, 2013r).

[154] O mérito já foi julgado. Destacamos os votos da medida cautelar em razão de a discussão ter sido mais aprofundada quando desse julgamento.

há previsão clara quanto à prestação pelo particular (BRASIL, 2011j), afirmou Maurício Corrêa.

O ministro Sepúlveda Pertence, contudo, acompanhou o relator, ressaltando que a "[...] onda neoliberal" não chegou a ponto de privatizar o poder de polícia e que o exemplo da atividade notarial serviria para mostrar seu caráter excepcional, tanto é que foi necessário prever na Constituição (art. 236) o exercício privado de modo expresso (BRASIL, 2011j).

Não houve, como visto, análise aprofundada do tema,[155] especialmente considerando os argumentos do voto do ministro Maurício Corrêa. Em relação, por exemplo, ao argumento de que o disposto no art. 21, XXIV, inviabilizaria a delegação ao particular, a Advocacia Pública sustentou que tal dispositivo "[...] não autoriza a interpretação de que as atividades de fiscalização das profissões constituem atribuição estatal como querem fazer crer os Requerentes". Como visto, embora o ministro Maurício Corrêa tenha acolhido o argumento, sobre o ponto não houve discussão.

Se não bastasse isso, as competências previstas no art. 21, da CR/88, não exaurem as modalidades que podem ser utilizadas pela União para cumprir as atribuições ali indicadas,[156] ainda quando não haja referência expressa à concessão, permissão ou autorização, como ocorre no caso do inciso XXIV.[157]

O que se vê é a resistência ao exercício de atividade pública de poder de polícia administrativa pelo particular, como se, de antemão, a natureza privada da pessoa jurídica fosse inconciliável com o exercício regular do poder de polícia. A propósito, a inicial da mencionada Ação

---

[155] A discussão deve retornar, pois, recentemente, o sítio do STF noticiou que a Ação Direta de Inconstitucionalidade nº 4.886 questiona norma inserida na Constituição do Estado de Santa Catarina que estimula a criação de corpo de bombeiros voluntários. Segundo a autora da ação, haveria delegação ilícita de "função típica e indelegável do Estado" (BRASIL, 2013kk).

[156] Nesse sentido, entendeu, recentemente, o ministro Gilmar Mendes, em voto proferido na ADPF nº 46, em que se discutia o monopólio dos Correios à luz do art. 21, X, da CR/88. Nesse caso, embora o ministro tenha afirmado que se trata de serviço público, defendeu a tese de que a Constituição foi flexível ao tratar da matéria, cabendo ao legislador definir se o serviço seria prestado pela Administração Pública de modo direto ou indireto, nesta hipótese, mediante autorização, concessão, permissão, "[...] ou por outros meios, inclusive a execução pela iniciativa privada, nos termos da legislação, mantendo a União o papel de ente regulador" (BRASIL, 2011k). Não se pode negar, realmente, que a locução "manter o serviço postal" (art. 21, X, CR/88) permite que a União possa deliberar sobre a forma mais adequada para tanto, considerando determinado contexto, inclusive mediante a delegação do exercício do serviço postal, resguardado o controle estatal para a garantia de sua manutenção.

[157] "Art. 21. Compete à União: [...] XXIV – organizar, manter e executar a inspeção do trabalho;" (BRASIL, 2012a).

146 FLÁVIO HENRIQUE UNES PEREIRA
REGULAÇÃO, FISCALIZAÇÃO E SANÇÃO

Direta de Inconstitucionalidade n° 1.717-6/DF chega a afirmar que os interesses da corporação seriam contrapostos ao interesse público.

Embora tenha seguido a orientação do STF, o Desembargador Federal João Batista Moreira, nos autos da Apelação Cível n° 2003.30.00.001480-7, reportou-se à controvérsia existente na França:

> Na França, data de mais de meio século a discussão quanto ao regime jurídico das pessoas coletivas encarregadas da organização e disciplina das profissões. O Conselho de Estado, afirmando que as atividades de tais pessoas têm natureza de serviço público, não lhes definiu o regime, se público ou privado. Na doutrina passaram a ser vistas ora como pessoas privadas encarregadas de serviço público, ora como pessoas jurídicas atípicas.
>
> No julgamento paradigmático, Arrêt Monpeurt (1942), acentuou-se que: [...] A noção de ato administrativo, concebida tradicionalmente, na jurisprudência do Conselho de Estado, no sentido de ato emanado da Administração, adquire o significado de ato tomado nos quadros de um serviço público, *mesmo praticado por uma autoridade não administrativa. A distinção clássica de pessoas públicas e privadas perde sua importância. Seu regime é essencialmente misto.* A qualificação dos organismos de economia dirigida é, com efeito, bastante indiferente à determinação do regime jurídico aplicável. Como disse M. Ségalat, 'no que os comitês exercem o poder que a lei lhes confia tendo em vista a gestão do serviço público de produção e organização da produção, sua atividade é regida pelo direito público. Eles praticam atos administrativos que marcam a competência da jurisdição administrativa tanto para apreciar sua legalidade quanto para se pronunciar sobre seus efeitos danosos. Ao contrário, o funcionamento interno do comitê, suas relações com o pessoal, os atos da vida civil que ele realiza... regem-se pelo direito privado e entram, por conseguinte, na competência dos tribunais judiciários. (BRASIL, 2011t, grifos nossos)

O trecho acima corrobora a tese que se pretende aplicar no âmbito do poder de polícia administrativa, uma vez que demonstra a importância do regime jurídico do ato a ser praticado, independentemente da natureza da pessoa que o pratica, se pública ou privada.

Notamos, contudo, que o posicionamento do STF na Ação Direta de Inconstitucionalidade n° 1.717-6/DF, além de superficial, não considera questões importantes, tais como o fato de haver diversos exemplos de exercício de poderes públicos por parte de particulares sem que isso implique ofensa à Constituição. Também não é examinada a inexistência de dispositivo constitucional que proíba a delegação, sendo que em hipótese alguma se sustenta a transferência da titularidade

CAPÍTULO 3
CRÍTICAS AOS FUNDAMENTOS JURÍDICOS DA INDELEGABILIDADE DO PODER DE POLÍCIA ADMINISTRATIVA | 147

da função, pois apenas o seu exercício é transferido ao particular ou pessoa jurídica de direito privado, mantendo-se o regime de direito público na disciplina do ato delegado. *Do mesmo modo, ignora-se o fato de que o exercício de poder de polícia por parte do particular não envolve, necessariamente, a autoexecutoriedade, atributo que, até para a Administração, requer dispositivo legal expresso ou situação fática de urgência, periclitante para os direitos fundamentais.*

A questão em apreço retorna ao STF, por meio do Recurso Extraordinário nº 633.782/MG,[158] em que se analisa a delegabilidade ou não do poder de polícia administrativa, tendo sido reconhecida a repercussão geral do recurso. O caso, além de atual,[159] fixou, no STJ (BRASIL, 2011a), premissas importantes para a pesquisa. Desse modo, examinaremos o precedente judicial em maior profundidade.

3.2.1 O emblemático caso "BHTRANS"

3.2.1.1 Relatório dos autos do Recurso Extraordinário nº 633.782/MG

Em 2004, o Ministério Público do Estado de Minas Gerais ajuizou ação civil pública contra a Empresa de Transportes e Trânsito de Belo Horizonte – BHTRANS (MINAS GERAIS, 2013a). Relata a inicial que a BHTRANS vinha desempenhando o policiamento e autuações de infrações de trânsito em Belo Horizonte de modo ilegal, pelo motivo de se tratar de pessoa jurídica de direito privado, no caso, sociedade

---

[158] Trata-se do Recurso Extraordinário nº 633.782, em que é recorrente o Ministério Público do Estado de Minas Gerais e também a Empresa de Transportes e Trânsito de Belo Horizonte (BHTRANS), sendo os mesmos recorridos. Embora reconhecida a repercussão geral, segundo decisão do ministro relator, Luiz Fux, a questão será submetida nos autos do Recurso Extraordinário nº 662.186-RG, porquanto idêntica a controvérsia (BRASIL, 2013uu).

[159] No editorial do *Estado de Minas* de 07.06.2012, o tema é "o trânsito abandonado". Segundo a matéria, "É certo que a frota de veículos motorizados passou de 400 mil para mais de 1,4 milhão em apenas 26 anos, sem contar os dos demais municípios da Grande BH, que também rodam pela cidade. Além disso, pesa o fato de que Belo Horizonte viveu longo jejum de obras de vulto que ajudassem o escoamento do trânsito, oferecendo vias alternativas. Mas o que qualquer morador, motorista ou não, percebe é que boa parte das confusões que se formam praticamente todos os dias nos horários de pico, com grande potencial de gerar caos generalizado, é devida a um outro fator: *o pessoal da BHTrans sumiu, justamente quando mais a cidade que lhes paga o salário precisa dele.* [...] Desde novembro de 2009, quando a Justiça concedeu liminar ao Ministério Público, que questionou a legalidade da aplicação de multas por uma empresa, ainda que pública, o serviço de fiscalização do trânsito, que já não era tão eficiente quanto havia sido no tempo do Batalhão do Trânsito da PM, desandou de vez" (ESTADO DE MINAS, 2012, grifo nosso).

148   FLÁVIO HENRIQUE UNES PEREIRA
REGULAÇÃO, FISCALIZAÇÃO E SANÇÃO

de economia mista, cuja criação foi autorizada pela Lei Municipal nº 5.953, de 31.07.1991.

Argumenta que tal atividade está voltada para a preservação da segurança no trânsito de Belo Horizonte, caracterizando-se, portanto, como poder de polícia, pelo que somente poderia ser exercido pelo Poder Público Municipal, dada a impossibilidade de uma pessoa jurídica de direito privado manejar poder de império.

Ao examinar as atribuições previstas na Lei Municipal nº 5.953/91, o autor da ação distingue as atividades que podem ser exercidas por empresas públicas ou sociedades de economia mista daquelas que não admitem delegação para além da Administração Pública Direta ou Autárquica. O planejamento, organização, direção, coordenação, execução, controle da prestação de serviços públicos relativos ao transporte individual de passageiros, como também o planejamento urbano municipal atribuído à BHTRANS admitiria delegação. Por outro lado, o policiamento, fiscalização e autuação de infrações de trânsito não poderiam ser executados por pessoa jurídica de direito privado, "[...] pois esta não dispõe da supremacia do interesse público sobre o particular, tampouco seus atos de constrição revestem-se de autoexecutoriedade" (MINAS GERAIS, 2013a, p. 6). É que, segundo o Ministério Público, o exercício do poder de polícia requer a autoexecutoriedade de seus atos, prerrogativa exclusiva da Administração Pública.

Superada a fase instrutória, a sentença negou a liminar e julgou improcedente a ação, por entender que o Código de Trânsito Brasileiro, nos arts. 21 e 24, autorizou que o Município, por meio de órgãos e entidades, manejasse o poder de polícia de trânsito, sendo que a BHTRANS, apesar de pessoa jurídica de direito privado, submete-se a controle interno e externo, inclusive devendo obediência aos comandos do art. 37, da CR/88.

No recurso de apelação, destacou-se que a natureza de direito privado da BHTRANS inviabiliza a prática de atos de impérios, típicos da atividade de polícia de trânsito. No item "ofensa a dispositivo constitucional", o *Parquet* afirmou que o art. 173, da CR/88, admite a intervenção na atividade econômica pelo Estado mediante empresa pública ou sociedade de economia mista, exatamente pela natureza de direito privado que detêm. Nesse sentido, a sentença, ao reconhecer a possibilidade de a BHTRANS exercer atividade de polícia, violaria tal comando, pois não se trata de atividade econômica, mas, sim, de atividade tipicamente estatal de limitação de liberdades dos cidadãos.

O Tribunal de Justiça de Minas Gerais, por sua vez, negou provimento à apelação, e reconheceu inexistir óbice à delegação do

CAPÍTULO 3
149

poder de polícia para entidades que, apesar da natureza jurídica privada, exercem atividades nitidamente públicas. Para tanto, reportou-se ao art. 175, da CR/88, que autoriza a delegação de serviços públicos a particulares, e frisou que o conceito de serviço público abarcaria, quanto ao ponto, o de poder de polícia.[160]

No STJ, o relator do Recurso Especial aviado pelo Ministério Público do Estado de Minas, ministro Mauro Campbell, iniciou sua manifestação estabelecendo as fases que envolvem a atividade de polícia administrativa: a) legislação; b) consentimento; c) fiscalização; e d) sanção. A fase de legislação compreenderia as normas do Código de Trânsito Brasileiro; a de consentimento, a emissão de carteira; a de fiscalização, a instalação de equipamentos eletrônicos; e a de sanção seria a imposição de consequências desfavoráveis em decorrência do descumprimento das normas do Código de Trânsito (BRASIL, 2011i, p. 4-5).

Com respeito à delegação, o ministro relator partiu da *premissa de que os atos de coerção são privativos do poder público*:

> Somente os atos relativos ao consentimento e à fiscalização são delegáveis, pois aqueles referentes à legislação e à sanção derivam do poder de coerção do Poder Público [...] No que tange aos atos de sanção, o bom desenvolvimento por particulares estaria, inclusive, comprometido pela busca do lucro – aplicação de multas para aumentar a arrecadação. (BRASIL, 2011i)

Assim, votou o relator pelo provimento do recurso para considerar incabível a delegação de poder de polícia à BHTRANS. Após, pediu vista o ministro Herman Benjamin. Retomado o julgamento, o magistrado iniciou seu voto recordando lição de Maria Sylvia Zanella Di Pietro, que destaca ser o poder de polícia fundamentado no princípio da supremacia do interesse público sobre o interesse privado.

Após examinar dispositivos pertinentes à constituição de sociedades de economia mista, concluiu ser "[...] temerário que o trânsito de uma metrópole possa ser considerado atividade econômica ou

---

[160] A ementa do julgado ficou assim expressa: "A Empresa de Transporte e Trânsito de Belo Horizonte (BHTrans), criada com o objetivo de gerenciar o trânsito local, tem competência para aplicar multa aos infratores de trânsito, nos termos do art. 24, do Código Nacional de Trânsito. Sendo o poder de polícia inerente à Administração Pública e recebendo o agente de trânsito delegação da autoridade competente para agir dentro dos limites da jurisdição do município, extrai-se que este possui o poder-dever de aplicar as multas cabíveis ao ato infracional em concreto, sob pena de sua atuação, ao final, revelar-se inócua" (MINAS GERAIS, 2011).

FLÁVIO HENRIQUE UNES PEREIRA
REGULAÇÃO, FISCALIZAÇÃO E SANÇÃO

empreendimento", hipótese que admitiria a execução da atividade por meio de sociedade de economia mista. Daí, acompanhou o ministro relator para dar provimento ao recurso especial (BRASIL, 2011i).[161]

Opostos Embargos Declaratórios contra o acórdão, estes foram providos no sentido de dar parcial provimento ao Recurso Especial, porquanto se admitiu a delegação das atividades de consentimento e fiscalização para a BHTRANS. Assim, e considerando que os atos de coerção não podem ser manejados por entidades privadas, decidiu-se que "[...] permanece a vedação à imposição de sanções pela parte embargada [BHTRANS], facultado, no entanto, o exercício do poder de polícia no seu aspecto fiscalizatório" (BRASIL, 2011a).

A partir dos votos proferidos no julgamento do Recurso Especial, constatamos a premissa de que não caberia a prática do poder de coerção por parte do particular, porquanto seria ato exclusivo de pessoa jurídica de direito público. A finalidade de exploração de atividade econômica por parte da BHTRANS revelaria, nesse contexto, a incompatibilidade com o exercício do poder sancionador. A atividade de fiscalização e consentimento, contudo, seriam delegáveis, na medida em que não abarcariam o poder decisório quanto à imposição de penalidades. Contra o acórdão, foi apresentado o Recurso Extraordinário n° 633.782, cuja repercussão geral, conforme mencionado, foi admitida pelo STF (BRASIL, 2013uu).

---

[161] Eis a ementa do julgado: "[...] 2. No que tange ao mérito, convém assinalar que, em sentido amplo, poder de polícia pode ser conceituado como o dever estatal de limitar-se o exercício da propriedade e da liberdade em favor do interesse público. A controvérsia em debate é a possibilidade de exercício do poder de polícia por particulares (no caso, aplicação de multas de trânsito por sociedade de economia mista).
3. As atividades que envolvem a consecução do poder de polícia podem ser sumariamente divididas em quatro grupos, a saber: (i) legislação, (ii) consentimento, (iii) fiscalização e (iv) sanção.
4. No âmbito da limitação do exercício da propriedade e da liberdade no trânsito, esses grupos ficam bem definidos: o CTB estabelece normas genéricas e abstratas para a obtenção da Carteira Nacional de Habilitação (legislação); a emissão da carteira corporifica a vontade do Poder Público (consentimento); a Administração instala equipamentos eletrônicos para verificar se há respeito à velocidade estabelecida em lei (fiscalização); e também a Administração sanciona aquele que não guarda observância ao CTB (sanção).
5. Somente os atos relativos ao consentimento e à fiscalização são delegáveis, pois aqueles referentes à legislação e à sanção derivam do poder de coerção do Poder Público.
6. No que tange aos atos de sanção, o bom desenvolvimento por particulares estaria, inclusive, comprometido pela busca do lucro – aplicação de multas para aumentar a arrecadação.
7. Recurso especial provido" (BRASIL, 2011i).

3.2.1.2 Análise do julgado

Indispensável verificar, além da questão que já vem sendo examinada nesta obra, qual seja, a indelegabilidade de poder de coerção ou de império a particulares, também a razão de ter sido admitida a delegação do exercício de função fiscalizadora à BHTRANS e, ao mesmo tempo, ter sido considerada ilegal a delegação da atividade sancionadora.

A premissa do Ministério Público do Estado de Minas Gerais reside na impossibilidade de o particular exercer o poder de coerção sobre outrem. Este atributo – poder de império –, entendido como força estatal que faz valer o direito perante terceiros, seria indelegável por si só.

Ocorre que a afirmativa não explica as diversas hipóteses de exercício privado de poderes públicos, conforme ilustrado no Capítulo 2. Verificamos situações em que particulares, no exercício de atividade estatal, impõem obrigações ou consequências desfavoráveis a terceiros em razão do descumprimento de normas previamente estabelecidas, como ocorre com o concessionário de serviço público que, para garantir a fiel execução da atividade delegada, pode suspender o fornecimento de relevantes serviços ao cidadão, desde que atendidos os requisitos previamente estabelecidos.

O Ministério Público estadual fez referência ao art. 173, da CR/88, na tentativa de convencer que a atuação de pessoa jurídica estatal de direito privado em atividade pública violaria tal preceito. Ocorre que esse dispositivo constitucional não trata da delegação de atividades públicas. Limita-se às hipóteses de exercício de atividade econômica por parte de empresas estatais, o que não envolve a atuação dessas entidades em relação a outras espécies de atividades, especialmente as públicas. Não por outra razão, empresas públicas e sociedades de economia mista podem exercer, por delegação, serviços públicos. Celso Antônio Bandeira de Mello destaca esse aspecto para apresentar as diferenças de regime jurídico quando há prestação de serviços públicos por empresas estatais:

> Registre-se, afinal, reiterando o que dantes se disse, que empresas públicas e sociedades de economia mista, quando prestadoras de serviço público, sejam ou não concessionárias, embora possuam qualificação jurídica para exercer atividade pública (como o é o serviço público), não são titulares de tal atividade, mas apenas do exercício dela. (2011, p. 193)

Igualmente equivocado o fundamento do Tribunal de Justiça de Minas Gerais, que, embora tenha concluído pelo desprovimento do recurso de apelação, o fez a partir da confusão entre figuras jurídicas diversas. Entendeu que poder de polícia seria uma espécie de serviço público, reportando-se, para tanto, ao art. 175, da CR/88. Ocorre que, conforme demonstramos no Capítulo 2, item 2.2, o conceito de poder de polícia difere do conceito de serviços públicos. O próprio art. 175, da CR/88, em seus parágrafos, alude a características específicas destes, como, por exemplo, "direitos dos usuários" e "política tarifária".

Outro aspecto importante omitido no julgamento realizado pelo STJ refere-se ao fato de que a delegação do poder de polícia não implica delegação da titularidade da função, ou seja, a titularidade permanece com o Estado, cabendo-lhe avocar o seu exercício no caso de descumprimento contratual ou de violação a diretrizes legais. O fundamento de que o regime jurídico público acompanha a execução da atividade delegada igualmente não foi considerado no acórdão do STJ.

Também foi desconsiderado o fato de que o poder de polícia administrativa não se manifesta necessariamente acompanhado da autoexecutoriedade, que, conforme salientado, requer previsão legal expressa ou situação fática de urgência.

O STJ, por sua vez, considerou que a atividade sancionadora seria incompatível com a lucratividade da arrecadação advinda das multas aplicadas pela BHTRANS. Esqueceu-se, contudo, da alegação apresentada pela empresa no sentido de que os recursos arrecadados são depositados em um fundo gerido pela Prefeitura Municipal de Belo Horizonte. Ademais, a forma de remuneração do particular delegatário não precisa estar atrelada ao resultado da arrecadação de multa, sendo plenamente possível a contraprestação fixa ou a partir de parâmetros que considerem a qualidade na prestação da atividade sancionadora. Trata-se, em síntese, de matéria a ser solucionada na regulação do próprio contrato, o que não seria essencial para a solução da controvérsia.

Ainda assim, não nos parece ilegal atrelar a atividade sancionadora à arrecadação de valores por meio de multa, desde que respeitado o devido processo legal e seguidos os padrões normativos sobre fiscalização e sanção, tudo submetido ao devido controle jurisdicional no caso de abuso ao Direito.[162]

---

[162] Jacintho Arruda Câmara demonstra a compatibilidade do lucro com as empresas estatais: "Não vejo razão para apartar a busca pelo lucro da realização de algum outro interesse coletivo ou mesmo da proteção da segurança nacional. Ao contrário, se o Estado opta por desenvolver uma atividade de interesse público por meio de uma empresa e não por outro modelo de estruturação organizacional (como uma autarquia ou fundação), só pode ser

CAPÍTULO 3
CRÍTICAS AOS FUNDAMENTOS JURÍDICOS DA INDELEGABILIDADE DO PODER DE POLÍCIA ADMINISTRATIVA | 153

Ainda a propósito da decisão do STJ, impende compreender o porquê de haver sido admitida a delegação de atividade fiscalizadora e negada a delegação da atividade sancionadora. A sanção está diretamente ligada ao que for colhido na fase investigatória ou de fiscalização. Para saber se houve ou não a infração a determinada norma de trânsito, o auto de infração e as particularidades do caso, reveladas na fase de fiscalização, são fundamentais. Aliás, podemos dizer que são vinculantes em relação à sanção. É que, tanto na fiscalização quanto na sanção, estamos diante de juízo de aplicação normativa, em que inexiste aspecto discricionário para o aplicador da norma (v. Capítulo 1, item 1.2.3). Impossível, nesse cenário, dizer qual etapa – se a fiscalizadora ou a sancionadora – é a mais relevante ou a mais expressiva de "poder".

Desse modo, incompreensível a diferenciação realizada no julgado do STJ, ao discriminar uma situação da outra, com tratamento totalmente distinto, sendo que a fiscalização e a sanção, além de serem vinculadas, devem obediência a parâmetros normativos amplamente controláveis.

Antes de passarmos adiante, uma palavra a respeito da assertiva constante do voto-vista do ministro Herman Benjamin: "[...] temerário que o trânsito de uma metrópole possa ser considerado atividade econômica ou empreendimento" (BRASIL, 2011a).

---

para conjugar características próprias da atividade empresária (essencialmente lucrativa) com outros objetivos públicos.
A Constituição Federal prevê uma série de modelos organizacionais da Administração Pública. Além da atuação direta, o Estado pode agir por meio de entes integrantes da chamada Administração Indireta, composta por autarquias, fundações governamentais, empresas públicas e sociedades de economia mista. A atuação por meio da Administração Direta e da autárquica se dá em regime de direito público. Nesse campo não espera realmente a obtenção de superávits econômico-financeiros de cada atividade. O mesmo se dá com o horizonte finalístico natural de estruturas fundacionais, sejam elas governamentais ou não, de direito público ou privado. Todavia, em estruturas empresariais, a lucratividade é algo a ser buscado. Assim, quando a Constituição admite expressamente que o Estado atue por meio de empresas, parece claro que o fez por aceitar que essa atuação administrativa não é incompatível com um dos fins precípuos da atuação empresarial, que é a de gerar lucros. O art. 173 da Constituição Federal estabelece finalidades que uma empresa estatal deve, necessariamente, perseguir. Mas essa indicação não exclui do universo de objetivos das estatais, implícita ou explicitamente, a obtenção de lucro. Desenvolver atividade necessária aos imperativos da segurança nacional ou a relevante interesse coletivo não importa ser indiferente aos resultados econômico-financeiros da empresa. Isso é óbvio.
Muito pelo contrário, na maioria das vezes, a lucratividade da empresa constitui instrumento fundamental para a realização da atividade de interesse público com uma maior eficiência. E é justamente essa busca do lucro, em prol da realização do interesse público, que constitui uma das principais justificativas para a opção pelo modelo empresarial na Administração Pública" (CÂMARA, 2012, p. 9-18).

Ocorre que o exercício da atividade de poder de polícia administrativa por particular não desnatura a função delegada. Não é porque interveio o particular na fiscalização ou na sanção das infrações de trânsito que haveria conversão da atividade estatal em "atividade econômica ou empreendimento". Do mesmo modo, serviço público não deixa de ser serviço público pelo fato de ser prestado pelo particular numa concessão de serviço público.

3.3 Estabilidade dos servidores públicos

A estabilidade no serviço público seria, de igual modo, requisito para o exercício do poder de polícia administrativa, segundo parte da doutrina (Capítulo 2, item 2.5).

Não pretendemos negar que a estabilidade no serviço público ofereça ao agente estatal determinadas garantias que, em tese, podem contribuir para impedir influências indevidas no exercício da função pública.

A propósito, observamos no item 3.1 acima que o constituinte tratou da prestação exclusiva de atividades estatais por meio de algumas carreiras específicas de servidores públicos, cujo exercício das respectivas funções é inviável exatamente em decorrência dessa determinação constitucional.

Ocorre que as prerrogativas da estabilidade outorgadas pelo regime jurídico dos servidores públicos não chega a ponto, ao menos segundo o ordenamento constitucional vigente, de obstar *genericamente* a delegação da atividade de polícia administrativa a particulares.[163]

Recordemos que as principais decisões políticas e administrativas, entre as quais as sancionadoras, são tomadas por agentes públicos que ocupam cargos de provimento em comissão, os quais não ingressaram no serviço público mediante concurso e não possuem a estabilidade.

A noção, portanto, de que a investidura em cargo público, ainda que de provimento em comissão, garantiria o interesse público contra desvios não encontra amparo na realidade pátria. O subjetivismo, a propósito, é critério legal de provimento de cargos em comissão, dado que jamais comprometeu a constitucionalidade de competências

---

[163] Diferente, por exemplo, do ordenamento jurídico alemão, em que há espécie de reserva de função pública, prevista no art. 33, IV, da Lei Fundamental Alemã (*Grundgesetz*): "O exercício de funções de soberania será confiado, como regra geral de caráter permanente, a funcionários públicos, sujeitos a relações de serviço e de fidelidade ancoradas no direito público" (ALEMANHA, 2013, p. 39).

CAPÍTULO 3
CRÍTICAS AOS FUNDAMENTOS JURÍDICOS DA INDELEGABILIDADE DO PODER DE POLÍCIA ADMINISTRATIVA | 155

decisórias outorgadas por lei aos respectivos ocupantes dessas unidades organizacionais.

O regime constitucional brasileiro possibilita, assim, que cargos de direção sejam ocupados por pessoas livremente escolhidas pelo Chefe do Executivo[164] e, por conseguinte, atribui-se significativa parcela de poder decisório a agentes públicos que não gozam de estabilidade no serviço público.

Até mesmo os servidores "estáveis" somente adquirem essa qualidade após três anos de efetivo exercício do cargo, sem que qualquer doutrinador questione a legitimidade de seus atos durante o estágio probatório. Há, ainda, os empregados públicos,[165] que não gozam da estabilidade,[166] e os contratados por tempo determinado, nos termos do art. 37, IX, da CR/88,[167] não efetivos e não estáveis, e que não raro desempenham atividades carregadas de parcela de poder público.

Os notários, como visto no Capítulo 2, exercem função pública de relevância ímpar, haja vista o destaque constitucional (art. 236), cuja delegação ao particular nada tem a ver com titularidade de cargo público. A propósito, o STF já reconheceu que o agente delegado não é

---

[164] A propósito, o art. 37, II, da CR/88: "Art. 37. A administração pública direta e indireta de qualquer dos Poderes da União, dos Estados, do Distrito Federal e dos Municípios obedecerá aos princípios de legalidade, impessoalidade, moralidade, publicidade e eficiência e, também, ao seguinte: [...]
II – a investidura em cargo ou emprego público depende de aprovação prévia em concurso público de provas ou de provas e títulos, de acordo com a natureza e a complexidade do cargo ou emprego, na forma prevista em lei, *ressalvadas as nomeações para cargo em comissão declarado em lei de livre nomeação e exoneração.*" (BRASIL, 2012a, grifos nossos).

[165] Não se ignora que atualmente, em razão de liminar concedida nos autos da ADI n° 2.135-4/ DF, vigora o regime jurídico único. Todavia, e dado o fato de que se trata de decisão judicial liminar, permanecem úteis as considerações a respeito.

[166] José dos Santos Carvalho Filho lembra o caso dos empregados da OAB, submetidos à legislação trabalhista e, pois, não estáveis: "Várias autarquias incumbidas do exercício do poder de polícia relativo ao exercício de profissões, como é o caso, por exemplo, da O.A.B, têm em seu quadro, senão todos, mas ao menos parte, de servidores sujeitos ao regime celetista. Seus atos, no exercício da função delegada, caracterizam-se como atos administrativos, o que não é nenhuma novidade no direito administrativo" (2010, p. 87). Cabe lembrar, ainda, o art. 280, §4°, do Código de Trânsito Brasileiro, que dispõe: "§4° O agente da autoridade de trânsito competente para lavrar o auto de infração poderá ser servidor civil, estatutário ou celetista ou, ainda, policial militar designado pela autoridade de trânsito com jurisdição sobre a via no âmbito de sua competência" (BRASIL, 2013x).

[167] "Art. 37. A administração pública direta e indireta de qualquer dos Poderes da União, dos Estados, do Distrito Federal e dos Municípios obedecerá aos princípios de legalidade, impessoalidade, moralidade, publicidade e eficiência e, também, ao seguinte: [...]
IX – a lei estabelecerá os casos de contratação por tempo determinado para atender a necessidade temporária de excepcional interesse público;" (BRASIL, 2012a).

servidor público e que sua aposentadoria, por conseguinte, submete-se ao regime geral de previdência.[168]

Não há elementos de ordem jurídica e fática que efetivamente confirmem a premissa de que a estabilidade no serviço público seja garantia contra desvios ou corrupção e, por conseguinte, que seja indispensável para a delegação do exercício do poder de polícia administrativa.

O aprimoramento dos meios de controle é o caminho para, independentemente da natureza pública ou privada da pessoa que exerça a função estatal, coibir abusos e estimular resultados.

Desse modo, afastados os principais fundamentos apontados como obstáculo à delegação do poder de polícia a particulares, cabe discorrer sobre os requisitos necessários à transferência da execução dessa atividade.

---

[168] "[...] 3. Os notários e os registradores exercem atividade estatal, *entretanto não são titulares de cargo público efetivo, tampouco ocupam cargo público*. *Não são servidores públicos,* não lhes alcançando a compulsoriedade imposta pelo mencionado artigo 40 da CB/88 – aposentadoria compulsória aos setenta anos de idade. 4. Ação direta de inconstitucionalidade julgada procedente" (BRASIL, 2013ff).

CAPÍTULO 4

REQUISITOS PARA A DELEGAÇÃO DO EXERCÍCIO DO PODER DE POLÍCIA ADMINISTRATIVA A PARTICULARES

Demonstrada, no capítulo anterior, a inexistência de fundamento constitucional que impeça a delegação do exercício do poder de polícia administrativa a particulares, passamos a examinar quais são os limites ou requisitos de cabimento da transferência, à luz do ordenamento jurídico vigente.

As transformações relativas à intervenção pública no âmbito privado, bem como as soluções institucionais para a realização do interesse público são influenciadas pela compreensão do paradigma do Estado Democrático de Direito e da relação entre as esferas pública e privada (Capítulo 1, item 1.2.1) na modernidade.

A conjugação dos papéis de atores públicos e privados revela novo arranjo de distribuição de tarefas e partilha de responsabilidades, como visto no Capítulo 1, itens 1.2.1 e 1.2.2.

A unilateralidade e os atributos do ato administrativo cedem espaço ao consenso e à contratualização na ação estatal, a apontar o devido processo como o foco do estudo do Direito Administrativo (Capítulo 1, item 1.2.3).

Não apenas por coerência com essas novas concepções, mas por imposição prática,[169] o Estado deve se valer do potencial do setor privado,

---

[169] Jacques Chevallier refere-se à *eficácia*, ao discorrer sobre a crise na noção de "interesse geral", que seria o fundamento da legitimidade da gestão pública. Para o autor: "[...] a mera invocação do interesse geral não é mais suficiente; ainda é necessário que a gestão pública *comprove sua eficácia*. O interesse geral se encontra, assim, superado, mesmo substituído, pelo tema da eficácia. Assim ocorrendo, a administração tende a uma legitimidade extrínseca, decorrente de sua pertinência ao Estado, a uma legitimidade intrínseca, fundada sobre a análise concreta de sua ação: será ela julgada sobre os resultados que for capaz de obter, tal

especialmente quanto à criatividade e às especialidades técnicas, diante de demandas sociais, como as que mencionamos na "problematização" deste trabalho (Capítulo 1, item 1.1).

Bem por isso, a demanda pela atividade efetiva de polícia administrativa, no contexto atual, impõe ao operador do Direito identificar alternativas na sua execução sem comprometimento do interesse público, da titularidade estatal e do respectivo regime jurídico público de incidência.

Por se tratar de competência funcional, ou seja, atribuição de atividade tipicamente estatal, a lei deverá disciplinar as diretrizes concernentes ao poder de polícia administrativa, especificando seu objeto e os condicionamentos gerais a serem impostos aos cidadãos, e decidir pela possibilidade de deslocamento de seu exercício ao setor privado.

Cabe-nos, assim, demonstrar os requisitos da delegação do poder de polícia administrativa a particulares, quais sejam: a) previsão legal sobre a delegação, propriamente dita; b) previsão legal sobre os parâmetros de controle; e c) previsão legal que assegure a isonomia na escolha do agente delegado.

Serão feitas considerações acerca da responsabilidade civil do Estado e do delegatário em relação a terceiros, haja vista se tratar de tema inerente ao regime jurídico da delegação do poder de polícia administrativa a particulares.

4.1 Previsão legal sobre a delegação

No Estado Democrático de Direito, a legitimidade do exercício de poder público se inicia com a representação outorgada pelo voto popular (art. 1º, parágrafo único, CR/88). O passo seguinte é a legitimidade da ação estatal,[170] que, na perspectiva procedimental a que aludimos no Capítulo 1, pressupõe mecanismos de interlocução entre a esfera pública/estatal e a privada. Não por outra razão, ganha destaque o devido processo, tanto o legislativo quanto o administrativo, uma vez

---

como sobre a melhor eficácia. *Ela não é mais investida de pleno direito da legitimidade; essa não é adquirida antecipadamente, mas deve ser conquistada; ela depende da demonstração permanentemente reiterada da conveniência das operações engajadas e da qualidade dos métodos de gestão utilizados"* (2009, p. 84, grifos nossos).

[170] Pedro Gonçalves, em sucinta passagem, afirma que, da articulação do princípio da legalidade com o princípio democrático, "[...] toda acção pública tem de se encontrar revestida de legitimidade democrática" (2008, p. 233-234).

que neles se formaliza o diálogo com segmentos da sociedade civil, a possibilitar o debate público sobre matérias relevantes.

A execução do poder de polícia administrativa por particulares pressupõe, por conseguinte, legitimidade democrática, sobretudo porque se está diante de atribuição estatal que, essencialmente, cuida de fixar limites à liberdade privada e, portanto, requer o substrato democrático para se legitimar.

O devido processo legislativo possibilitará, nesse contexto, identificar em qual setor e em que condições dar-se-á a parceria com o particular no campo do poder de polícia administrativa.

Constatamos que são incontáveis as áreas de incidência do poder de polícia administrativa, que abarcam desde a vigilância sanitária até o campo das construções (Capítulo 1, item 1.1). Natural que cada setor apresente, em determinado cenário, demandas e particularidades próprias, como também reclame investimento tecnológico típico em relação a outras searas de atuação pública. Esses aspectos deverão ser considerados no processo legislativo, de modo a delimitar o espaço e a extensão da transferência do exercício do poder de polícia a particulares.

A característica essencialmente dialógica do processo legislativo permitirá, ainda, expor o potencial risco da delegação do exercício da atividade de polícia administrativa, uma vez que a atuação privada não ocorre de modo desinteressado, razão pela qual "[...] a decisão legislativa deve considerar a existência desse risco e perigo *e, no caso de ele existir, articular um regime jurídico de salvaguardas que aproveite os benefícios da delegação, neutralizando e minimizando as dificuldades inerentes*" (GONÇALVES, 2008, p. 941, grifos nossos).

Ao Legislativo, portanto, caberá analisar as justificativas contidas no projeto de lei que autorizarão a delegação da atividade de polícia administrativa em determinado setor, sem prejuízo do controle jurisdicional quanto à constitucionalidade da futura lei.

A propósito do controle "substancial" da atividade normativa do poder de polícia, o STF examinou a recepção pela Constituição da República de 1988 de Decreto-Lei que exigia diploma de curso superior para o exercício da profissão de jornalista. Decidiu-se, naquela oportunidade, que "[...] o exercício do poder de polícia do Estado é vedado nesse campo em que imperam as liberdades de expressão e de informação" (BRASIL, 2011p). O ministro Gilmar Mendes salientou a necessidade de se verificar se o exercício da atividade de jornalista

FLÁVIO HENRIQUE UNES PEREIRA
REGULAÇÃO, FISCALIZAÇÃO E SANÇÃO

exigiria qualificações profissionais e capacidades técnicas específicas e especiais.[171]

Não pretendemos examinar o mérito do julgado, mas demonstrar que a competência discricionária quanto à elaboração de atos normativos de polícia administrativa, tanto em relação a atos legislativos primários quanto a atos normativos infralegais, não impede o controle jurisdicional sobre o conteúdo das normas à luz do texto constitucional e das especificidades da situação concreta.

O princípio da legalidade, expresso na regra segundo a qual "[...] ninguém será obrigado a fazer ou deixar de fazer alguma coisa senão em virtude lei" (art. 5º, II, CR/88), corrobora a exigência de disposição legal sobre a delegação do poder de polícia a particulares.

Primeiro, porque é inconcebível que particular exerça poder sobre outro sem lei que assim autorize. A exigência de lei, conferindo a qualidade de agente delegado para o exercício de função pública, afasta a afronta ao princípio da isonomia, pois não se trata de simples imposição de obrigações entre particulares, mas, sim, de delegação de função pública, imprescindivelmente dependente de lei.[172]

Segundo, porque a atividade de polícia administrativa afeta diretamente os limites da atuação do cidadão, cuja liberdade é a regra. A natureza restritiva do poder de polícia administrativa atrai, em síntese, o princípio da legalidade para disciplinar o procedimento por meio do qual será exercida a função pública.

Cabe observar que a delegação de serviços públicos a particulares, nos moldes estabelecidos no art. 175, da CR/88, mereceu tratamento infraconstitucional na Lei nº 8.987, de 13.02.1995, que dispõe sobre o regime de concessão e permissão na prestação de serviços públicos, em que se determinam, entre outros, a obrigatoriedade de serviço adequado e os encargos dos concessionários.

O art. 2º, da Lei nº 9.074, de 07.07.1995, por sua vez, ao regular a outorga e a prorrogação das concessões e permissões de serviços

---

[171] Extrai-se do seguinte trecho do voto do ministro Gilmar Mendes a síntese de seu entendimento: "Nesse sentido, a profissão de jornalista, por não implicar riscos à saúde ou à vida dos cidadãos em geral, não poderia ser objeto de exigências quanto às condições de capacidade técnica para o seu exercício. Eventuais riscos ou danos efetivos a terceiros causados pelo profissional do jornalismo não seriam inerentes à atividade e, dessa forma, não seriam evitáveis pela exigência de um diploma de graduação. Dados técnicos necessários à elaboração da notícia (informação) deveriam ser buscados pelo jornalista em fontes qualificadas profissionalmente sobre o assunto" (BRASIL, 2011p).

[172] Nesse sentido, entendemos afastado o obstáculo apontado por Celso Antônio Bandeira de Mello (2006), quando aponta a violação à isonomia como impeditivo à delegação do poder de polícia administrativa a particulares.

REQUISITOS PARA A DELEGAÇÃO DO EXERCÍCIO DO PODER DE POLÍCIA ADMINISTRATIVA A PARTICULARES

públicos, é expresso quanto à exigência de *lei prévia que autorize e fixe os termos da delegação* de serviços públicos:

> Art. 2º *É vedado* à União, aos Estados, ao Distrito Federal e aos Municípios executarem obras e serviços por meio de concessão e permissão de serviço público, *sem lei que lhes autorize e fixe os termos*, dispensada a lei autorizativa nos casos de saneamento básico e limpeza urbana e nos já referidos pela Constituição Federal, nas Constituições Estaduais e nas Leis Orgânicas do Distrito Federal e Municípios, observado, em qualquer caso, os termos da Lei n. 8.987, de 1995. (BRASIL, 2013o, grifos nossos)

Marçal Justen Filho, examinando o dispositivo acima transcrito, destaca que a exigência de lei que autorize a delegação de determinado serviço público decorre da Constituição e não apenas do artigo de lei em questão. Vejamos:

> A decisão de transferir a gestão do serviço para particulares envolve, portanto, interesses muito relevantes e de natureza transcendente. Não se trata de decisão inserida na órbita de competência do Poder Executivo. Depende do exame, aprovação e regulamentação do Poder Legislativo, por meio de cuja manifestação retrata-se a concordância do povo à alternativa adotada. A referência do art. 175 à edição de lei para delegação de serviço público se relaciona não apenas com o princípio da legalidade do art. 5. Trata-se de reconhecer que o povo, por via do Poder Legislativo, é único titular das escolhas acerca da forma de gestão dos serviços público. É que esses serviços se destinam a assegurar o bem do povo, a eliminação das carências individuais e regionais e a institucionalização de um Estado Democrático. Por isso, não se admitem decisões provenientes apenas do Poder Executivo – ainda que também esse seja integrado por representantes do povo. Mas o conjunto de órgãos destinado a vocalizar a vontade popular é especificamente o Poder Legislativo. (2003, p. 176)

Não negamos a diferença entre poder de polícia administrativa e serviços públicos (Capítulo 2, item 2.2), porém ressaltamos que a exigência de previsão legal sobre a delegação da atividade é ponto comum entre os dois. Em ambos, atribuições tipicamente públicas, que impactam diretamente a vida dos cidadãos, reivindicam tratamento legal específico e posterior regulação contratual.

Assim, sob pena de esvaziar a legitimidade democrática e violar o princípio da legalidade estrita, indispensável lei que autorize a delegação do poder de polícia administrativa a particulares.

4.2 Previsão legal de parâmetro de controle: o devido processo administrativo

Não basta a previsão em lei autorizadora da delegação de exercício do poder de polícia administrativa, sendo indispensável disciplina legal do parâmetro de controle, especialmente a obrigatoriedade de o agente delegado adotar o devido processo administrativo como meio de realizar a atividade que lhe foi transferida.[173]

Sendo assim, o particular deverá manter infraestrutura para receber e processar as reclamações dos cidadãos e decidir com imparcialidade. Nesse ponto, necessário o monitoramento da Administração, no sentido de assegurar que as pretensões dos cidadãos sejam examinadas mediante motivação e rigor técnico decisório.

A transparência e o acesso a informações devem, do mesmo modo, ser tratados como direito dos cidadãos e dever do agente delegado, por decorrência do Estado Democrático de Direito e à semelhança do que ocorre na concessão de serviços públicos.[174]

A relevância do tema recomenda tratamento pontual relativamente às modalidades de manifestação do poder de polícia administrativa.

4.2.1 O devido processo administrativo na regulação

O Estado, em determinado contexto, poderá avaliar se a delegação da função regulatória ao setor privado é mais consentânea com *exigências*

---

[173] Eurico Bitencourt Neto, ao discorrer sobre o dever de procedimentalização entre o concessionário de serviço público e o usuário, observa que o "[...] particular, quando presta serviço público por delegação, desempenha função administrativa – um modo de execução de uma tarefa pública – [...] o que, por consequência, o sujeita ao dever constitucional de procedimentalização" (2009, p. 138-139). Entendemos que a mesma exigência se verifica na delegação da atividade de polícia administrativa, especialmente considerando sua natureza limitativa ou condicionante da atuação privada.

[174] A Constituição da República, em relação à delegação de serviços públicos, é expressa quanto ao ponto, sendo, a nosso entender, plenamente aplicável, *mutatis mutandis*, ao regime das demais atividades estatais, como a de polícia administrativa. Eis o que dispõe o art. 37, §3º, CR/88: "Art. 37. A administração pública direta e indireta de qualquer dos Poderes da União, dos Estados, do Distrito Federal e dos Municípios obedecerá aos princípios da legalidade, impessoalidade, moralidade, publicidade e eficiência e, também, ao seguinte: [...] §3º A lei disciplinará as formas de participação do usuário na administração pública direta e indireta, regulando especialmente: I – as reclamações relativas à prestação dos serviços públicos em geral, asseguradas a manutenção de serviços de atendimento ao usuário e a avaliação periódica, externa e interna, da qualidade dos serviços; II – o acesso dos usuários a registros administrativos e a informações sobre atos de governo, observado o disposto no art. 5º, X e XXXIII; III – a disciplina da representação contra o exercício negligente ou abusivo de cargo, emprego ou função na administração pública." (BRASIL, 2012a).

REQUISITOS PARA A DELEGAÇÃO DO EXERCÍCIO DO PODER DE POLÍCIA ADMINISTRATIVA A PARTICULARES

técnicas, sem prejuízo do controle da Administração Pública, até porque a titularidade da atividade delegada é do Poder Público e com ele permanece[175] (Capítulo 2, item 2.4.1).

Os riscos que envolvem a atividade econômica são de natureza diversa e variam conforme a especificidade de cada setor, a exigir ou não regulação estatal.[176] Além disso, a particularidade técnica da atividade econômica é, por vezes, incompatível com a dinâmica do processo legislativo, e demandará disciplina infralegal. Caberá ao Estado, nessa hipótese, disciplinar o objetivo geral e se concentrar nas questões formais e procedimentais.

Pedro Gonçalves, a propósito, exemplifica setor em que seria pertinente a transferência da atividade regulatória:

> [...] Com efeito, não vemos por que razão se há de considerar excluída a possibilidade de delegação de funções e poderes de regulação pública, por ex., no sector da regulação e certificação do vinho ou da regulação do desporto. Essencial parece-nos, contudo, que o sector específico em que a delegação se assume como regra não fique abandonado pelas autoridades públicas. *Na medida em que se trata de um sector sob regulação pública, o Estado poderá não estar presente, num primeiro nível de contacto entre regulador e regulados, mas não deve deixar de marcar a sua presença, designadamente através de instâncias encarregadas de fiscalizar a entidade particular com funções públicas de regulação.* (GONÇALVES, 2008, p. 1000, grifo nosso)

---

[175] Além do controle que a Administração deverá exercer a partir do conteúdo da lei autorizadora da delegação, há os limites ao próprio poder regulamentar. Estes, na lição de Eduardo García de Enterría e Tomáz-Ramón Fernández, resultam da noção de primazia da lei: "[...] o regulamento complementa a lei, mas que não pode nem derrogá-la nem suprimi-la, nem menos ainda limitá-la ou excluí-la"(1990, p. 256).

[176] Embora não se trate de regulação de atividade econômica, pontuamos no Capítulo 2, item 2.7.2, o exercício de função regulatória por concessionário: "Em relação à edição de determinados atos normativos, também se reconhece a respectiva transferência ao concessionário, desde que se trate de matéria exclusivamente técnica. No Direito português, exige-se, como regra, a aprovação do poder concedente, conforme lembra Marcello Caetano: '[...] o concedente delega ao concessionário a iniciativa da elaboração dos regulamentos, reservando-se apenas o direito de os aprovar antes de entrarem em vigor' (1996, p. 243). Na Itália, Arnaldo de Valles examina o tema em profundidade: 'A fórmula, que às vezes encontramos na lei ou nos contratos de concessão, pela qual o concessionário é habilitado ou obrigado a emanar um regulamento, consiste apenas em uma exortação ou em uma ordem para que ele se auto-imponha uma norma geral, que seja aplicada em todos os casos iguais: o concedente tem, de fato, o interesse em evitar que o concessionário tenha qualquer atuação arbitrária ou casuística.' (1930, p. 499). Não há, propriamente, delegação de poder normativo que envolva discricionariedade administrativa na formulação de política pública, mas, sim, obrigação de disciplina a respeito de questões que, uma vez não regulamentadas, poderiam causar favorecimentos no curso da prestação dos serviços públicos."

O autor ressalta o indispensável monitoramento por parte da Administração Pública da atividade delegada. O fato de o Estado permanecer como titular da atividade impõe a correspondente fiscalização sobre a delegação da atividade regulatória. Indispensável, do mesmo modo, obediência aos limites legais, conforme salienta Ana Raquel Gonçalves Moniz:

> [...] a habilitação para a delegação do poder regulamentar em entidades privadas não se poderá revelar ofensiva do princípio da reserva de lei, nem do princípio da enumeração das competências públicas de entidades privadas – o que exclui quer a habilitação para a delegação de um poder normativo principal em matéria reservada, quer uma habilitação genérica para a emissão de regulamentos no âmbito da competência de direito público. Sem prejuízo da (relativa) densidade exigida à habilitação legal da delegação do poder regulamentar, caberá ao instrumento de delegação (*in casu*, o contrato), concretizar os termos e as condições da delegação, nunca se admitindo que a entidade pública possa delegar competências regulamentares para além daquelas que se encontram conferidas aos respectivos órgãos e impondo-se uma identificação precisa do sentido do exercício do poder normativo. (MONIZ, 2010, p. 213)

A densidade normativa referida pela autora envolve a disciplina legal sobre os objetivos gerais a serem seguidos pelo agente delegado, a vedação de "habilitação genérica para a emissão de regulamentos" e a fixação de diretrizes (indicadores) para o controle da atividade delegada.

Aspecto relevante, também pertinente ao controle, diz respeito à participação dos potenciais interessados antes da edição dos atos regulatórios. A importância do tema ganha destaque nas lições de Juan Antonio Carrillo Donaire:

> [...] um dos desafios fundamentais é reivindicar e recuperar o maior protagonismo dos aspectos formais e procedimentais *que assegurem a participação de todas as partes interessadas, a imparcialidade e a transparência na determinação do risco e na tomada de decisões para preveni-lo ou corrigi-lo*. (CARRILLO DONAIRE *in* MUÑOZ MACHADO; PARDO, 2009, p. 582, grifo nosso)[177]

---

[177] No original: "[...] uno de los retos fundamentales es reclamar y recuperar el mayor protagonismo de los aspectos formales y procedimentales que aseguren la participación de todas las partes interesadas, la imparcialidad y la transparencia en la determinación del riesgo y en la toma de decisiones para prevenirlo o corregirlo".

O espaço por excelência para manifestação prévia à edição de regulamentos é o processo administrativo regulatório. As particularidades da delegação em foco revelam a obrigatoriedade da medida.

Trata-se de transferência do exercício de atividade normativa a particular acerca de aspectos técnicos de determinada matéria, previamente autorizada por lei.

O caráter inovador do ato normativo decorre, por sua vez, do conteúdo técnico da matéria regulada, conforme aduzimos no item 2.4.1, a pressupor interlocução com os potenciais afetados visando à busca da melhor solução.

Carlos Ari Sundfeld e Jacintho Arruda Câmara formulam importante questionamento, a partir da constatação de que a Constituição de 1988, em relação ao plano legislativo, disciplina um mínimo da atuação parlamentar: "E no âmbito administrativo, haveria algum parâmetro constitucional a impor um procedimento ou um dever de motivar?" (SUNDFELD; CÂMARA, 2011).

Além de apontar os dispositivos da Lei n° 9.784, de 1999, que dispõe sobre o processo administrativo federal, Carlos Ari Sundfeld sustenta que o devido processo legal, previsto no art. 5°, incisos LIV e LV, da Constituição da República, já é suficiente para impor ao agente regulador o dever de ofertar oportunidade de manifestação prévia ao ato normativo.

Ganha relevo o fato de que a delegação da atividade regulatória, no campo de polícia administrativa, exige especificação temática e supõe disciplina técnica pelo agente regulador, a conferir delimitação quanto a seus destinatários. Não há como desconhecer que determinado grupo ou categoria será afetado pelo conteúdo regulatório, a exigir o devido processo prévio.

A apresentação do motivo do ato regulatório é, por sua vez, desdobramento inerente à exigência em exame. Florivaldo Dutra de Araújo, ao tratar do dever de motivação dos regulamentos técnicos, apresenta importante requisito para a legitimidade do ato normativo infralegal:

> É claro que, se dada questão técnica é controvérsia, não se há de exigir que o administrador – comumente, leigo no assunto – vá necessariamente ter como descobrir qual a melhor postura, mas, ao tomar a decisão, terá de, na motivação do ato administrativo, explicar como e sob que critérios chegou à conclusão de ser este ou aquele o melhor comportamento. Certamente o fará invocando os subsídios de parecer elaborado por

FLÁVIO HENRIQUE UNES PEREIRA
REGULAÇÃO, FISCALIZAÇÃO E SANÇÃO

especialista. Se não provar, pela motivação, que buscou a melhor opção técnica, inválido será o ato. (2005, p. 71)

A apresentação do motivo, entendido como "[...] as razões que dão lugar ao ato, isto é, as razões em que ele se baseia" (FAGUNDES, 1984, p. 23), revelará, também, o atendimento da exigência procedimental e dialógica, típica do devido processo. O motivo do ato relaciona-se à base fática, que sustenta a decisão administrativa, e deverá ser explicitado no bojo do processo de elaboração dos atos normativos. Nada mais do que o dever de motivação do ato administrativo,[178] perfeitamente aplicável ao ato regulamentar.[179] Juarez Freitas leciona sobre a natureza cogente da motivação, quando afirma que só "[...] a motivação adequada estabelece a postura pluralista, dialética e não-adversarial, em lugar da imposição odiosa e arbitrária, indiferente ao cidadão" (FREITAS, 2009a, p. 61).

O devido processo regulador atenderá, ainda, o princípio democrático, conferindo legitimidade à atividade delegada.

Onofre Alves Batista Júnior, ao tratar das "transações administrativas", afirma que a "[...] participação dos administrados no procedimento administrativo é decorrência das exigências de uma 'administração democratizada', *como reflexo imediato do princípio constitucional democrático na administração pública*" (2007, p. 67, grifo nosso).

O entendimento não se altera pelo fato de a delegação da atividade regulatória não envolver "litigantes", tal qual prevê o art. 5º, LIV, da CR/88. Neste dispositivo, supõe-se que determinado ato afete direito subjetivo de alguém, a exigir o contraditório e a ampla defesa. Ocorre que o comando constitucional deve ser interpretado em sintonia com o princípio democrático, presente no art. 1º, da CR/88.

Vimos no Capítulo 1, itens 1.2.1 e 1.2.3, que a dimensão procedimental do Estado Democrático de Direito substitui a noção apriorística ou

---

[178] O conceito de motivação formulado por Florivaldo Dutra de Araújo elucida com precisão o tema: "Por sua vez, a motivação formal constitui-se na demonstração, pelo administrador, da existência da motivação substancial. Vale dizer: na exposição capaz de deixar claro que o ato tenha sido praticado segundo motivos reais aptos a provocá-los, que esses motivos guardam pertinência lógica com o conteúdo do ato e que este tenha emanado da autoridade competente, em vista da correta finalidade legal" (2005, p. 91).

[179] Carlos Ari Sundfeld enfrenta a questão no âmbito da atividade regulamentar: "A Administração, ao motivar, deve explicar e expor os motivos que a levaram a decidir daquele modo e não de outro. Deve apontar os estudos de natureza técnica, econômica, científica que tenham servido de base para aquela regulamentação. A Administração deve, para resumir tudo numa só frase, expor de modo fundamentado as razões do ato normativo que expede". Sobre o tema, merece leitura: Sundfeld e Câmara (2013b).

unilateral da diretriz de formação da vontade pública pela exigência de interlocução com os sujeitos envolvidos, ou potencialmente envolvidos. Foi afirmado que a legitimidade da ação estatal não decorrerá, propriamente, da natureza jurídica da entidade, mas do modo como a atividade administrativa é exercida. Em outras palavras, a legitimidade da atuação administrativa deixa de estar centrada unicamente no conteúdo da decisão final, para acolher também a forma como foi elaborada, garantindo-se a participação pública.

Paulo Neves de Carvalho, a propósito da transição do Estado Social para o Estado Democrático de Direito, ressalta a participação popular no processo político e no controle da Administração Pública, como vetor fundamental dessa passagem (*in* ARAÚJO, 2005, p. XVII). Fábio Barbalho Leite, por sua vez, destaca a importância de se considerar a "[...] forma pela qual as decisões são tomadas (em termos procedimentais), o grau de participação pública dos atores interessados e as condições de deliberação sobre os efeitos a serem produzidos sobre cada grupo de interesse" (LEITE *in* ARAGÃO, 2006, p. 352-353).

No tema específico da regulação, Marcelo Pires Torreão salienta que os atos que envolvem limitação à esfera jurídica de terceiros devem ser precedidos do devido processo regulador:

> Em outras palavras, ao haver a possibilidade de surgimento de qualquer gravame na esfera jurídica da regulação, por meio da inovação, alteração ou cancelamento de direitos, deve-se respeitar a processualística na atividade reguladora para a validade do ato de regulação. O processo regulador se consubstancia, portanto, na necessidade de observância das garantias mínimas da processualística, sempre que o ato de regulação puder alterar a estabilidade de direitos de terceiros. (TORREÃO, 2011)

Desse modo, alarga-se a noção sobre a necessidade de devido processo: dos casos em que se cogita sanção ou fiscalização para os que se submetam à regulação editada pelo particular.

Segundo J. J. Calmon de Passos, os atos administrativos, incluídos os reguladores, dependem de processo para alcançar validade jurídica:

> Um equívoco de graves conseqüências, porque indutor *do falso e perigoso entendimento de que é possível dissociar-se* o ser do direito do dizer sobre o direito, *o ser do direito do processo de sua produção, o direito material do direito processual.* Uma e outra coisa fazem um. [...] *Sendo assim, antes de o produto condicionar o processo é o processo que condiciona o produto.* No nível macro, a norma jurídica de caráter geral é algo determinado pelo processo de sua produção, um processo de natureza política. E esse processo

que reclama rigorosa disciplina, em todos os seus aspectos – agentes, organização e procedimentos – sob pena de se privilegiar o arbítrio das decisões. (2004, p. 59 e 62, grifos nossos)

A passagem doutrinária nos reporta às considerações apresentadas nos itens 1.2.1 e 1.2.3, ambos do Capítulo 1, em que demonstramos o caráter complementar entre forma e conteúdo, ou seja, o devido processo administrativo como forma de construção do conteúdo da decisão final, que considera as disputas argumentativas travadas entre as partes interessadas.

Não estamos a defender que a exigência de processo administrativo prévio à edição de atos normativos também deva ser aplicada no âmbito da Administração Pública Direta, ou seja, quando, por exemplo, com base no art. 84 da CR/88, o Chefe do Executivo edita decretos regulatórios.

Nessa circunstância, há expressa disciplina constitucional sobre o tema, além de a representatividade inerente à condição do Chefe do Executivo conferir legitimidade para a edição de regulamentos.

Todavia, considerando que inexiste tratamento constitucional sobre a delegação da atividade de polícia administrativa a particular, faz-se necessário verificar o mecanismo que revestirá de legitimidade o ato delegado, à luz da Constituição em vigor. O princípio democrático, como visto, responde à questão, daí a exigência do processo administrativo prévio ao ato normativo.

Também não se trata de exigir devido processo administrativo prévio em relação às delegações de serviços públicos, porquanto a natureza destes, diferentemente da dos atos de polícia administrativa, não é de limitação da liberdade ou propriedade privadas, mas de oferta de comodidades aos cidadãos.

Com efeito, o controle a ser exercido pelo Estado em relação ao ato normativo delegado não será focado, apenas, na legalidade estrita da decisão do agente regulador, mas se foi ofertada oportunidade de participação aos potenciais interessados, com a respectiva consideração do debate eventualmente instaurado, já que é possível haver controvérsia técnica sobre a melhor solução.

Essa leitura foi explicitada, *v. g.*, na Lei de Telecomunicações, ao dispor sobre a manifestação das entidades interessadas na matéria a ser regulada:[180]

---

[180] Sobre o tema, merece leitura: Sundfeld e Câmara (2013b).

REQUISITOS PARA A DELEGAÇÃO DO EXERCÍCIO DO PODER DE POLÍCIA ADMINISTRATIVA A PARTICULARES

CAPÍTULO 4 | **169**

Art. 42. As minutas de atos normativos serão submetidas à consulta pública, formalizada por publicação no Diário Oficial da União, devendo as críticas e sugestões merecer exame e permanecer à disposição do público na Biblioteca. (BRASIL, 2013p)

Ao analisar o citado dispositivo legal, Carlos Ari Sundfeld e Jacintho Arruda Câmara destacam o dever de a Administração divulgar "[...] os estudos que elaborou e que demonstrem a necessidade e as consequências da medida planejada. Do contrário, as regras projetadas surgiriam como soluções arbitrárias, sem que ninguém pudesse compreender suas razões, sentido e alcance" (SUNDFELD; CÂMARA, 2011).

Em julgado do STF, deparamo-nos com a problematicidade do tema. No Recurso Ordinário em Mandado de Segurança n° 28.487/DF (BRASIL, 2013vv), foi questionado ato normativo da Câmara de Regulação do Mercado de Medicamentos que estabeleceu o coeficiente de adequação de preços, a ser exigido das empresas que contratam com o Poder Público.

Entre as competências legais do mencionado órgão, está a de "[...] estabelecer critérios para fixação e ajuste de preços de medicamentos",[181] contudo, a decisão regulatória é unilateral, sendo previsto procedimento administrativo apenas quanto à atividade sancionadora.

No referido Recurso Ordinário em Mandado de Segurança, foi alegada ofensa ao princípio da legalidade em razão de exorbitância do poder regulamentar, *sem apontar como vício a regulação unilateral*. A questão, portanto, foi apenas mencionada pelo ministro Dias Toffoli, relator do caso:

Também não há que se falar em afronta ao princípio da legalidade, na medida em que a alegada amplitude da delegação normativa consiste no fundamento fático-jurídico do exercício do poder regulamentar pela Administração Pública, que deve atuar em consonância com a lei, atendendo, no caso, à necessidade de regulação do setor farmacêutico e respeitando a dinâmica e às peculiaridades técnicas do mercado de medicamentos.

Assim, não assiste razão à recorrente também quanto à tese de ausência de correspondência entre a previsão normativa de competência da CMED para "estabelecer critérios para fixação e ajuste de preços de

---

[181] Art. 6°, da Lei n° 10.742/03: "Art. 6°. Compete à CMED, dentre outros atos necessários à consecução dos objetivos a que se destina esta Lei: [...] II – estabelecer critérios para fixação e ajuste de preços de medicamentos;" (BRASIL, 2013u).

medicamentos" (art. 6º, II, na Lei n. 10.742/03) e a atuação da referida Câmara *mediante a imposição unilateral* de descontos nos preços de determinados medicamentos nas vendas ao Poder Público. (BRASIL, 2013vv)

Tanto a impetrante quanto o órgão julgador não atentaram para a indispensabilidade da análise dos argumentos suscitados no âmbito de procedimento administrativo, como condição de validade do ato regulatório. Naturalizou-se a prática "unilateral" da imposição estatal via poder regulamentar.

Se assim for, ainda que haja previsão de consulta ou audiência públicas, o controle jurisdicional e a participação do setor privado diretamente afetado pelo conteúdo dos regulamentos serão inócuos. Isto é, sem a consideração, na motivação da decisão regulatória, dos argumentos aduzidos ao longo do processo administrativo ou da consulta pública, é precária a participação dos interessados e inviável o respectivo controle.

Vimos que o Direito Administrativo contemporâneo tende, no dizer de Luciano Ferraz, "[...] ao abandono da vertente autoritária que cultivou no passado para valorizar a participação de seus destinatários finais na formação da conduta administrativa" (*in* MOTTA, 2011, p. 3). Desse modo, é impositiva a instauração de procedimento administrativo prévio à edição dos atos normativos, especialmente quando se tratar do exercício da atividade regulatória pelo particular, garantindo-se o acesso às informações que subsidiam o estudo sobre os atos normativos em preparação e a consideração sobre as manifestações dos potenciais afetados pelos atos normativos.

Por fim, poderia ser questionada a transferência do exercício da regulação ao particular, em razão da competência discricionária presente nessa espécie de manifestação do poder de polícia administrativa (v. Capítulo 2, item 2.4.1).

Em outras palavras, se determinada atividade pública não pode ser amplamente controlada pelo Judiciário em razão do juízo discricionário, não seria, em princípio, recomendado transferir seu exercício a particular. Ou ainda, o parceiro privado, dado o próprio aspecto temporal e precário do instrumento de delegação, poderia blindar seus interesses diante da insindicabilidade que a competência discricionária lhe outorgaria?

Entendemos, porém, que a discricionariedade da função regulatória, conforme a abordagem feita no Capítulo 2, item 2.2.1, além de balizada pela lei, requer motivação técnica, a inibir desvios. Se ainda assim couber margem de escolha, sendo ela acobertada pela lei, não haverá vício no fato de o agente delegado valer-se dessa prerrogativa, pois se tratará de "indiferente jurídico" (GARCÍA DE ENTERRÍA; FERNÁNDEZ, 1997, p. 449), ou, no dizer de Fernando Sainz Moreno, de decisão que adota duas ou mais soluções, todas igualmente válidas para o Direito (1976, p. 304).

Na hipótese de desvio de finalidade, caberá revisão jurisdicional. A propósito do controle judicial sobre a finalidade do ato administrativo, Odete Medauar (2012, p. 218) recorda que o primeiro acórdão sobre o tema foi produzido na década de 1940, tendo como relator o então desembargador do Tribunal de Justiça do Rio Grande do Norte, Seabra Fagundes, cujo voto anulou ato da Administração Pública que havia fixado horário de tráfego para uma empresa de ônibus visando prejudicá-la em benefício de empresa concorrente.[182]

O ordenamento jurídico oferta, portanto, há algum tempo, mecanismos de controle que incidirão independentemente de o ato administrativo ter emanado da esfera estatal ou privada, vez que presente o regime jurídico público.

Em resumo, a lei que autorizar a delegação da atividade regulatória a particular, além de bem delimitar seu foco de abrangência, deverá estabelecer a obrigatoriedade de adoção do devido processo regulatório pelo agente delegado, garantindo-se a participação efetiva dos interessados e o controle da respectiva motivação decisória.

4.2.2 Devido processo administrativo na fiscalização

A fiscalização, como visto, é a manifestação do poder de polícia administrativa que monitora, verifica e promove autuações relativamente ao cumprimento de atos normativos (Capítulo 2, item 2.4.2). O desafio, notadamente em áreas que demandam grande diversidade de regulamentação técnica, é apurar descumprimento das normas e acompanhar a atuação do setor regulado da forma mais próxima da realidade. Daí a necessidade de parcerias com a iniciativa privada para que sejam utilizados os recursos tecnológicos mais avançados. Não se trata de singela captação de situação fática ou atividade meramente material.

Em relação à atividade de inspeção, controle e certificação de produtos, demonstramos, no Capítulo 1, item 1.2.1.1, a partir das lições de Dolors Canals I Ametller (2003), que o avanço tecnológico

---

[182] A autora informa ter sido a Apelação Cível nº 1.422 publicada na *RDA*, n. 14, out.-dez. 1948.

172 FLÁVIO HENRIQUE UNES PEREIRA
REGULAÇÃO, FISCALIZAÇÃO E SANÇÃO

desenvolvido pelo setor privado poderá se colocar a serviço da ação estatal de fiscalização, mediante delegação do exercício dessa atividade, sem que haja comprometimento da incidência do regime jurídico de direito público.

No campo da certificação digital, as transações eletrônicas necessitam de mecanismos de segurança capazes de garantir autenticidade, confiabilidade e integridade às informações eletrônicas. A assinatura digital ilustra bem a relevância da atuação de entidades privadas, que podem ser credenciadas como "autoridades certificadoras",[183] tornando-se, consequentemente, indispensáveis para a tecnologia da certificação digital.

O geoprocessamento, entendido como o tratamento de dados adquiridos por localização geográfica,[184] é outra hipótese emblemática, pois requer técnica própria e em constante desenvolvimento. Por meio desse instrumento é possível avaliar obras realizadas em redes de esgoto sanitário ou obras de pavimentação de rodovias e avenidas, bem como monitorar áreas visando à preservação do meio ambiente ou à ocupação regular do solo em grandes cidades, enfim, as finalidades são diversas e proporcionais às inúmeras demandas existentes.

O particular, detentor da tecnologia, é gestor de informações de relevância estratégica, sendo impreciso considerá-lo mero executor de atividade material de polícia administrativa. A gestão de informação estratégica, contudo, não inviabiliza o transpasse da atividade pública ao particular, haja vista que o regime publicístico acompanha a execução da atividade delegada.

Celso Antônio Bandeira de Mello, todavia, admite apenas a delegação de "[...] certos atos materiais que precedem atos jurídicos de polícia", porquanto "[...] as constatações efetuadas por tal meio caracterizam-se pela impessoalidade (daí por que não interfere o tema do sujeito, da pessoa) e asseguram, além de exatidão, uma igualdade

---

[183] O Instituto Nacional de Tecnologia da Informação, autarquia federal vinculada à Casa Civil da Presidência da República, esclarece como as autoridades certificadoras e de registro podem ser credenciadas: "3.10 Como se tornar uma AC ou uma AR? Os candidatos ao credenciamento na ICP-Brasil devem atender alguns critérios, como: ser órgão ou entidade de direito público *ou pessoa jurídica de direito privado*; estar quite com todas as obrigações tributárias e os encargos sociais instituídos por lei; atender aos requisitos relativos à qualificação econômico-financeira conforme a atividade a ser desenvolvida; e atender às diretrizes e normas técnicas da ICP-Brasil relativas à qualificação técnica aplicáveis aos serviços a serem prestados" (BRASIL, 2013g, grifo nosso).

[184] Pedro Coelho Teixeira Cavalcanti (2013) demonstra a importância da utilização do geoprocessamento nas auditorias de obras públicas realizadas pelo Tribunal de Contas da Paraíba.

completa de tratamento dos administrados" (BANDEIRA DE MELLO, 2011, p. 846-847).

É preciso reconhecer, entretanto, a diferença entre situações que apresentam complexidades diversas. Não há, por exemplo, como comparar a atividade "material" realizada por radares eletrônicos de trânsito com contratações que envolvam gestão de tecnologia capaz de armazenar volume extraordinário de informações, com base nas quais a ação fiscalizadora e sancionadora do Estado será realizada.

Por outro lado, não há dado científico e até mesmo jurídico que possa garantir que o particular, no exercício de ato fiscalizador, seja parcial pelo simples fato de *não* integrar o aparato estatal. Até porque, conforme já anunciado neste trabalho, o exercício da atividade de polícia administrativa será regido pelo direito público, ainda que realizado pelo particular (Capítulo 1, item 1.2.1.1). A investidura em cargo, não é, como já examinado, a única forma legítima de representação do Estado e de exercício de funções estatais (Capítulo 2).

A propósito, embora não se trate de atividade de polícia administrativa,[185] o disposto no art. 67, da Lei nº 8.666/93, reconhece a necessidade de, em certas situações, o particular ser contratado para fiscalizar a execução de contratos administrativos:

> Art. 67. A execução do contrato deverá ser acompanhada e fiscalizada por um representante da Administração especialmente designado, *permitida a contratação de terceiros para assisti-lo e subsidiá-lo de informações pertinentes a essa atribuição*. (BRASIL, 2013l, grifo nosso)

O texto normativo utiliza-se do termo "assistir" ou "subsidiar" a atividade da Administração Pública. Contudo, a depender da dimensão da obra pública ou de sua complexidade, a atuação do particular é indispensável e acaba por vincular a decisão administrativa, salvo se houver fundamentação técnica suficiente a refutar a apuração feita pelo contratado. É ilustrativo julgado do Tribunal de Contas da União sobre o dispositivo legal:

> 10. [...] o art. 67 da Lei n. 8666/1993 faculta, mas não obriga o Dnit a contratar empresa especializada para a supervisão das obras [...]. Assim, a contratante pode valer-se da fiscalização realizada por engenheiro residente da própria autarquia federal. *Embora a fiscalização direta das obras rodoviárias pelo corpo técnico do próprio Dnit seja, na prática, inviável,*

---

[185] Retornar ao tema poder de polícia e poder disciplinar, item 2.1, do Capítulo 2.

> *dada a carência de pessoal e a grande extensão da malha rodoviária*, não se pode sancionar o gestor público por essa escolha, sobretudo porque a lei e o contrato não exigem a contratação dos serviços de supervisão das obras. 11. *Por outro lado, o Dnit incorre em elevado risco de ocorrerem inadequações na execução das obras de construção rodoviária, exatamente pelas deficiências estruturais vivenciadas pela autarquia para realizar, a contento, a fiscalização direta dos seus empreendimentos. Aliás, foi justamente por conta desse quadro e da presença de indícios de irregularidade na execução dos contratos em análise, que o Relator, com a aquiescência do Tribunal, condicionou a retomada das obras de construção rodoviária, dentre outros fatores, à prévia contratação de empresa supervisora.* (BRASIL, 2013ww, grifos nossos)

A decisão do TCU demonstra que serão os dados concretos da situação que indicarão a necessidade de delegação de determinada atividade fiscalizadora ao particular, tal como se verificou na hipótese de escassez de pessoal técnico do órgão e da relevância da obra a ser fiscalizada.[186]

Floriano de Azevedo Marques Neto, ao discorrer sobre a legitimidade da contratação de empresas privadas que prestam serviços de gerenciamento, acompanhamento e apoio à fiscalização das concessionárias de sistemas rodoviários, afirma que a hipótese não trata de atividade "intrinsecamente estatal" (2000, p. 73).

Segundo o autor, quando se tratar de atividade típica do Estado, não caberá a delegação contratual, pois, se a existência de atividade inerente à autoridade pública decorre de lei, "[...] não seria por meio de contrato que ser-lhe-ia retirada tal competência" (2000, p. 70).

Todavia, a questão sobre a delegação de atividade fiscalizadora para particulares não reside em saber se se trata de atividade típica do Estado, na medida em que também a lei poderá disciplinar a transferência, ou seja, não será por meio de mero contrato que a delegação se legitimará. Na verdade, alegar que a empresa contratada para gerenciamento de concessões atua de forma secundária ou de simples apoio à Administração, é minimizar, em abstrato, o que, na realidade, é atividade que fundamenta decisões administrativas.

---

[186] Helio Saul Mileski, ao abordar o tema "fiscalização dos Tribunais de Contas a partir de auditorias privadas", recorda ser "[...] comum e até salutar que o Poder Público realize a contratação de empresas privadas para auditarem as sociedades de economia mista e empresas públicas, até porque se trata de atividades que refogem à atuação do setor público – atividade econômica –, ficando mais afeitas à órbita privada e, por isto, podendo a auditoria privada exercer a atividade com maior eficácia, principalmente quando se tratar do setor bancário ou industrial" (MILESKI, 2005).

REQUISITOS PARA A DELEGAÇÃO DO EXERCÍCIO DO PODER DE POLÍCIA ADMINISTRATIVA A PARTICULARES

No âmbito do controle interno, a contratação de empresa privada para realizar auditoria na Administração Pública é outro exemplo de transferência de atividade fiscalizadora. O tema é objeto de expressa deliberação no Decreto n° 3.591, de 06.09.2000, que dispõe sobre o Sistema de Controle Interno do Poder Executivo Federal:

> Art. 16. A contratação de empresas privadas de auditoria pelos órgãos ou pelas entidades da Administração Pública Federal indireta somente será admitida quando comprovada, junto ao Ministro supervisor e ao Órgão Central do Sistema de Controle Interno do Poder Executivo Federal, a impossibilidade de execução dos trabalhos de auditoria diretamente pela Secretaria Federal de Controle Interno ou órgãos setoriais do Sistema de Controle Interno do Poder Executivo Federal. (BRASIL, 2013d)

Não há, portanto, ilegalidade na contratação de auditoria privada, ainda que esta implique gestão de informações estatais, desde que demonstrada a necessidade do serviço. A Administração continuará a dispor das prerrogativas conferidas pelo ordenamento jurídico público (*v. g.*, os atributos do contrato administrativo, nos termos da Lei n° 8.666/93), que asseguram o controle sobre a regularidade da execução contratual.

A suposta ausência de amparo legal e constitucional na contratação de parceiros privados para atuar na fiscalização estatal desconhece a premissa de que o regime publicístico incidirá sobre toda a execução da atividade. Equivocada, do mesmo modo, a suposição que, sem amparo no ordenamento jurídico, antevê parcialidade indevida na atuação do particular.

O exercício de poderes públicos pelo agente delegado, especialmente quanto ao acesso a informações públicas e privadas, aumenta a sua responsabilidade e o dever de monitoramento por parte da Administração Pública. Nesse sentido, é indispensável que seja obedecido rito procedimental previamente fixado para o desenvolvimento da atividade delegada ao particular, possibilitando o acompanhamento pela Administração.

O fato de a atividade de fiscalização poder gerar efeito desfavorável a determinada pessoa exige, do mesmo modo, o devido processo administrativo, pois o ilícito e a respectiva sanção devem guardar correspondência com aquilo que for apurado pela atividade fiscalizadora.

Por essas razões, também a lei que autorize a delegação do exercício da fiscalização ao particular deverá estabelecer a ritualística do devido processo, garantindo, a um só tempo, a ampla defesa e o contraditório (art. 5º, incisos LIV e LV, da Constituição da República), como também viabilizando o controle por parte da Administração Pública.

4.2.3 Devido processo administrativo na sanção

A atividade sancionadora, tal como verificamos na regulação e fiscalização, é passível de delegação ao particular, desde que o legislador, considerando o contexto social e tecnológico relativos a determinado setor da atividade econômica, entenda necessário.

Embora passíveis de estudo individualizado, regulação, fiscalização e sanção estão interligadas, pois a fixação de regras gerais (regulação) corresponde à verificação de seu cumprimento (fiscalização) e à respectiva imposição de consequência jurídica desfavorável (sanção).

Merece destaque o caráter vinculado da atividade sancionadora, conforme salientamos no Capítulo 2, item 2.4.3. Além de situar-se na dimensão de aplicação normativa (Capítulo 1, item 1.2.3), a sanção incide ao final do processo e em relação a fatos pretéritos que configurem ilícito administrativo. A decisão terminativa da atividade sancionadora deverá, por conseguinte, considerar todas as manifestações aduzidas ao longo do procedimento e apresentar motivação embasada em razões de fato e de direito. Conforme salienta Florivaldo Dutra de Araújo,

> De nada valeria a formal participação do acusado em todos os termos e atos do processo administrativo, se não lhe fosse também garantido que o administrador, ao julgar, levasse em conta efetivamente, de maneira objetiva e palpável, os argumentos e provas por aquele trazidos ao processo. Direito de ser ouvido é direito de ter suas alegações examinadas pelo órgão julgador. Daí a importância da noção tedesca do *rechtsfertigender Staat* ('Estado que se justifica'), segundo a qual toda intromissão na órbita particular deve ser justificada. E não basta que essa justificação exista materialmente. Ela precisa ser formalmente demonstrada, exposta. (2005, p. 144)

De fato, não haveria sentido algum em se exigir o atendimento ao devido processo legal se a Administração pudesse ignorar os argumentos aduzidos pelas partes interessadas, razão pela qual a motivação deve apresentar o relato das ponderações de todos os envolvidos e a respectiva fundamentação técnica que refute ou acolha tais manifestações.[187] Essa exigência, aliada à incidência do regime publicístico, afasta suposta violação ao princípio da isonomia, porquanto não se trata, propriamente, de um particular, no exercício de atividade privada, impor sanções a outrem. Trata-se, sim, de exercício de atividade estatal por particular, devidamente autorizado em lei, sob vigência de regime jurídico público.

Interessante observar que o STF, ao examinar a extensão de direitos fundamentais sobre relações entre particulares, reconheceu a relevância do direito ao devido processo, reafirmando sua indispensabilidade, *ainda que no âmbito de entidades não estatais, de natureza privada*. Tratou-se da exclusão de membros de entidades privadas e, pois, foi admitido o caráter sancionador da medida, como também a competência do Judiciário para rever decisões editadas por particulares que violem garantias fundamentais.

Nos autos do Recurso Extraordinário nº 158.215/RS, a Suprema Corte anulou decisão de exclusão de associado de cooperativa pela não observância de preceitos estatutários relativos à defesa dos excluídos. A garantia da ampla defesa foi o destaque do voto do ministro relator, Marco Aurélio Mello, que salientou a natureza punitiva daquela decisão: "[...] Na hipótese de exclusão de associado decorrente de conduta contrária aos estatutos, impõe-se a observância ao devido processo legal, viabilizado o exercício amplo da defesa". E, ainda: "[...] a exaltação de ânimos não é de molde a afastar a incidência de preceito constitucional assegurador da plenitude da defesa nos processos em geral" (BRASIL, 2013nn).

Ao analisar o julgado, Paulo Gustavo Gonet Branco observa que o STF não se limitou a reconhecer mera violação de preceito estatutário de entidade privada, o que tornaria inviável o conhecimento do Recurso Extraordinário, mas, sim, a incontornável "[...] necessidade de se ouvir o castigado antes da sanção, quer a medida seja aplicada pelo Estado, quer ela seja infligida no âmbito das relações privadas" (2003, p. 170-174).

---

[187] Sobre as finalidades do devido processo, leciona Romeu Felipe Bacellar Filho: "Em síntese, os poderes de agir compreendidos no contraditório e na ampla defesa põem às claras as múltiplas finalidades do processo administrativo, imprimindo ao exercício da competência: legitimação, racionalização, imparcialidade, equilíbrio, quebra do monolitismo da administração caracterizado pelo monopólio da decisão, aproximação entre administração e cidadãos, rompendo-se a imagem de administração contraposta à sociedade e controle da atividade administrativa" (2012, p. 68-69).

Constatamos, portanto, que o STF afirmou que o devido processo legal é exigível em "processos em geral", que envolvam caráter punitivo, ainda que não se refira à relação entre Estado e cidadão. Por outro lado, ao anular a decisão de exclusão de membro de cooperativa, o Tribunal admitiu a existência de "poderes" entre particulares, o que não significou dispensa do regime jurídico público constitucional.

No mesmo sentido decidiu a Suprema Corte nos autos do Recurso Extraordinário n° 201.819-8/RJ, em que também se examinou a eficácia dos direitos fundamentais nas relações privadas, assegurando-se o direito ao devido processo legal ao associado de entidade privada, sem fins lucrativos, que foi excluído de seus quadros. Segundo o ministro relator para acórdão, Gilmar Mendes,[188] "[...] os direitos fundamentais assegurados pela Constituição vinculam diretamente não apenas os poderes públicos, estando direcionado também à proteção dos particulares em face dos poderes privados" (BRASIL, 2013pp).

Nesse ponto, é explícito o reconhecimento de "poderes" entre particulares, a atrair garantias constitucionais incidentes diretamente nas relações entre eles. No precedente, foi destacada a "atividade de caráter público" da entidade privada, uma vez que integrante da estrutura do ECAD, e que assume, desse modo, "[...] posição privilegiada para determinar a extensão do gozo e fruição dos direitos autorais de seus associados" (BRASIL, 2013pp).

Entendemos que esses julgados reforçam a tese da possibilidade de transferência do exercício da atividade sancionadora do poder de polícia administrativa, porquanto o STF, ao mesmo tempo que se posicionou pela natureza punitiva da atividade exercida por entidades particulares, assumiu o respectivo controle jurisdicional, exigindo respeito ao devido processo.

Acerca da execução forçada, conforme já nos posicionamos, haverá limitação à delegação ao particular, quando o infrator resistir ao cumprimento da medida e, por conseguinte, necessária a requisição de força policial (art. 144, CR/88), salvo em situação de urgência garantidora de direitos fundamentais.

Assim, e considerando a natureza eminentemente vinculada da atividade sancionadora, afirmamos que a delegação dessa atividade

---

[188] A ministra Ellen Gracie, relatora originária do caso, ficou vencida, ao sustentar a tese de que a "[...] controvérsia envolvendo a exclusão de um sócio de entidade privada resolve-se a partir das regras do estatuto social e da legislação civil em vigor. Não tem, portanto, o aporte constitucional atribuído pela instância de origem, sendo totalmente descabida a invocação do disposto no art. 5º, LV, da Constituição para agasalhar a pretensão do recorrido de reingressar nos quadros da UBC [União Brasileira dos Compositores]" (BRASIL, 2013pp).

a particular é admissível, porque desenvolvida no devido processo administrativo, ou seja, aquele em que estão assegurados os direitos ao contraditório e à ampla defesa, passível de controle jurisdicional.

4.3 Previsão legal que assegure a isonomia na escolha do agente delegado

Conforme discorremos no Capítulo 3, item 3.1, a delegação decorre diretamente de lei, do ato ou por meio de vínculo contratual, ambos embasados na lei.

Na primeira hipótese, é a lei que deverá se ater aos princípios constitucionais (*v. g.*, isonomia) para a escolha do agente delegado, que poderá ser, por exemplo, uma empresa estatal de natureza privada ou os donos de restaurantes em razão da proibição de fumar nesses estabelecimentos (art. 3°, da Lei n° 13.541, de 07.05.2009, do Estado de São Paulo)[189] ou, ainda, determinada associação ou entidade que represente setor específico a ser afetado pelo poder de polícia administrativa. Não há, dada a particularidade da delegação, ofensa à isonomia.

Na hipótese de vínculo contratual, é o processo licitatório, como regra, o modo de escolha que assegura tratamento igualitário entre eventuais interessados.

Trata-se de desdobramento inerente ao princípio da isonomia, uma vez que oportunidades iguais devem ser ofertadas àqueles que pretendam contratar com o Poder Público, nos termos do *caput* e inciso XXI do art. 37, da CR/88.[190]

Devem ser observadas as regras de licitação, incluídas as hipóteses de dispensa e inexigibilidade do certame, especialmente as normas gerais previstas na Lei n° 8.666/93, sem prejuízo de que o legislador

---

[189] "Art. 3° O responsável pelos recintos de que trata esta lei *deverá advertir* os eventuais infratores sobre a proibição nela contida, bem como sobre a obrigatoriedade, caso persista na conduta coibida, de imediata retirada do local, se necessário mediante o auxílio de força policial." (SÃO PAULO, 2013, grifo nosso).

[190] "Art. 37. A administração pública direta e indireta de qualquer dos Poderes da União, dos Estados, do Distrito Federal e dos Municípios obedecerá aos princípios de legalidade, impessoalidade, moralidade, publicidade e eficiência e, também, ao seguinte: [...]
XXI – ressalvados os casos especificados na legislação, as obras, serviços, compras e alienações serão *contratados mediante processo de licitação pública que assegure igualdade de condições a todos os concorrentes*, com cláusulas que estabeleçam obrigações de pagamento, mantidas as condições efetivas da proposta, nos termos da lei, o qual somente permitirá as exigências de qualificação técnica e econômica indispensáveis à garantia do cumprimento das obrigações." (BRASIL, 2012a).

ordinário decida pelo estabelecimento de regime contratual próprio para a delegação do exercício do poder de polícia administrativa.

O fundamental é que as prerrogativas do Estado, na condição de contratante, possibilitem meios para garantir o cumprimento fiel do objeto da avença.

O art. 58, I, da Lei nº 8.666/93, confere à Administração o direito de modificar unilateralmente o contrato para adequá-lo às finalidades públicas, desde que não desfigurado seu objeto e respeitado o reequilíbrio econômico-financeiro consubstanciado na proposta vencedora do certame. Compete à contratante fiscalizar a execução do contrato e aplicar sanções em caso de inexecução parcial ou total do ajuste (art. 58, III e IV, da Lei nº 8.666/93), além de poder "[...] ocupar provisoriamente bens móveis e imóveis, pessoal e serviços vinculados ao objeto do contrato, na hipótese da necessidade de acautelar apuração administrativa de faltas contratuais pelo contratado" (art. 58, V, da Lei nº 8.666/93).

Cabe à Administração, ainda, acompanhar e fiscalizar a execução dos contratos por intermédio de representante por ela designado, nos termos do art. 67, da Lei nº 8.666/93, bem como ao contratado manter preposto, aceito pela Administração, para representá-lo na execução do contrato (art. 68, da Lei nº 8.666/93).

A rescisão contratual poderá ocorrer também unilateralmente, conforme dispõem os arts. 58, 78 e 79, todos da Lei nº 8.666/93, entre outras razões: i) por descumprimento ou cumprimento irregular de cláusulas contratuais; ii) em função de paralisação da obra ou serviço; iii) por desatendimento das determinações regulares da Administração Pública contratante; e iv) em razão de motivos de interesse público, "[...] de alta relevância e amplo conhecimento, justificadas e determinadas pela máxima autoridade da esfera administrativa a que está subordinado o contratante e exaradas no processo administrativo a que se refere o contrato" (art. 78, XII, da Lei nº 8.666/93).

Com efeito, além de atender ao princípio da isonomia, a previsão legal sobre a escolha do agente delegado envolve as prerrogativas contratuais da Administração Pública que instrumentalizam o controle estatal sobre a atividade do agente delegado.

4.4 Responsabilidade civil do Estado e do agente delegado em relação a terceiros

Tendo em vista se tratar de tema afeto ao regime jurídico da delegação da atividade de polícia administrativa, passamos à análise da responsabilidade civil por danos causados a terceiros.

O art. 37, §6°, da CR/88, adota a responsabilidade civil objetiva do Estado, isto é, desde que demonstrado o nexo causal entre a omissão ou a ação estatal e o dano causado a terceiro, a indenização é devida, dispensada a investigação sobre culpa ou dolo do agente público:

> Art. 37. A administração pública direta e indireta de qualquer dos Poderes da União, dos Estados, do Distrito Federal e dos Municípios obedecerá aos princípios de legalidade, impessoalidade, moralidade, publicidade e eficiência e, também, ao seguinte: [...]
>
> §6° – As pessoas jurídicas de direito público e as de direito privado prestadoras de serviços públicos responderão pelos danos que seus agentes, nessa qualidade, causarem a terceiros, assegurado o direito de regresso contra o responsável nos casos de dolo ou culpa. (BRASIL, 2012a)

O dispositivo estende a responsabilidade objetiva às pessoas de direito privado prestadoras de serviços públicos, que, ao agirem nessa condição, deverão indenizar o terceiro que tenha sofrido dano decorrente de ação ou omissão no exercício da atividade pública delegada.

Nesse cenário, entendemos pela aplicabilidade do comando constitucional em relação à execução do poder de polícia administrativa, embora o mencionado §6° do art. 37 utilize a expressão "serviços públicos".

Segundo Celso Antônio Bandeira de Mello, a responsabilidade objetiva do Estado justifica-se por sua "[...] posição de obrigado a prestações multifáticas das quais não se pode furtar, pena de ofender o Direito ou omitir-se em sua missão própria [...]" e, ainda, pelo fato de o contato do Estado com os administrados ocorrer de modo constante, a possibilitar prejuízos em escala macroscópica (2011, p. 1005). Romeu Felipe Bacellar Filho (2000) destaca, também, a "[...] justa e equânime distribuição dos ônus e encargos sociais" como pano de fundo da responsabilidade civil objetiva do Estado e de seus agentes delegados.

Embora existam diferenças entre poder de polícia e serviços públicos (Capítulo 2, item 2.2), não há, em relação ao tema da responsabilidade civil objetiva, particularidade que justifique a não incidência do mencionado comando constitucional em relação a danos causados a terceiros pelo exercício do poder de polícia administrativa. Tanto o serviço público quanto o poder de polícia são *funções de titularidade do Estado* e envolvem diretamente a vida dos cidadãos, os quais "[...] não têm como evadir ou sequer minimizar os perigos de dano provenientes da ação do Estado, ao contrário do que sucede nas relações privadas" (BANDEIRA DE MELLO, 2011, p. 1005).

182 FLÁVIO HENRIQUE UNES PEREIRA
REGULAÇÃO, FISCALIZAÇÃO E SANÇÃO

Não seria razoável imaginar que a responsabilidade objetiva por dano causado na prestação de serviço público, tal como prevista na Constituição, não tenha incidência também na hipótese de danos causados no exercício do poder de polícia administrativa. Em outras palavras, se o Estado ou quem o represente responde objetivamente quando oferta comodidades aos cidadãos (serviço público), do mesmo modo deve responder quando causa dano em razão de atividade que limita ou condiciona a propriedade e a liberdade privadas (poder de polícia administrativa).

Dessa forma, se o agente delegado de atividade de polícia administrativa causar dano a terceiro no desempenho dessa função, atrairá para si a responsabilidade civil objetiva, cabendo-lhe responder pelo prejuízo causado, *independentemente de dolo ou culpa*.

Todavia, quanto à necessidade de demonstração do elemento subjetivo, o art. 70, da Lei n° 8.666/93, dispõe que o contratado será "[...] responsável pelos danos causados diretamente à Administração ou a terceiros, *decorrentes de sua culpa ou dolo* na execução do contrato [...]". A interpretação literal do dispositivo pode levar à conclusão de que o "terceiro" prejudicado por ação ou omissão do contratado deverá demonstrar a culpa ou o dolo deste para ter direito à indenização.

Ocorre que esse entendimento deve ser examinado à luz do mencionado art. 37, §6°, da CR/88, e, pois, limita-se ao relacionamento entre a Administração e o contratado ou quando o objeto do contrato *não* versar sobre atividade tipicamente estatal. É o que pode ocorrer, por exemplo, no contrato por empreitada integral,[191] em que o contratado assume a responsabilidade por todas as etapas do empreendimento, as quais não caracterizariam atividade estatal propriamente dita.

Assim, caso o dano causado a terceiro resulte de atividade incidental ao objeto do contrato e não de atividade de titularidade estatal delegada a particular mediante ajuste, descabe a responsabilidade objetiva prevista no art. 37, §6°, da CR/88, uma vez que inexistente a prestação de "serviço público", fazendo-se necessário, conforme determina o art. 70, da Lei n° 8.666/93, ser comprovado o dolo ou a culpa do contratado.

---

[191] Eis o conceito legal de empreitada integral, contido na Lei n° 8.666/93: "Art. 6°. Para os fins desta Lei, considera-se: [...] e) empreitada integral – quando se contrata um empreendimento em sua integralidade, compreendendo todas as etapas das obras, serviços e instalações necessárias, sob inteira responsabilidade da contratada até a sua entrega ao contratante em condições de entrada em operação, atendidos os requisitos técnicos e legais para sua utilização em condições de segurança estrutural e operacional e com as características adequadas às finalidades para que foi contratada;" (BRASIL, 2013l).

Por outro lado, se houver dano decorrente da execução de contrato relativo à prestação de atividade de titularidade estatal, seja serviço público ou poder de polícia administrativa, responderá o contratado diretamente e sob a modalidade da responsabilidade objetiva, cabendo à Administração Pública apenas a responsabilidade subsidiária. No ponto, é aplicável o art. 70, da Lei nº 8.666/93, que atribui responsabilidade direta ao contratado e, conforme §6º, do art. 37, da CR/88, sem necessidade de exame de dolo ou culpa, como, aliás, também prevê o regime de concessão de serviços públicos.[192]

Romeu Felipe Bacellar Filho apresenta as razões pelas quais a responsabilidade estatal é subsidiária em relação ao agente delegado de função pública:

> Em se tratando de um Estado Democrático de Direito e de uma sociedade organizada sob tal primado, não há como negar o dever de o Estado, subsidiariamente, responder pelo dano. [...]
> Não se pode olvidar que se o dano existiu em função do munus público, e se seu caráter é anormal e especial, a responsabilidade objetiva persiste e o Estado responde subsidiariamente, com base nos mesmos fundamentos que o levam a responder quando se trata de ato derivado de atuação direta do Poder Público.
> Como já assinalado, se a simples delegação não constitui fator impeditivo ao concessionário de responder objetivamente, dada a pública natureza da função, desarrazoado seria inferir que o poder concedente, o detentor da função pública, não respondesse de forma subsidiária, se aquele se esquivasse ou não pudesse, em face de insolvência, arcar com o ônus. (BACELLAR FILHO, 2000)

Depreende-se das lições do autor que a responsabilidade civil objetiva do Estado não implica, necessariamente, responsabilidade direta do Estado, ou seja, quando o nexo causal entre o dano e a conduta não envolver ação ou omissão direta do Estado, mas de delegatário de função pública, a responsabilidade deste será direta e a daquele subsidiária.

---

[192] Além do já citado art. 25, dispõe o art. 2º, II, da Lei nº 8.987, de 1995: "Art. 2º Para os fins do disposto nesta Lei, considera-se: [...] II – concessão de serviço público: a delegação de sua prestação, feita pelo poder concedente, mediante licitação, na modalidade de concorrência, à pessoa jurídica ou consórcio de empresas que demonstre capacidade para seu desempenho, *por sua conta e risco* e por prazo determinado;" (BRASIL, 2013n, grifo nosso).

184 FLÁVIO HENRIQUE UNES PEREIRA
REGULAÇÃO, FISCALIZAÇÃO E SANÇÃO

O tema é recorrente na atividade notarial. Rodrigo Gerent Mattos (2013) recorda julgado do STF que, embora isolado, admite a responsabilidade objetiva *direta* do notário:

> Responde o Estado pelos danos causados em razão de reconhecimento de firma considerada assinatura falsa. Em se tratando de atividade cartorária exercida à luz do artigo 236 da Constituição Federal, a responsabilidade objetiva *é do notário*, no que assume posição semelhante à das pessoas jurídicas de direito privado prestadoras de serviços públicos – §6° do artigo 37 também da Carta da República. (BRASIL, 2013oo)

A responsabilidade direta do notário decorre do art. 236, da CR/88, quando disciplina a delegação da atividade notarial, remanescendo a responsabilidade subsidiária para o Estado. Para Rodrigo Gerent Mattos, a responsabilidade do notário "[...] é direta e, ao menos em um primeiro momento, não pode ser imputada ao Estado, pois não soa justo seja a sociedade como um todo chamada a suportar os danos decorrentes do exercício privado de uma atividade profissional" (2013).

Tal entendimento está em sintonia com o art. 22, da Lei n° 8.935/94, que regulamenta o art. 236, da CR/88:

> Art. 22. Os notários e oficiais de registro responderão pelos danos que eles e seus prepostos causem a terceiros, na prática de atos próprios da serventia, assegurado aos primeiros direito de regresso no caso de dolo ou culpa dos prepostos. (BRASIL, 2013m)

Verificamos que o dispositivo legal reflete a orientação do art. 37, §6°, da CR/88, e corrobora o posicionamento pela responsabilidade subsidiária do Estado e direta do agente delegado.

Do mesmo modo que ocorre na atividade notarial, a delegação do exercício de atividade de polícia administrativa envolve a transferência de *munus* público, a atrair a responsabilidade direta do causador do dano, sem prejuízo de o legislador disciplinar a matéria, respeitando-se, evidentemente, o parâmetro constitucional em apreço.

Relevante julgamento foi realizado pelo STJ, nos autos do Recurso Especial n° 1.071.741/SP (BRASIL, 2011e), que tratou da responsabilidade do Estado por omissão no exercício de *atividade fiscalizadora*. No caso, foi apurado dano ambiental em unidade de conservação de proteção integral invadida por particular. O Tribunal reconheceu que do dever-poder de controle e fiscalização ambiental decorre a responsabilidade civil do Estado, especialmente se demonstrada a omissão estatal quanto ao

CAPÍTULO 4

REQUISITOS PARA A DELEGAÇÃO DO EXERCÍCIO DO PODER DE POLÍCIA ADMINISTRATIVA A PARTICULARES | 185

manejo de instrumentos jurídicos capazes de coibir ocupações ilícitas. Contudo, decidiu-se que a responsabilidade seria solidária e de *execução subsidiária (ou com ordem de preferência), ou seja, o Estado integra o título executivo sob a condição de só ser convocado a quitar a dívida se o degradador original não o fizer.*

Já a responsabilidade civil do Estado em razão da *atividade regulatória* foi objeto do Recurso Extraordinário n° 422.941-2/DF (BRASIL, 2011o), em que o STF deu provimento ao recurso para condenar a União a indenizar a Destilaria Alto Alegre, em razão de prejuízos advindos da intervenção do Poder Público no domínio econômico, que resultou na fixação de preços no setor sucro-alcooleiro abaixo dos valores apurados e propostos pelo Instituto Nacional do Açúcar e do Álcool, autarquia federal.[193]

O STF, ao julgar o mencionado recurso, ressaltou que a faculdade atribuída ao Estado de criar normas de intervenção estatal não autoriza a violação da livre iniciativa e da ordem econômica. Na espécie, foi reconhecido o prejuízo e o nexo causal a justificar a aplicação do §6°, do art. 37, da CR/88, tendo em vista a inequívoca fixação de preços em valor menor ao custo do produto. Por fim, resumiu o ministro relator:

> Esclareça-se, ao cabo – quase em termos de repetição –, que não se trata, no caso, de submeter o interesse público ao interesse particular da Recorrente. A ausência de regras claras quanto à política econômica estatal, ou, no caso, a desobediência aos próprios termos da política econômica estatal desenvolvida, gerando danos patrimoniais aos agentes econômicos envolvidos, são fatores que acarretam insegurança

---

[193] Em relação a esse precedente, a União, quando do julgamento do Recurso Especial no âmbito do STJ, sustentou que "[...] o direito individual dos autores não pode prevalecer sobre o interesse público da nação, protegido pelo Controle Federal de Preços concentrado no Ministério da Fazenda". O Tribunal partiu da premissa de que a atividade de intervenção estatal na economia não se limita aspectos técnicos, tendo em vista a consideração de "outros elementos de economia pública". Assim, seria descabida a indenização no exercício de competência discricionária regulatória. Vejamos: "I – O exercício da atividade estatal, na intervenção no domínio econômico, não está jungido, vinculado, ao levantamento de preços efetuado por órgão técnico de sua estrutura administrativa ou terceiro contratado para esse fim específico; *isto porque há discricionariedade do Estado na adequação das necessidades públicas ao contexto econômico estatal; imprescindível a conjugação de critérios essencialmente técnicos com a valoração de outros elementos de economia pública*. II – O tabelamento de preços não se confunde com o congelamento, que é política de conveniência do Estado, enquanto intervém no domínio econômico como órgão normativo e regulador do mercado, não havendo quebra do princípio da proporcionalidade ao tempo em que todo o setor produtivo sofreu as consequências de uma política econômica de forma ampla e genérica" (BRASIL, 2011o). Contudo, o STF reformou a decisão, conforme estamos a discorrer.

e instabilidade, desfavoráveis à coletividade e, em última análise, ao próprio consumidor. (BRASIL, 2011o, p. 20-21)

Esse julgado revela que, embora se reconheça competência discricionária na intervenção econômica por parte do Estado, especialmente mediante regulação de preços, há que se ter limite para não imputar ao particular prejuízo anômalo.[194]

Interessante observar que o STF, nesse caso, reconheceu que o parâmetro técnico decorrente de estudo realizado por instituição privada contratada pela autarquia federal não foi seguido, o que causou prejuízos a terceiros, sem que houvesse motivação suficiente para tanto. Desse modo, a partir da referência técnica *da entidade privada contratada*, demonstrou-se o dano e o abuso na regulação realizada diretamente pelo Estado.

Com efeito, esta obra, sob a diretriz do art. 37, §6º, da CR/88, adota a responsabilidade objetiva imputável diretamente ao agente causador do dano que, no caso de delegação, pode vir a ser o parceiro particular contratado para exercer a atividade pública, cabendo, ao Estado, a responsabilidade subsidiária.

---

[194] A suposta supremacia do interesse público, confundida com supremacia estatal, não se sustentou, prevalecendo o critério técnico, conforme demonstrado no seguinte trecho do voto: "No caso, o Estado, entendendo por bem fixar os preços no setor, elaborou legislação em que estabelecia parâmetros para a definição daqueles. *Celebrou contrato com Instituição privada, para que essa fizesse levantamentos que funcionariam como embasamento para a fixação dos preços, nos termos da lei. Mesmo assim, fixava-os em valores inferiores.* Essa conduta, se capaz de gerar danos patrimoniais ao agente econômico, no caso a Recorrente, por si só, acarreta inegável dever de indenizar (art. 37, §6º)" (BRASIL, 2011o, p. 15, grifo nosso).

CAPÍTULO 5

O PODER DE POLÍCIA NOS DIAS ATUAIS: NOVOS CENÁRIOS E CAMINHOS QUE SE APRESENTAM AO INTÉRPRETE DO DIREITO ADMINISTRATIVO NA CONTEMPORANEIDADE

Os últimos anos têm sido prolíficos em exemplos concretos capazes de evidenciar a necessidade de que sejam revistas as bases hermenêuticas sobre as quais se erigiu a conformação teórico-dogmática do poder de polícia até hoje prevalente. Esses eventos, em geral permeados por grande clamor e comoção populares, são, quando menos, sinais de um desgaste da lógica da imperatividade e unilateralidade que têm orientado, por décadas, a aplicação das normas de polícia a pretexto de promover e preservar o interesse público.

Observemos, em primeiro lugar, os recentes (e expressivos) episódios envolvendo o *rompimento de barragens de rejeitos da mineração*, nas cidades de Mariana (novembro de 2015) e Brumadinho (janeiro de 2019). Embora, evidentemente, tais desastres resultem de uma confluência de causas (como, por exemplo, adequação do método de alteamento utilizado na construção de tais estruturas), interessa-nos investigar em que medida a deficiência no modelo fiscalizatório utilizado na segurança de barragens contribuiu para a ocorrência desses eventos e de que forma a delegação do exercício do poder de polícia a particulares representa um aprimoramento necessário à mitigação dos riscos envolvidos na atividade minerária.

Em síntese, o art. 7º, *caput*, da Lei Federal nº 12.334/2010 – que instituiu a Política Nacional de Segurança de Barragens (PNSB) –, dispõe que as barragens existentes no território nacional devem ser classificadas de acordo com três critérios: (i) categoria de risco; (ii) dano potencial associado (DPA); e (iii) volume. Para que tal classificação seja adequada, o agente fiscalizador deve levar em consideração as características técnicas, o estado de conservação do empreendimento e o atendimento ao Plano de Segurança da Barragem (PSB). Já em relação ao DPA (que poderá ser alto, médio ou baixo), a avaliação levará em conta o potencial de perda de vidas humanas e os impactos econômicos, sociais e ambientais decorrentes de um cenário de ruptura da barragem.

A importância dessa classificação reside, precisamente, em aferir se uma determinada barragem deverá se submeter à Lei nº 12.334/2010 (pois ela apenas se aplica a barragens com categoria de DPA médio ou alto – art. 1º, IV), bem como em determinar a periodicidade, a qualificação da equipe responsável, o conteúdo mínimo e o nível de detalhamento das inspeções de segurança (art. 9º, *caput*).

Evidentemente, para que o modelo idealizado funcionasse, foi necessário atribuir ao órgão fiscalizador (no caso, a Agência Nacional de Mineração – ANM), entre outras, as obrigações de manter cadastro das barragens sob sua jurisdição (art. 16, I), exigir do empreendedor o cumprimento das recomendações constantes dos relatórios de inspeção (art. 16, III) e o cadastramento e atualização das informações relativas à barragem em um sistema informatizado destinado a receber o registro das condições de segurança das barragens em todo o território nacional (art. 16, V) – isto é, o Sistema Nacional de Informações sobre Segurança de Barragens (SNISB – art. 13).

Pois bem. De acordo com o Relatório de Segurança de Barragens[195] divulgado pela Agência Nacional de Águas (ANA), no final do ano de 2019, havia 492 barragens de contenção de rejeitos da mineração no Brasil. O número, todavia, representa apenas o quantitativo de barragens cadastradas no SNISB: segundo a própria ANA, deve haver, no Brasil, ao menos três vezes mais barragens do que os números oficiais apontam.[196] Por outro lado, são apenas 35 os fiscais[197] da ANM capacitados para, *in loco*, apurar as reais condições de estabilidade e segurança das barragens de rejeitos da mineração espalhadas pelo território nacional.

Vale mencionar que o Tribunal de Contas da União (TCU), após o desastre de Mariana/MG, determinou a realização de auditoria

---

[195] Disponível em: https://www.ana.gov.br/noticias/ana-lanca-relatorio-de-seguranca-de-barragens-2018.

[196] Disponível em: https://www.ana.gov.br/noticias/45-barragens-preocupam-orgaos-fiscalizadores-aponta-relatorio-de-seguranca-de-barragem-elaborado-pela-ana.

[197] Disponível em: https://brasil.estadao.com.br/noticias/geral,pais-tem-apenas-35-fiscais-de-barragem-de-mineracao,70002699885.

O PODER DE POLÍCIA NOS DIAS ATUAIS: NOVOS CENÁRIOS E CAMINHOS QUE SE APRESENTAM...

operacional no antigo Departamento Nacional de Produção Mineral (DNPM, hoje ANM), apurando, ao fim do estudo, que a atuação do órgão é frágil e não atende aos objetivos da Lei da PNSB. Não por outra razão, a ementa do Acórdão TCU nº 2440/2016 (relator o Ministro José Múcio Monteiro, Plenário, julg. em 21.09.2016) expressamente determinou ao antigo DNPM e ao Ministério de Minas e Energia (MME) que

> em conjunto, no prazo de 180 (cento e oitenta) dias, avaliem e apresentem estudos fundamentados em análise e definição de prioridades e objetivos setoriais sobre a adequabilidade do orçamento consignado anualmente ao DNPM e do quadro de recursos humanos atual da autarquia, tendo em vista as suas competências institucionais, e estabeleçam plano de ação, em interlocução com o Ministério do Planejamento, Desenvolvimento e Gestão (MP), com o objetivo de solucionar ou mitigar as dificuldades que vêm sendo enfrentadas pela entidade.

Os números apresentados evidenciam que a fiscalização direta, pela ANM, do cumprimento dos parâmetros estabelecidos para a segurança das barragens, é absolutamente infactível. Não há recursos humanos suficientes a que seja realizada, a contento, a fiscalização das reais condições das centenas de barragens de rejeitos da mineração. A solução do legislador foi atribuir à própria mineradora a responsabilidade pela verificação da segurança e da estabilidade de sua barragem, transferindo-lhe o dever de obter declaração que ateste a adequação do empreendimento.

Aliás, se não há fiscais para realizar vistorias nas barragens, também não parece haver pessoal para analisar as milhares de páginas que compõem os relatórios das inspeções e revisões periódicas de segurança, a serem obrigatoriamente inseridos pelos empreendedores no SNISB (art. 17, XIII).

Sendo dever do órgão fiscalizador "manter cadastro das barragens sob sua jurisdição, com identificação dos empreendedores, para fins de incorporação ao SNISB" (art. 16, I), e "exigir do empreendedor o cadastramento e a atualização das informações relativas à barragem no SNISB" (art. 16, V), em tese, seria possível que a ANM tivesse controle mais intenso sobre as barragens que reclamam maior atenção. Todavia, a informação não chega, e, se chegar, pode estar incorreta. Como exemplo, mencione-se que, desde 2016, a barragem B1 da Mina

"Córrego do Feijão" (rompida em janeiro de 2019) não passava por vistoria *in loco* da agência.[198]

Nessas condições, de fato, não há atividade fiscalizatória que possa ser exercida de modo adequado. Os dados fornecidos pelos empreendedores, assim, são meramente declaratórios, e a conferência dessas informações pela ANM, na prática, se dá somente durante as vistorias (quando ocorrem). Aliás, as constatações não são inéditas: relatório de auditoria realizada pela Controladoria-Geral da União (CGU) em 2003 já apontara, entre outras suscetibilidades, que o antigo DNPM dispunha "apenas de 56 fiscais para atuar junto aos 9 mil empreendimentos minerais existente no País, aí englobados os que se encontram em fase de pesquisa e os que já estão em efetiva exploração".[199]

Questão crucial, para além da insuficiência de servidores da ANM aptos a realizar as inspeções de segurança, e da ausência de fiscalização adequada das informações prestadas pelo próprio empreendedor, é a certificação da condição de estabilidade das barragens.

No modelo atual, não apenas a atualização das informações referentes à barragem deve ser realizada e entregue à ANM pela mineradora; também a verificação e a declaração da segurança da estrutura devem ser feitas pelo próprio empreendedor. Nesse sentido, a lei estabelece (art. 9º, §1º) que a inspeção de segurança regular da barragem será realizada pela própria equipe de segurança da barragem, devendo o relatório final estar disponível ao órgão fiscalizador e à sociedade civil. Já a inspeção de segurança especial da barragem deverá ser realizada por equipe multidisciplinar de especialistas (art. 9º, §2º).

No que tange às revisões periódicas de segurança (art. 10, §1º), incumbe ao órgão fiscalizador estabelecer, entre outros critérios, a qualificação técnica da equipe responsável. Efetivamente, a Portaria DNPM nº 70.389/2017, no que concerne às inspeções de segurança regular e especial, bem como às revisões periódicas de segurança da barragem, impõe que os respectivos relatórios sejam elaborados obrigatoriamente por *equipe externa contratada pelo empreendedor* (arts. 16, §1º, 24, III, e 50, §1º).

Ademais, também estabelece a Portaria que, caso as conclusões da revisão periódica indiquem a não estabilidade da barragem, a estrutura

---

[198] Disponível em: https://www.correiobraziliense.com.br/app/noticia/brasil/2019/02/02/interna-brasil,734928/fiscais-nao-apareciam-na-barragem-de-brumadinho-desde-2016.shtml.

[199] Disponível em: https://www.cgu.gov.br/noticias/2003/06/controle-e-fiscalizacao-do-setor-mineral-e-ineficaz-constata-cgu.

O PODER DE POLÍCIA NOS DIAS ATUAIS: NOVOS CENÁRIOS E CAMINHOS QUE SE APRESENTAM...

deverá ser *imediatamente interditada*, suspendendo-se o lançamento de efluentes e/ou rejeitos no reservatório (art. 13, §2º). Assim também ocorre caso não seja apresentada a Declaração de Condição de Estabilidade (DCE), que também deve ser emitida por equipe externa (art. 16, §3º).

Daí, portanto, o risco de comprometimento – em decorrência de evidente conflito de interesses – da veracidade e da confiabilidade das informações atinentes à condição de estabilidade da barragem. Não raro, a empresa auditora mantém outras relações comerciais com a auditada; além do mais, evidentemente, o empreendedor, ao contratar serviço altamente especializado de auditoria em geotecnia, o que representa o desembolso de vultosas somas em dinheiro, deseja que seu empreendimento continue a funcionar. A relação contratual entre auditora e auditada, quando menos, afeta a isenção e a imparcialidade do laudo técnico e da DCE a ser exarada ao final da apuração.

Foi exatamente o que ocorreu no caso de Brumadinho. A Tractebel Engie, após informar à Vale S.A. que não mais poderia declarar a estabilidade da barragem B1, foi substituída[200] pela Tüv Süd, que emitiu a DCE em setembro de 2018. Não apenas a troca de auditoras evidencia os interesses comerciais por trás da declaração de estabilidade, como também as controvérsias envolvendo a apuração de responsabilidades pelo desastre, em que auditores da Tüv Süd afirmam ter recebido e-mails de diretores da Vale S.A. "pressionando-os"[201] a declarar a estabilidade do reservatório. Efetivamente, três dias após a tragédia, foram presos os dois engenheiros da Tüv Süd[202] que atestaram a estabilidade da barragem, além de três funcionários da Vale. Alguns dias após, foram soltos, por *habeas corpus* concedido pelo Superior Tribunal de Justiça.[203]

A propósito, a Polícia Federal indiciou sete funcionários da Vale e seis da auditora Tüv Süd por falsidade ideológica e uso de documentos falsos[204] – número equivalente à metade de indiciamentos recomendados

---

[200] Disponível em: https://www.oantagonista.com/brasil/vale-trocou-empresa-que-auditava-barragens/.

[201] Disponível em: https://brasil.elpais.com/brasil/2019/02/21/politica/1550770949_599589.html.

[202] Disponível em: https://g1.globo.com/sp/sao-paulo/noticia/2019/01/29/engenheiros-que-prestaram-servico-a-vale-sao-presos-em-sp-apos-tragedia-em-brumadinho.ghtml.

[203] Disponível em: https://g1.globo.com/politica/noticia/2019/02/05/stj-concede-liberdade-a-funcionarios-da-vale-e-engenheiros-presos-por-rompimento-de-barragem.ghtml.

[204] Disponível em: https://exame.abril.com.br/brasil/pf-indicia-7-empregados-de-vale-por-tragedia-de-brumadinho/.

pela CPI da Assembleia Legislativa do Estado de Minas Gerais[205] e pela CPI do Senado Federal.[206]

Pouco mais de 8 meses após a tragédia de Brumadinho, novos rompimentos de barragens foram verificados em Machadinho d'Oeste/RO[207] (rompimento de duas barragens inativas de rejeitos da mineração de cassiterita, da Metalmig, em março, deixando 100 famílias isoladas graças à queda de pontes); em Pedro Alexandre e Coronel João Sá/BA[208] (ruptura da barragem do Quati, em julho, deixando 1.500 desalojados e 400 desabrigados); e em Nossa Senhora do Livramento/MT[209] (colapso da barragem TB01, de contenção de rejeitos da mineração de ouro, da VM Mineração e Construção, em outubro).

Apresentar alternativas para que seja incrementado o marco regulatório da segurança de barragens no Brasil é providência que atinge a "raiz" do problema, essencial à prevenção de novas catástrofes, mitigando o risco de que os interesses comerciais atinentes ao empreendimento se sobreponham à segurança.

Nesse sentido, a tese da delegabilidade do exercício do poder de polícia a particulares figura como alternativa viável à redução das interferências indevidas apuráveis no atual quadro regulatório.

Ainda no que concerne às relações entre mineradora e empresa auditora, o relatório final[210] da Comissão Parlamentar de Inquérito do Senado Federal sobre Brumadinho e outras barragens dedicou capítulo específico ao tema, ressaltando que

> as Declarações de Condição de Estabilidade, elemento considerado fundamental para a segurança de uma barragem, mostram diversos vícios: interferências indevidas na elaboração dos laudos, por parte da empresa auditada; permissividade excessiva, ao assinar laudos de estabilidade condicionados a correções que nunca foram feitas, por

---

[205] Disponível em: https://epocanegocios.globo.com/Brasil/noticia/2019/09/epoca-negocios-cpi-de-brumadinho-pede-indiciamento-de-presidente-e-diretores-da-vale.html.

[206] Disponível em: https://www12.senado.leg.br/noticias/materias/2019/07/02/cpi-aprova-indiciamento-de-14-pessoas-por-homicidio-em-brumadinho.

[207] Disponível em: https://g1.globo.com/ro/ariquemes-e-vale-do-jamari/noticia/2019/03/30/cerca-de-50-familias-estao-isoladas-apos-rompimento-de-barragem-em-machadinho-doeste-ro.ghtml.

[208] Disponível em: https://www1.folha.uol.com.br/cotidiano/2019/07/barragem-rompe-na-bahia-e-familias-sao-retiradas-de-suas-casas.shtml.

[209] Disponível em: https://exame.abril.com.br/negocios/barragem-rompe-no-mt-e-evidencia-problema-estrutural-na-mineracao/.

[210] Disponível em: https://legis.senado.leg.br/comissoes/txtmat?codmat=135192.

O PODER DE POLÍCIA NOS DIAS ATUAIS: NOVOS CENÁRIOS E CAMINHOS QUE SE APRESENTAM...   CAPÍTULO 5   193

parte da empresa auditora; conflitos de interesses através de múltiplos contratos, no caso da empresa TUV SUD.

Na mesma linha, o relatório final da Comissão Parlamentar de Inquérito instaurada no âmbito da Assembleia Legislativa do Estado de Minas Gerais[211] recomendou à Vale que não utilizasse, "para elaboração de laudos de estabilidade de barragens, serviços de empresas de auditoria externa que estejam executando outros tipos de serviços à mineradora" e, à ANM, que proibisse "a contratação de empresa de auditoria externa, que esteja prestando ou tenha prestado outro tipo de serviço ao empreendedor, para emissão de Declaração de Condição de Estabilidade, de forma a evitar conflito de interesses".

A propósito, o art. 9º do Projeto de Lei apresentado pela CPI do Senado Federal (PL nº 3.913/2019) assim dispôs:

> Art. 9º Cabe à ANM a instituição de sistema de credenciamento e contratação de profissionais e empresas especializadas, segundo requisitos de comprovada experiência e capacitação técnica, para apoiar suas atividades de fiscalização de segurança e de avaliação de riscos de barragens de rejeitos.
>
> Art. 10. A escolha e contratação dos responsáveis pela realização da revisão periódica de segurança de barragem e das inspeções de segurança regular e especial, bem como os responsáveis pela emissão de laudos de estabilidade e de análise de risco de barragens de rejeitos, cabe à ANM, que deve selecioná-los entre os profissionais e as empresas credenciados na forma do art. 9º, por sorteio ou outro meio que garanta a independência dos auditores em relação às mineradoras.

Entretanto, ao mesmo tempo, o relatório final da mesma CPI consigna que "uma possível melhoria nas fiscalizações realizadas pelo poder público seria a contratação de servidores (não é possível terceirizar a fiscalização, vez que envolve o exercício do poder de polícia administrativa e, portanto, é atividade típica de estado)".

Ora, como visto, a adoção dos postulados normativo-dogmáticos da exclusividade do *ius imperii* pelo Estado e, em consequência, da indelegabilidade do seu exercício a particulares, admite apenas, como solução para o problema, a seleção e posterior nomeação de novos servidores públicos para os quadros da ANM. Nada obstante, acolher a delegação do exercício do poder de polícia a particulares, máxime

---

[211] Disponível em: https://www.almg.gov.br/acompanhe/noticias/arquivos/2019/09/13_release_entrega_relatorio_CPI_Mesa.html.

em um setor que reclama alto grau de especialização técnico-científica, é providência que mais se compatibiliza com o dever de eficiência da Administração Pública.

A exclusividade do exercício do poder de polícia pelo Estado, portanto, se revela como um dos vetores axiológicos do atual marco regulatório da segurança de barragens no Brasil. Ocorre, como visto, que não há recursos humanos suficientes no aparato Estatal para que a fiscalização da segurança de barragens seja realizada a tempo e modo adequados, o que contribui para que, ao fim e ao cabo, haja desastres como os de Mariana e Brumadinho, cujas consequências ainda não logramos mensurar por completo, e que, a propósito, consubstanciaram apenas mais um triste capítulo da história da atividade mineradora no Brasil, escrita à custa da devastação ambiental e de muitas vidas perdidas.

E, afinal, o mencionado projeto de lei proposto pela CPI do Senado Federal previu, ainda que por via reflexa – ou seja, sem o admitir expressamente – que particulares "apoiassem" a ANM em sua função fiscalizatória. No fundo, trata-se de delegação do exercício do poder de polícia a particulares.

Aliás, também o Estado de Minas Gerais, com a aprovação da Lei nº 23.291, de 25 de fevereiro de 2019 (oriunda do Projeto de Lei nº 3.676/2016, intitulado "Mar de lama nunca mais"[212]), previu que "As auditorias técnicas de segurança e as auditorias técnicas extraordinárias de segurança serão realizadas por uma equipe técnica de profissionais independentes, especialistas em segurança de barragens e previamente credenciados perante o órgão ou a entidade competente do Sisema, conforme regulamento" (art. 17, §3º). No mesmo sentido, a Resolução nº 1.3,[213] de 8 de agosto de 2019, da ANM, determinou que o projeto técnico executivo de descaracterização de barragens alteadas pelo método a montante (ou por método desconhecido) deverá ser feito por equipe externa independente (art. 8º, §1º).

Vê-se, portanto, que as conclusões alcançadas pelas diversas Comissões Parlamentares de Inquérito, bem como pelos órgãos de investigação (Polícia Federal,[214] Polícia Civil, Ministério Público[215]),

---

[212] Disponível em: https://www.mpmg.mp.br/comunicacao/noticias/mar-de-lama-nunca-mais-por-que-a-importancia-de-aprimorar-a-legislacao.htm.

[213] Disponível em: http://www.in.gov.br/web/dou/-/resolucao-n-13-de-8-de-agosto-de-2019-210037027.

[214] Disponível em: http://www.pf.gov.br/imprensa/noticias/2019/09/pf-apresenta-resultados-de-investigacao-sobre-o-rompimento-de-barragem-em-brumadinho.

[215] Disponível em: https://www.mpmg.mp.br/comunicacao/noticias/balanco-de-seis-meses-de-atuacao-do-mpmg-no-caso-brumadinho.htm.

reconhecem que houve interferências indevidas e inserção de informações inverídicas no processo de elaboração da Declaração de Condição de Estabilidade que, ao fim e ao cabo, acarretou a tragédia de Brumadinho/ MG, entre outras de menor magnitude (em termos de devastação e vítimas) no território nacional.

São evidentes os sinais de desgaste e diversas as suscetibilidades do atual modelo regulatório de segurança de barragens, máxime no que concerne às relações entre auditora e auditada, a comprometer decisivamente um sistema de fiscalização que – em virtude da insuficiência de recursos humanos –, da forma como se apresenta hoje, precisa funcionar com base na confiança.

Essas tragédias, com efeito, trouxeram a lume a precariedade do sistema atual, em que o papel do órgão fiscalizador, em virtude de seu subfinanciamento e de sua notória incapacidade operacional (faltam recursos materiais e humanos para que a agência reguladora bem exerça o seu mister), está limitado à mera gestão e processamento de informações prestadas pelos próprios empreendedores. A seu turno, a própria dicção regulamentar (Portaria DNPM n° 70.389/2017) direciona as mineradoras à busca, no mercado, por auditorias que lhes forneçam um serviço que implica sérias e decisivas consequências em sua vida econômica.

O Poder Legislativo – seja por meio do trabalho desempenhado pelas CPIs, seja mediante a propositura de novos projetos de lei – já acena com a admissibilidade (ainda que velada) da delegação do exercício do poder de polícia a particulares. No fundo, e em verdade, manter "cadastro de empresas auditoras" que desempenharão o papel de "auxiliar" o órgão fiscalizador nada mais é do que admitir que terceiros, alheios aos quadros funcionais do Poder Público, desempenhem o papel de fiscalizar.

Considerada a manifesta deficiência no quadro de pessoal do ente regulador, e ponderado o conjunto de dificuldades impostas pela abertura de certame para o preenchimento de cargos na Administração (orçamento, tempo, efetividade, e sobretudo interesse de pessoas altamente qualificadas e capacitadas ao exercício de atividade técnica de enorme complexidade), é hora de admitir que o próprio Estado possa ser o contratante direto de auditoria apta a fiscalizar *in loco* as barragens e prestar as informações necessárias ao registro informatizado das condições de segurança (art. 13 da Lei) – o que, quando menos, seria capaz de *mitigar* os riscos de conflito de interesses na fiscalização.

Evidentemente, não se pretende nem se pressupõe que a delegação elimine, por completo, qualquer risco de comprometimento da isenção dos laudos acerca da segurança das barragens. O que ora se propõe, como referido, é uma alternativa para mitigar os riscos existentes no atual marco regulatório da fiscalização de segurança. A quebra da relação contratual direta entre mineradora e auditada, com amparo no pressuposto da possibilidade de delegação do poder de polícia, é providência apta a reduzir interferências e comprometimentos à veracidade dos estudos técnicos necessários ao reconhecimento da estabilidade das barragens.

Outro exemplo, ainda mais atual que o dos rompimentos de barragens de rejeitos da mineração, é o da pandemia causada pelo rápido contágio do vírus SARS-CoV-2 (também denominado "novo coronavírus").

Evidentemente, diante de um cenário de grave crise sanitária, o Estado é chamado a agir – com medidas drásticas, se for necessário –, lançando mão de seu poder de império a bem da preservação do interesse público consubstanciado na proteção da vida, da saúde e da incolumidade públicas. São diversos os exemplos de medidas legislativas e executivas concebidas e adotadas em favor da preservação do interesse público antes referido. Alguns exemplos ajudam a ilustrar o que se alega.

Em diversos estados, atos normativos do Poder Executivo impuseram aos estabelecimentos cujo funcionamento foi autorizado durante a pandemia o dever de fiscalização – e até mesmo de impedir o acesso – dos consumidores que não estejam utilizando máscaras faciais, como medida necessária à prevenção do contágio pela Covid-19. É este, por exemplo, o caso dos estados do Paraná[216] (Lei nº 20.189/2020), Goiás[217] (Decreto nº 9.653/2020) e Pará[218] (Decreto nº 609/2020). Também alguns municípios adotaram providências semelhantes, como foi, por exemplo,

---

[216] "Art. 2º Obriga as repartições públicas, comerciais, industriais, bancárias e as empresas que prestem serviço de transporte rodoviário, ferroviário e de passageiros a fornecer para seus funcionários, servidores, empregados e colaboradores: (...) §1º Cabe aos estabelecimentos dispostos no *caput* deste artigo, *exigir que todas as pessoas que neles estiverem presentes, incluindo o público em geral, utilizem máscara* durante o horário de funcionamento, independentemente de estarem ou não em contato direto com o público."

[217] "Art. 6º Os estabelecimentos cujas atividades foram excetuadas por este Decreto, sem prejuízo de adoção de protocolos específicos previstos no Anexo 3 do Relatório de Assessoramento Estratégico – Anexo Único deste Decreto, devem: I – *vedar o acesso aos seus estabelecimentos de funcionários, consumidores e usuários que não estejam utilizando máscaras* de proteção facial;"

[218] "Art. 8º Os prestadores, públicos ou privados, de serviço de transporte de passageiros ficam obrigados a: (...) IV – *não permitir a entrada em seus veículos de pessoas sem máscara.*" (...) Art. 11, parágrafo único: "*Ficam as agências bancárias autorizadas a impedir o acesso ao estabelecimento de pessoas sem máscara*, com exceção das unidades lotéricas e de autoatendimento."

o caso das cidades de Contagem/MG[219] (Decreto nº 1.583/2020) e de Vinhedo/SP[220] (Decreto nº 104/2020).

Por outro lado, de fato, em cenários de grave comoção e calamidade, vêm à tona as prerrogativas decorrentes do regime jurídico-administrativo, os *poderes exorbitantes* da Administração Pública, notadamente os de ordenação e fiscalização.

Com efeito, nessa ordem de coisas (situação de excepcionalidade), afloram os debates a respeito do *modo* de exercer o poder de polícia, a reclamar uma releitura conformada ao advento do novo paradigma do Estado pós-moderno, calcado na centralidade e prevalência dos direitos fundamentais, e, mais do que isso, na consensualidade, na horizontalidade, no acesso à informação e na construção (foco na *processualização*) – junto aos demais setores – da melhor solução para a superação do estado de crise.

O já mencionado episódio da Revolta da Vacina (item 1.2.3.1) revela o quanto é autoritária a concepção que exclui o devido processo legal no elo da ação estatal, especialmente quando há direta repercussão na vida do cidadão.

O paradigma do Estado Democrático de Direito, retratado na Constituição de 1988, tal qual a República no período em que ocorreu o referido episódio histórico, exige, portanto, aprimoramento da comunicação entre a esfera estatal e privada, avançando para a reflexão em torno do modo como as decisões são editadas, a prestigiar a participação dos cidadãos na ação estatal.

O caráter preventivo e educativo deve ser prestigiado no exercício de "poderes" que condicionam ou limitam a liberdade ou propriedade privadas, como ocorre no poder de polícia administrativa. Medidas que valorizem tais aspectos devem ser previamente assumidas como dever

---

[219] "Art. 1º Fica estabelecido, a partir de 22 de abril de 2020 e por tempo indeterminado, para todas as pessoas no âmbito do Município de Contagem, o uso obrigatório de máscaras ou coberturas sobre o nariz e boca, a serem utilizadas sempre que sair de casa e especialmente: (...) III – *estabelecimentos comerciais, industriais e de serviços*; IV – táxis e transportes por aplicativos. §1º Os estabelecimentos mencionados nos incisos I a III do *caput* deste artigo e a empresa responsável pelo transporte público no Município de Contagem *deverão disponibilizar no mínimo 1 (um) funcionário para impedir a entrada e a permanência de pessoas que não estiverem utilizando máscara* ou cobertura sobre o nariz e a boca."

[220] "Art. 2º *Os estabelecimentos privados* prestadores de serviços essenciais na forma da lei, cujas atividades estão excepcionalmente permitidas pelo Decreto Municipal nº 073, de 20 de março de 2020, deverão adotar as providências necessárias ao fiel cumprimento do estabelecido no presente Decreto, *devendo fornecer e exigir o uso obrigatório de máscara de proteção facial a todos os seus empregados e colaboradores, devendo, inclusive, impedir seus clientes e consumidores de ingressarem e/ou permanecerem no seu interior* sem a utilização do referido equipamento de proteção individual."

da Administração Pública, mediante a institucionalização de canais de comunicação com a população, daí a legitimidade da atuação estatal. Tal aspecto, no caso da Revolta da Vacina, inexistiu, desaguando na revolta popular.

"Interesse da coletividade", "bem comum", "ordem pública", "segurança nacional", "interesse público" não são, portanto, *per se*, determinados, como se o Executivo fosse "a boca do interesse público". O respeito à autonomia privada é, desse modo, indispensável para a legitimidade da atuação estatal, vez que a esfera pública pressupõe a preservação da esfera privada. Compete, assim, à Administração Pública, no Estado Democrático de Direito, instituir canais de comunicação com os afetados pelas medidas governamentais antes que haja limitação a seus direitos.

Entretanto, o cenário atual suscita complexidades não apenas na perspectiva *vertical* (relação jurídica entre Administração e cidadãos), como também na comunhão de esforços entre entes federativos das mais diversas realidades socioeconômicas e políticas, tendo em vista que a todos a Constituição Federal atribuiu a competência de *cuidar da saúde e assistência pública* (art. 23, II).

Nesse sentido, cabe referir, por último, ao Projeto de Lei Complementar nº 39/2020, de autoria do Senador Antonio Anastasia, que dispõe "sobre a cooperação federativa na área de saúde e assistência pública em situações de emergência de saúde pública de importância nacional ou internacional, nos termos do inciso II e do parágrafo único do art. 23 da Constituição Federal".

Seguindo o diapasão do diálogo e da horizontalidade no desenvolvimento de ações coordenadas entre entes federativos, o PL estabelece o dever de que as ações a serem tomadas sejam decididas de forma *coordenada*, observando, entre outros, os princípios da cooperação entre os vários níveis de governo e da conjugação de recursos (financeiros, tecnológicos, etc.).

Efetivamente, a tomada de decisão coordenada é elemento fundamental da coerência e da viabilidade estratégica de um plano nacional de enfrentamento a pandemias, razão pela qual é mais do que oportuna a regulamentação de procedimentos que facilitem e sejam capazes de operacionalizar o processo de discussão e escolha das medidas de saúde pública mais adequadas, à luz dos princípios norteadores da Administração Pública, no combate ao cenário de crise de saúde pública que tantos reflexos diretos e indiretos tem provocado em tantos outros setores da economia do país.

Por fim, também de autoria do Senador Anastasia, o PLS n° 280/2017 estabelece diretrizes para a delegação de poder de fiscalização para entidades privadas. O projeto acolhe premissas dessa pesquisa doutoral e propõe premissas que devem ser seguidas para o regular transpasse da execução desse tipo de função pública para a esfera privada.

CAPÍTULO 6

CONSIDERAÇÕES FINAIS

Propusemo-nos a responder a três questões referentes ao tema da delegabilidade do poder de polícia administrativa a particulares:
- Há alteração do regime jurídico do ato de autoridade administrativa em razão da natureza jurídica da pessoa que o edita?
- O ordenamento jurídico brasileiro impede a delegação da execução da atividade de polícia administrativa ao particular?
- Quais os requisitos da delegação do exercício do poder de polícia administrativa a particulares, caso o transpasse da atividade seja juridicamente possível?

Para tanto, iniciamos o trabalho discorrendo sobre as transformações teóricas estruturais do Direito Administrativo e suas repercussões no regime jurídico da atividade de polícia administrativa. Três linhas teóricas, inseridas nessa perspectiva, moldaram o olhar sobre as questões citadas: a) a complementaridade das esferas pública e privada; b) a superação ou releitura da supremacia do interesse público sobre o interesse privado; e c) o devido processo administrativo.

A complementaridade das esferas pública e privada descortinou o equívoco da pré-compreensão que enxerga a Administração como tutora exclusiva do interesse público, e a esfera privada como a defensora de interesses egoísticos incompatíveis com o bem comum.

Verificamos que, sob a vigência do paradigma do Estado Democrático de Direito, há novas formas de legitimação do agir estatal. No lugar da concepção unilateral ou autocentrada nas pessoas jurídicas de direito público como mecanismo de solução de problemas ou diretriz de formação das vontades públicas, apresenta-se a interlocução entre os sujeitos de direito.

A colaboração entre as esferas pública e privada adquire, assim, nova dimensão, a alterar o ponto de partida na compreensão do regime jurídico de direito público. Em vez da natureza jurídica da pessoa que atua, deve ser examinado o regime jurídico das decisões, à luz da natureza pública da atividade, ainda que executada por particular. Essa questão teórica, portanto, foi equacionada: o regime do ato de autoridade não é determinado pela natureza da pessoa que o edita, mas pela natureza, pública ou privada, da atividade desenvolvida.

A releitura da supremacia do interesse público sobre o interesse privado revelou, por sua vez, a complexidade da noção do interesse público, à qual não se opõe, necessariamente, a do interesse privado.

Ressaltamos, nesse aspecto, que a proposição de mudança terminológica – de supremacia de interesse público para apenas interesse público – não corresponde à postura ingênua de substituição de uma fórmula por outra, como se, abstratamente ou aprioristicamente, a complexidade do interesse público fosse, definitivamente, solucionada. A provocação, na verdade, apenas obriga ao desvelamento da fórmula e ao cotejo do ato com a realidade fática a partir da discursividade do devido processo administrativo, sem presunções em favor de qualquer interesse, seja estatal ou individual.

O processo administrativo, portanto, foi apresentado como parâmetro de controle da ação estatal e meio de legitimação da transferência do exercício do poder de polícia a particulares.

Nesse sentido, foi indispensável diferenciar o poder de polícia administrativa do sentido de outras atividades que pudessem com ele confundir-se. O poder de polícia administrativa foi tomado como atividade estatal regida pelo direito público que limita ou condiciona a liberdade e a propriedade privadas por meio da regulação, da fiscalização e da sanção, tendo em vista o interesse público, cujos atributos adquirem contornos próprios, a depender da espécie de manifestação.

A regulação foi entendida como edição de atos gerais e abstratos que limitam ou condicionam a liberdade ou propriedade privadas; a fiscalização como a atividade de verificação e monitoramento das atividades reguladas; e a sanção, imposição de determinada consequência desfavorável a alguém em razão do cometimento de infração administrativa.

Delimitado o núcleo temático da obra, identificamos os principais fundamentos que a doutrina e a jurisprudência apresentam para sustentar a indelegabilidade do poder de polícia administrativa, quais sejam: a) ausência de previsão constitucional autorizadora da delegação do poder de polícia administrativa; b) inconstitucionalidade do exercício de poderes de coerção e autoexecutoriedade por parte do particular;

e c) necessidade de incidência do regime jurídico do servidor público para o exercício da atividade de polícia administrativa.

Para demonstrar que o ordenamento jurídico pátrio já admite a delegação de poderes públicos, incluídos os de polícia administrativa, examinamos algumas hipóteses: a) delegação direta da lei (*v. g.*: proprietários de restaurantes e comandantes de embarcações); b) por meio de ato administrativo (*v. g.*: titular de serviço notarial); e c) mediante contrato administrativo (*v. g.*: concessionários de serviços públicos; parceiros privados nas concessões especiais: o caso dos presídios; e terceirização). Desse modo, foi possível perceber que inexiste, nas espécies analisadas, característica justificadora da transferência de poder público que não esteja presente também na atividade de polícia administrativa, desde que atendidos os requisitos jurídicos para tanto.

Para além das hipóteses reconhecidas no ordenamento jurídico, os fundamentos teóricos da indelegabilidade do poder de polícia administrativa foram refutados. A propósito da autorização constitucional para a delegação, destacamos o fato de inexistir vedação à transferência da atividade de poder de polícia administrativa a particulares, e, por outro lado, a ocorrência de dispositivos constitucionais que conferem aderência à tese da delegabilidade.

O art. 37, XXI, da CR/88, autoriza o poder público a contratar "serviço", nos termos em que o legislador ordinário dispuser, possibilitando, portanto, a inclusão da atividade de polícia administrativa. A propósito, o conceito legal de "serviço", segundo a Lei n° 8.666/93, possibilita a consideração da atividade de polícia administrativa.

O art. 37, XIX, da CR/88, do mesmo modo, admite a criação de entidade da Administração Pública, inclusive de direito privado, para desempenho de atividade de sua competência, sem especificação de qual modalidade, possibilitando tanto a atividade "serviço público" ou "poder de polícia administrativa", diferentemente do que se verifica, por exemplo, nos artigos 173 e 177, nos quais o constituinte atrelou a criação de entidade a determinada atribuição.

Há, ainda, os artigos 216 e 225, da CR/88, que autorizam particulares a exercerem atividade de polícia administrativa, a corroborar a tese da aderência constitucional – e não vedação – à delegação do poder de polícia administrativa, salvo previsão expressa sobre função estatal específica.

A propósito da inconstitucionalidade do exercício de poderes de coerção e autoexecutoriedade por parte do particular, observamos que a norma jurídica pode autorizar determinado sujeito a intervir na esfera jurídica de outrem sem que ele esteja autorizado a fazer uso de força física para impor determinada conduta. Desse modo, embora se reconheça que essa prerrogativa seja exclusiva do Estado, salvo em circunstância fática de urgência que demande atuação imediata, é possível o exercício de poder de polícia sem que a autoexecutoriedade seja transferida ao agente delegado.

Assim, e considerando o disposto no art. 144, da CR, o dever de o agente responsável pelo exercício de atividade de poder de polícia requisitar a força policial, quando houver resistência ao cumprimento de obrigação decorrente da fiscalização ou sanção administrativa.

Quanto à coercibilidade, entendida como a qualidade de determinar a outrem certa conduta nos limites da competência legal que disponha sobre a matéria, é possível o seu manejo por particulares. Primeiro porque o Estado não deixa de ser o titular da atividade delegada quando transfere apenas a sua execução, tal qual acontece em relação ao serviço público. Segundo porque o regime jurídico de direito público incidirá sobre toda a execução da atividade pública, ainda que exercida por particular, tal como também ocorre no serviço público. Terceiro porque a exigência de lei específica, conferindo a qualidade de agente delegado para o exercício de função pública, afasta a afronta ao princípio da isonomia, pois não se trata de simples imposição de obrigações entre particulares, mas, sim, de delegação de função pública mediante lei, a atribuir qualidade jurídica distinta ao agente delegado em relação ao mero particular.

Finalmente, acerca da necessidade ou não da estabilidade no serviço público para o exercício do poder de polícia administrativa, demonstramos que as prerrogativas outorgadas pelo regime jurídico dos servidores públicos não chega a ponto, ao menos segundo o ordenamento constitucional vigente, de obstar genericamente a delegação da atividade de polícia administrativa a particulares. Foi recordado, entre outros exemplos, o fato de as principais decisões políticas e administrativas, entre as quais as sancionadoras, serem tomadas por agentes públicos que ocupam cargos de provimento em comissão, os quais não ingressaram no serviço público mediante concurso e não possuem estabilidade.

Afastados os obstáculos jurídicos à delegação, concluímos que os requisitos necessários para a transferência da atividade de polícia administrativa a particulares são: a) previsão legal sobre a delegação; b) previsão legal de parâmetro de controle por meio do devido processo administrativo; e c) previsão legal que assegure a isonomia na escolha do agente delegado.

É que o processo legislativo possibilitará identificar em qual setor e em quais condições dar-se-á a atuação privada no campo do poder de polícia administrativa. As demandas e especificidades técnicas deverão ser consideradas, de modo a delimitar o espaço e a extensão da transferência da atividade estatal. A característica dialógica do processo legislativo permitirá, ainda, expor os riscos da delegação e, no caso de existirem, articular o regime jurídico que otimize os benefícios do transpasse e diminua as dificuldades existentes.

Também o princípio da legalidade, no sentido estrito, corrobora o requisito da previsão legal, porquanto, ao mesmo tempo que a natureza restritiva do poder de polícia atrai a necessidade de lei, há qualificação do agente delegado a afastar violação à isonomia. Não se trata, pois, de simples imposição de obrigação entre particulares, mas, sim, de delegação de função pública mediante lei.

A exigência de disciplina legal sobre o controle da atividade mediante o devido processo administrativo decorre da legitimidade democrática que lhe é inerente e da necessidade de se estabelecer mecanismo de fiscalização e acompanhamento dos atos emanados do agente delegado.

Na regulação, caberá à lei estabelecer o objeto da delegação e o rito procedimental que deverá ser seguido para edição dos atos normativos pelo particular, garantindo-se a plena participação dos potenciais interessados no procedimento prévio ao regulamento.

O devido processo no âmbito da fiscalização e da sanção é requisito indispensável, haja vista que a ampla defesa e o contraditório devem ser assegurados àqueles que possam vir a ser sancionados ao final da atividade fiscalizadora.

O trabalho conclui que não haveria sentido algum em se exigir o atendimento ao devido processo legal se a Administração pudesse ignorar os argumentos aduzidos pelas partes interessadas, razão pela qual a motivação deve apresentar o relato das ponderações de todos os envolvidos e a respectiva fundamentação técnica que refute ou acolha tais manifestações.

Essa exigência, aliada à incidência do regime publicístico, afasta suposta violação ao princípio da isonomia, porquanto não se trata, propriamente, de um particular, no exercício de atividade privada, a impor sanções a outrem. Trata-se, sim, de exercício de atividade estatal por particular, devidamente autorizado em lei, sob vigência de regime jurídico público.

A natureza vinculada da atividade fiscalizadora e sancionadora confere, por outro lado, amplo controle sobre a atuação do agente delegado.

Por fim, o requisito da realização de licitação para escolha do particular delegado, que atende, a um só tempo, ao princípio da isonomia e à garantia de regime jurídico que estabeleça prerrogativas ao contratante para resguardar a devida prestação da função pública.

Tendo em vista se tratar de tema afeto ao regime jurídico da delegação da atividade de polícia administrativa, concluímos que a responsabilidade civil por danos causados a terceiros deve partir do art. 37, §6º, da CR/88, para adotar a responsabilidade objetiva imputável diretamente ao agente causador do dano que, no caso de delegação, pode vir a ser o agente delegado, cabendo, ao Estado, a responsabilidade subsidiária.

Esta obra, portanto, avança, sem perder de vista o ordenamento jurídico vigente, na redefinição do papel da Administração Pública, considerando as demandas existentes na atualidade e sem comprometimento do dever estatal de garantir o resultado das atividades que são de sua responsabilidade.

REFERÊNCIAS

ALEMANHA. *Lei Fundamental da República Federal da Alemanha*. Tradução Assis Mendonça. Rev. Juríd. Urbano Carvelli. Atual. jan. 2011. Disponível em: http://www.brasil.diplo.de/contentblob/3160404/Daten/1330556/Gundgesetz_pt.pdf. Acesso em: 15 abr. 2013.

ALLEGRETTI, Umberto. *Legge generale sui procedimenti e moralizzazione amministrativa*: scritti in onore de Massimo Severo Giannini. Milano: Giuffre, 1998. v. 3.

ALMEIDA, Fernando Dias Menezes de. Mecanismos de consenso na Administração Pública. *In*: ARAGÃO, Alexandre Santos de; MARQUES NETO, Floriano de Azevedo (Coord.). *Direito administrativo e seus novos paradigmas*. Belo Horizonte: Fórum, 2008.

AMETLLER, Dolors Canals I. *El ejercicio por particulares de funciones de autoridad*: control, inspección y certificación. Granada: Comares, 2003.

ARAGÃO, Alexandre Santos de. *Direito dos serviços públicos*. 2. ed. Rio de Janeiro: Forense, 2008.

ARAGÃO, Alexandre Santos de. Regulação da economia: conceito e características contemporâneas. *In*: CARDOSO, José Eduardo Martins; QUEIROZ, João Eduardo Lopes; SANTOS, Márcia Walquíria Batista dos (Org.). *Curso de direito administrativo econômico*. São Paulo: Malheiros, 2006. v. 3.

ARAGÃO, Alexandre Santos de. Regulamentos administrativos no direito contemporâneo. *In*: DI PIETRO, Maria Sylvia Zanella; SUNDFELD, Carlos Ari. (Org.). *Doutrinas essenciais*: direito administrativo. São Paulo: Revista dos Tribunais, 2012. p. 523-552.

ARAÚJO, Florivaldo Dutra de. *Motivação e controle do ato administrativo*. 2. ed. Belo Horizonte: Del Rey, 2005.

AURELLI, Arlete Inês. *O juízo de admissibilidade na ação de Mandado de Segurança*. São Paulo: Malheiros, 2006.

ÁVILA, Humberto. "Neoconstitucionalismo": entre a "ciência do direito" e o "direito da ciência". *In*: BINENBOJM, Gustavo; SARMENTO, Daniel; SOUZA NETO, Cláudio Pereira de. *Vinte anos da Constituição Federal de 1988*. Rio de Janeiro: Lumen Juris, 2009. p. 187-202.

ÁVILA, Humberto. *Teoria dos princípios*: da definição à aplicação dos princípios jurídicos. São Paulo: Malheiros, 2004.

AYER, Flávia. Cerco às ocupações irregulares. *Estado de Minas*, Belo Horizonte, 18 out. 2010. Caderno Gerais, p. 17-18.

BACELLAR FILHO, Romeu Felipe. A noção jurídica de interesse público no direito administrativo brasileiro. *In*: BACELLAR FILHO, Romeu Felipe; HACHEM, Daniel Wunder (Coord.). *Direito administrativo e interesse público*: estudos em homenagem ao professor Celso Antônio Bandeira de Mello. Belo Horizonte: Fórum, 2010. p. 89-113.

BACELLAR FILHO, Romeu Felipe. *Direito administrativo e o novo Código Civil*. Belo Horizonte: Fórum, 2007.

BACELLAR FILHO, Romeu Felipe. Do regime jurídico de notórios e registradores. *In*: FERRAZ, Luciano; MOTTA, Fabrício (Coord.). *Direito público moderno*: homenagem especial ao professor Paulo Neves de Carvalho. Belo Horizonte: Del Rey, 2003. p. 457-475.

BACELLAR FILHO, Romeu Felipe. *Processo administrativo disciplinar*. 3. ed. São Paulo: Saraiva, 2012.

BACELLAR FILHO, Romeu Felipe. Responsabilidade civil extracontratual das pessoas jurídicas de direito privado prestadoras de serviço público. *Interesse Público – IP*, Belo Horizonte, ano 2, n. 6, abr./jun. 2000. Disponível em: http://www.bidforum.com.br/bid/PDI0006.aspx?pdiCntd=51629. Acesso em: 21 abr. 2013.

BACELLAR FILHO, Romeu Felipe; HACHEM, Daniel Wunder (Coord.). *Direito administrativo e interesse público*: estudo em homenagem ao professor Celso Antônio Bandeira de Mello. Belo Horizonte: Fórum, 2011.

BAHIA, Alexandre Gustavo Melo Franco. *Interesse público e interesse privado nos recursos extraordinários*: por uma compreensão adequada no Estado Democrático de Direito. 2007. Tese (Doutorado em Direito)–Faculdade de Direito, Universidade Federal de Minas Gerais, Belo Horizonte, 2007.

BANDEIRA DE MELLO, Celso Antônio. *Curso de direito administrativo*. 28. ed. São Paulo: Malheiros, 2011.

BANDEIRA DE MELLO, Celso Antônio. *Discricionariedade e controle jurisdicional*. 2. ed. São Paulo: Malheiros, 2003.

BANDEIRA DE MELLO, Celso Antônio. Serviço Público e Poder de Polícia: concessão e delegação. *Revista Eletrônica de Direito do Estado – REDE*, Salvador, n. 7, p. 1-11, jul./set. 2006. Disponível em: https://www2.mp.pa.gov.br/sistemas/gcsubsites/upload/39/REDE_7_julho_celso_antonio.pdf. Acesso em: 23 fev. 2012.

BARROSO, Luís Roberto. *Interpretação e aplicação da Constituição*. 4. ed. São Paulo: Saraiva, 2002.

BARROSO, Luís Roberto. Prefácio: o Estado contemporâneo, os direitos fundamentais e a redefinição da supremacia do interesse público. *In*: SARMENTO, Daniel. *Interesses públicos versus interesses privados*: desconstruindo o princípio de supremacia do interesse público. Rio de Janeiro: Lumen Juris, 2007. p. XIII.

BATISTA JÚNIOR, Onofre Alves. *Transações administrativas*. São Paulo: Quartier Latin, 2007.

BAUMAN, Zygmunt. *Modernidade líquida*. Tradução Plínio Dentzien. Rio de Janeiro: Jorge Zahar, 2001.

BBC. Médicos da OMS criticam internação compulsória de viciados em crack. *G1 Brasil*, 06 fev. 2012. Disponível em: http://g1.globo.com/brasil/noticia/2013/02/especialistas-da-onu-e-oms-criticam-internacao-compulsoria-de-viciados-em-crack.html. Acesso em: 13 fev. 2013.

BEZNOS, Clóvis. *Poder de polícia*. São Paulo: Revista dos Tribunais, 1979.

BINENBOJM, Gustavo. Da supremacia do interesse público ao dever de proporcionalidade: um novo paradigma para o direito administrativo. *In*: SARMENTO, Daniel. *Interesses públicos versus interesses privados*: desconstruindo o princípio de supremacia do interesse público. Rio de Janeiro: Lumen Juris, 2007. p. 117-169.

REFERÊNCIAS | 209

BINENBOJM, Gustavo. *Uma teoria do direito administrativo:* direitos fundamentais, democracia e constitucionalização. São Paulo: Renovar, 2006.

BITENCOURT NETO, Eurico. *Devido procedimento equitativo e vinculação de serviços públicos delegados no Brasil.* Belo Horizonte: Fórum, 2009.

BRANCO, Paulo Gustavo Gonet. Associações, expulsão de sócios e direitos fundamentais. *Direito Público,* Porto Alegre, ano 1 n. 2, p. 143-157, out./dez. 2003.

BRASIL. Agência Nacional de Energia Elétrica. Resolução n° 414, de 09 de setembro de 2010. Estabelece as Condições Gerais de Fornecimento de Energia Elétrica de forma atualizada e consolidada. Disponível em: http://www.aneel.gov.br/cedoc/ren2010414. pdf. Acesso em: 13 fev. 2013a.

BRASIL. Constituição da República dos Estados Unidos do Brasil, de 24 de fevereiro de 1891. Disponível em: http://www.planalto.gov.br/ccivil_03/constituicao/constitui%C3%A7ao91.htm. Acesso em: 13 fev. 2013b.

BRASIL. Constituição da República Federativa do Brasil, de 05 de outubro de 1988. Disponível em: http://www.planalto.gov.br/ccivil_03/constituicao/constituicao.htm. Acesso em: 18 dez. 2012a.

BRASIL. Decreto n° 1.151, de 05 de janeiro de 1904. Reorganiza os serviços da hygiene administrativa da União. Disponível em: http://www2.camara.leg.br/legin/fed/decret/1900-1909/decreto-1151-5-janeiro-1904-583460-publicacaooriginal-106278-pl. html. Acesso em: 15 abr. 2013c.

BRASIL. Decreto n° 3.591, de 06 de setembro de 2000. Dispõe sobre o Sistema de Controle Interno do Poder Executivo Federal e dá outras providências. Disponível em: http://www.planalto.gov.br/ccivil_03/decreto/D3591.htm. Acesso em: 5 abr. 2013d.

BRASIL. Decreto n° 6.017, de 17 de janeiro de 2007. Regulamenta a Lei n° 11.107, de 6 de abril de 2005, que dispõe sobre normas gerais de contratação de consórcios públicos. Disponível em: http://www.planalto.gov.br/ccivil_03/_ato2007-2010/2007/decreto/d6017.htm. Acesso em: 29 jun. 2010.

BRASIL. Decreto n° 6.514, de 22 de julho de 2008. Dispõe sobre as infrações e sanções administrativas ao meio ambiente, estabelece o processo administrativo federal para apuração destas infrações, e dá outras providências. Disponível em: http://www.planalto. gov.br/ccivil_03/_ato2007-2010/2008/decreto/D6514.htm. Acesso em: 05 abr. 2013e.

BRASIL. Decreto-Lei n° 200, de 25 de fevereiro de 1967. Dispõe sôbre a organização da Administração Federal, estabelece diretrizes para a Reforma Administrativa e dá outras providências. Disponível em: http://www.planalto.gov.br/ccivil_03/decreto-lei/del0200. htm. Acesso em: 25 mar. 2013f.

BRASIL. Instituto Nacional de Tecnologia da Informação. Sobre Autoridades Certificadoras (AC) e Autoridades de Registros (AR). Publicado em 11.08.2012. Disponível em: http://www.iti.gov.br/perguntas-frequentes/1745-autoridades-certificadoras-ac-e-autoridades-de-registros-ar. Acesso em: 5 abr. 2013g.

BRASIL. Lei Complementar n° 101, de 04 de maio de 2000. Estabelece normas de finanças públicas voltadas para a responsabilidade na gestão fiscal e dá outras providências. Disponível em: http://www.planalto.gov.br/ccivil_03/leis/lcp/lcp101.htm. Acesso em: 25 mar. 2013h.

FLÁVIO HENRIQUE UNES PEREIRA
REGULAÇÃO, FISCALIZAÇÃO E SANÇÃO

BRASIL. Lei nº 10.742, de 06 de outubro de 2003. Define normas de regulação para o setor farmacêutico, cria a Câmara de Regulação do Mercado de Medicamentos – CMED e altera a Lei nº 6.360, de 23 de setembro de 1976, e dá outras providências. Disponível em: http://www.planalto.gov.br/ccivil_03/leis/2003/l10.742.htm. Acesso em: 15 mar. 2013u.

BRASIL. Lei nº 10.973, de 02 de dezembro de 2004. Dispõe sobre incentivos à inovação e à pesquisa científica e tecnológica no ambiente produtivo e dá outras providências. Disponível em: http://www.planalto.gov.br/ccivil_03/_ato2004-2006/2004/lei/l10.973. htm. Acesso em: 05 abr. 2013v.

BRASIL. Lei nº 11.079, de 30 de dezembro de 2004. Institui normas gerais para licitação e contratação de parceria público-privada no âmbito da administração pública. Disponível em: http://www.planalto.gov.br/ccivil_03/_ato2004-2006/2004/lei/l11079.htm. Acesso em: 25 fev. 2013w.

BRASIL. Lei nº 12.760, de 20 de dezembro de 2012. Altera a Lei nº 9.503, de 23 de setembro de 1997, que institui o Código de Trânsito Brasileiro. Disponível em: http://www.planalto. gov.br/ccivil_03/_Ato2011-2014/2012/Lei/L12760.htm. Acesso em: 05 abr. 2013x.

BRASIL. Lei nº 5.172, de 25 de outubro de 1966. Dispõe sobre o Sistema Tributário Nacional e institui normas gerais de direito tributário aplicáveis à União, Estados e Municípios. Disponível em: http://www.planalto.gov.br/ccivil_03/leis/l5172.htm. Acesso em: 18 maio 2013i.

BRASIL. Lei nº 7.102, de 20 de junho de 1983. Dispõe sobre segurança para estabelecimentos financeiros, estabelece normas para constituição e funcionamento das empresas particulares que exploram serviços de vigilância e de transporte de valores, e dá outras providências. Disponível em: http://www.planalto.gov.br/ccivil_03/leis/l7102.htm. Acesso em: 25 fev. 2013j.

BRASIL. Lei nº 8.112, de 11 de dezembro de 1990. Dispõe sobre o regime jurídico dos servidores públicos civis da União, das autarquias e das fundações públicas federais. Disponível em: http://www.planalto.gov.br/ccivil_03/leis/l8112cons.htm. Acesso em: 13 mar. 2013k.

BRASIL. Lei nº 8.666, de 21 de junho de 1993. Regulamenta o art. 37, inciso XXI, da Constituição Federal, institui normas para licitações e contratos da Administração Pública e dá outras providências. Disponível em: http://www.planalto.gov.br/ccivil_03/leis/ l8666cons.htm. Acesso em: 05 abr. 2013l.

BRASIL. Lei nº 8.935, de 18 de novembro de 1994. Regulamenta o art. 236 da Constituição Federal, dispondo sobre serviços notariais e de registro. (Lei dos cartórios). Disponível em: http://www.planalto.gov.br/ccivil_03/leis/l8935.htm. Acesso em: 13 mar. 2013m.

BRASIL. Lei nº 8.987, de 13 de fevereiro de 1995. Dispõe sobre o regime de concessão e permissão da prestação de serviços públicos previsto no art. 175 da Constituição Federal, e dá outras providências. Disponível em: http://www.planalto.gov.br/ccivil_03/leis/ l8987cons.htm. Acesso em: 13 mar. 2013n.

BRASIL. Lei nº 9.074, de 07 de julho de 1995. Estabelece normas para outorga e prorrogações das concessões e permissões de serviços públicos e dá outras providências. Disponível em: http://www.planalto.gov.br/ccivil_03/leis/l9074cons.htm. Acesso em: 25 maio 2013o.

BRASIL. Lei nº 9.472, de 16 de julho de 1997. Dispõe sobre a organização dos serviços de telecomunicações, a criação e funcionamento de um órgão regulador e outros aspectos

REFERÊNCIAS | 211

institucionais, nos termos da Emenda Constitucional n° 8, de 1995. Disponível em: http://www.planalto.gov.br/ccivil_03/leis/l9472.htm. Acesso em: 25 maio 2013p.

BRASIL. Lei n° 9.537, de 11 de dezembro de 1997. Dispõe sobre a segurança do tráfego aquaviário em águas sob jurisdição nacional e dá outras providências. Disponível em: http://www.planalto.gov.br/ccivil_03/leis/l9537.htm. Acesso em: 29 jun. 2012c.

BRASIL. Lei n° 9.605, de 12 de fevereiro de 1998. Dispõe sobre as sanções penais e administrativas derivadas de condutas e atividades lesivas ao meio ambiente, e dá outras providências. Disponível em: http://www.planalto.gov.br/ccivil_03/leis/l9605.htm. Acesso em: 15 mar. 2013q.

BRASIL. Lei n° 9.649, de 27 de maio de 1998. Dispõe sobre a organização da Presidência da República e dos Ministérios, e dá outras providências. Disponível em: http://www.planalto.gov.br/ccivil_03/leis/l9649cons.htm. Acesso em: 13 fev. 2013r.

BRASIL. Lei n° 9.782, de 26 de janeiro de 1999. Define o Sistema Nacional de Vigilância Sanitária, cria a Agência Nacional de Vigilância Sanitária, e dá outras providências. Disponível em: http://www.planalto.gov.br/ccivil_03/leis/l9782.htm. Acesso em: 15 mar. 2013t.

BRASIL. Lei n° 9.933, de 20 de dezembro de 1999. Dispõe sobre as competências do Conmetro e do Inmetro, institui a Taxa de Serviços Metrológicos, e dá outras providências. Disponível em: http://www.planalto.gov.br/ccivil_03/leis/L9933.htm. Acesso em: 13 fev. 2013s.

BRASIL. Superior Tribunal de Justiça. Agravo Regimental na Suspensão de Segurança n° 2.559/PB. Reqte: Assembléia Legislativa do Estado da Paraíba. Reqdo: Desembargador Relator do MS n° 99920120002251. Rel. Ministro Ari Pargendler. J. 14.06.2012. *DJe* 29.06.2012. Disponível em: https://ww2.stj.jus.br/revistaeletronica/Abre_Documento. asp?sLink=ATC&sSeq=21761030&sReg=201200350880&sData=20120629&sTipo=51 &formato=PDF. Acesso em: 15 mar. 2012b.

BRASIL. Superior Tribunal de Justiça. Conflito de Competência n° 40.060/SP (2003/0159313-7). Autor: Humberto Avelino da Cruz. Réu: Eletropaulo Metropolitana Eletricidade de São Paulo S/A. Suscitante: Juízo Federal da 21ª Vara Cível da Seção Judiciária do Estado de São Paulo. Suscitado: Juízo de Direito da Vara da Fazenda Pública de São Paulo – SP. Rel. Min. Castro Meira. 1ª Seção. J. 24.03.2004. *DJ* 07.06.2004. Disponível em: https://ww2.stj.jus.br/revistaeletronica/Abre_Documento. asp?sSeq=463970&sReg=200301593137&sData=20040607&formato=PDF. Acesso em: 02 out. 2012c.

BRASIL. Superior Tribunal de Justiça. Embargos de Declaração no Recurso Especial n° 817534/MG (2006/0025288-1). Embte: Empresa de Transporte e Trânsito de Belo Horizonte – BHTRANS. Embdo: Ministério Público de Minas Gerais. Rel. Min. Mauro Campbell Marques. Segunda Turma. J. 25.05.2010. *DJe* 16.06.2010. Disponível em: https://ww2.stj.jus.br/revistaeletronica/Abre_Documento. asp?sSeq=976113&sReg=200600252881&sData=20100616&formato=PDF. Acesso em: 29 set. 2011a.

BRASIL. Superior Tribunal de Justiça. Mandado de Segurança n° 11.053/DF (2005/0167163-4). Impte: Célio Buriola Cavalcante. Impdo: Ministro de Estado da Previdência e Assistência Social. Rel. Min. Vasco Della Giustina (Desembargador Convocado). J. 11.04.2012. *DJe* 31.08.2012. Disponível em: https://ww2.stj.jus.br/revistaeletronica/Abre_Documento.

asp?sSeq=1136622&sReg=200501671634&sData=20120831&formato=PDF. Acesso em: 26 mar. 2013y.

BRASIL. Superior Tribunal de Justiça. Mandado de Segurança n° 12.927/DF. Impte: Maria Nunes de Oliveira Maciel. Impdo: Ministro de Estado da Previdência Social. Rel. Min. Felix Fischer. J. 12.12.2007. *DJ* 12.02.2008. Disponível em: https://ww2.stj.jus.br/revistaeletronica/Abre_Documento.asp?sSeq=746705&sReg=200701488568&sData=20080212&formato=PDF. Acesso em: 15 ago. 2011b.

BRASIL. Superior Tribunal de Justiça. Mandado de Segurança n° 12.983/DF (2007/0169559-9). Impte: Célio Buriola Cavalcante. Impdo: Ministro de Estado da Previdência e Assistência Social. Rel. Min. Felix Fischer. J. 12.12.2007. *DJ* 15.02.2008. Disponível em: https://ww2.stj.jus.br/revistaeletronica/Abre_Documento.asp?sSeq=746706&sReg=200701695599&sData=20080215&formato=PDF. Acesso em: 26 mar. 2013z.

BRASIL. Superior Tribunal de Justiça. Mandado de Segurança n° 13.716/DF (2008/0167030-9). Impte: Silvia Regina Rodrigues Ramos de Lima. Impdo: Ministro de Estado da Previdência Social. Rel. Min. Felix Fischer. J. 15.12.2008. *Dje* 13.02.2009. Disponível em: https://ww2.stj.jus.br/revistaeletronica/Abre_Documento.asp?sSeq=848054&sReg=200801670309&sData=20090213&formato=PDF. Acesso em: 26 mar. 2013aa.

BRASIL. Superior Tribunal de Justiça. Recurso em Mandado de Segurança n° 19.210/RS. Recte: Sérgio Jobim Dutra. Impdo: Conselho da Magistratura do Estado do Rio Grande do Sul. Recdo: Conselho da Magistratura do Estado do Rio Grande do Sul. Rel. Min. Felix Fischer. J. 14.03.2006. *DJ* 10.04.2006. Disponível em: https://ww2.stj.jus.br/revistaeletronica/Abre_Documento.asp?sSeq=612896&sReg=200401612105&sData=20060410&formato=PDF. Acesso em: 15 ago. 2011c.

BRASIL. Superior Tribunal de Justiça. Recurso em Mandado de Segurança n° 20.288/SP. Recte: Augusto Faria Ferreira Cravo. Recdo: Procurador Geral de Justiça do Estado de São Paulo. Rel. para acórdão: Arnaldo Esteves Lima. Quinta Turma. J. 19.06.2007. *DJ* 05.11.2007. Disponível em: http://www.stj.jus.br/SCON/jurisprudencia/doc.jsp?livre=20288&&b=ACOR&p=true&t=&l=10&i=5#. Acesso em: 15 ago. 2011d.

BRASIL. Superior Tribunal de Justiça. Recurso Especial n° 1.071.741/SP. Recte: Ministério Público do Estado de São Paulo. Recdo: Fazenda do Estado de São Paulo. Rel. Min. Herman Benjamin. Segunda Turma. J: 24.03.2006. *DJ* 16.12.2010b. Disponível em: https://ww2.stj.jus.br/processo/jsp/revista/abreDocumento.jsp?componente=ITA&sequencial=863210&num_registro=200801460435&data=20101216&formato=PDF. Acesso em: 14 nov. 2011e.

BRASIL. Superior Tribunal de Justiça. Recurso Especial n° 1.102.578/MG. Recte: Instituto Nacional de Metrologia Normalização e Qualidade Industrial – INMETRO. Recido: Confecções Dora Ltda. Rel. Min. Eliana Calmon. J. 14.10.2009. *DJ* 29.10.2009. Disponível em: https://ww2.stj.jus.br/revistaeletronica/Abre_Documento.asp?sSeq=920232&sReg=200802661026&sData=20091029&formato=PDF. Acesso em: 30 mar. 2013bb.

BRASIL. Superior Tribunal de Justiça. Recurso Especial n° 1.130.103/RJ (2009/0054605-4). Recte: Flávio Brandalise e outro. Recdo: Comissão de Valores Imobiliários. Rel. Min. Castro Meira. J. 19.08.2010. *DJe* 30.08.2010. Disponível em: https://ww2.stj.jus.br/revistaeletronica/Abre_Documento.asp?sSeq=996698&sReg=200900546054&sData=20100830&formato=PDF. Acesso em: 30 mar. 2013cc.

BRASIL. Superior Tribunal de Justiça. Recurso Especial n° 1.149.416/GO. Recte: Estado de Goiás. Recdo: Companhia Nacional de Abastecimento – CONAB. Relator: Ministro Luiz

REFERÊNCIAS | 213

Fux. J. 04.03.2010. *DJ* 22.03.2010. Disponível em: https://ww2.stj.jus.br/revistaeletronica/Default.asp?registro=200901360493&dt_publicacao=22/03/2010. Acesso em: 30 ago. 2011f.

BRASIL. Superior Tribunal de Justiça. Recurso Especial n° 1072035/RJ (2008/0143814-8). Recte: United Cinemas International Brasil Ltda. Recdo: Gustavo Bandeira da Rocha Oliveira e outro. Rel. Min. Nancy Andrighi. Terceira Turma. J. 28.04.2009. *DJ* 04.08.2009. Disponível em: https://ww2.stj.jus.br/revistaeletronica/Abre_Documento. asp?sSeq=867860&sReg=200801438148&sData=20090804&formato=PDF. Acesso em: 23 abr. 2013dd.

BRASIL. Superior Tribunal de Justiça. Recurso Especial n° 573.260/RS. Recte: Coviplan Concessionária Rodoviária do Planalto S/A. Recdo: Dilles Carmelina Diolchi. Rel. Min. Aldir Passarinho Júnior. J. 27.10.2009. *DJ* 09.11.2009. Disponível em: https://ww2.stj.jus.br/revistaeletronica/Abre_Documento.asp?sSeq= 923360&sReg=200301272313&sData=20091109&formato=PDF. Acesso em: 14 nov. 2011g.

BRASIL. Superior Tribunal de Justiça. Recurso Especial n° 743.682/RS. Recte: Empresa Pública de Transporte e Circulação S/A – EPTC. Recdo: Adroaldo Furtado Fabrício. Rel. Min. Teori Albino Zavascki. Primeira Turma. J. 01.10.2009. *DJe* 15.10.2009. Disponível em: https://ww2.stj.jus.br/revistaeletronica/Abre_Documento.asp?sSeq=917374&sReg= 200500648141&sData=20091015&formato=PDF. Acesso em: 15 mar. 2013ee.

BRASIL. Superior Tribunal de Justiça. Recurso Especial n° 758.158/RS. Recte: Conselho Federal de Medicina Veterinária – CFMV. Recdo: Gladis Ferreira Correa e outros. Rel. Min. Denise Arruda. Primeira Turma. J. 5.09.2006. *DJ* 05.10.2006. Disponível em: http://www.stj.jus.br/SCON/jurisprudencia/doc.jsp?livre=758158&&b=ACOR&p=true&t=&l=10&i=5#. Acesso em: 05 set. 2011h.

BRASIL. Superior Tribunal de Justiça. Recurso Especial n° 817534/MG (2006/0025288-1). Rel. Ministro Mauro Campbell Marques, Segunda Turma. J: 10.11.2009. *Dje* 10.12.2009. Disponível em: https://ww2.stj.jus.br/revistaeletronica/Abre_Documento. asp?sSeq=880847&sReg=200600252881&sData=20091210&formato=PDF. Acesso em: 08 set. 2011i.

BRASIL. Supremo Tribunal Federal. Ação Direta de Inconstitucionalidade n° 1.717-6/DF. Reqte: Partido Comunista do Brasil – PC do B, Partido dos Trabalhadores – PT, Partido Democrático Trabalhista – PDT. Reqdo: Presidente da República. Rel. Min. Sidney Sanches. Tribunal Pleno. J. 07.11.2002. *DJ* 28.03.2003. Disponível em: http://redir.stf.jus. br/paginadorpub/paginador.jsp?docTP=AC&docID=347229. Acesso em: 15 ago. 2011j.

BRASIL. Supremo Tribunal Federal. Ação Direta de Inconstitucionalidade n° 3.151/MT. Reqte: Associação dos Notários e Registradores do Brasil – ANOREG/BR. Reqido: Governador do Estado de Mato Grosso e outros. Rel. Min. Carlos Ayres Britto. Tribunal Pleno. J. 8.06.2005. *DJ* 28.04.2006. Disponível em: http://redir.stf.jus.br/paginadorpub/paginador.jsp?docTP=AC&docID=363325. Acesso em: 18 maio 2013ff.

BRASIL. Supremo Tribunal Federal. Agravo no Recurso Extraordinário n° 407099. Recte: Empresa Brasileira de Correios e Telégrafos – ECT. Recdo: Município de São Borja. Rel. Min. Carlos Veloso. J. 22.06.2004. Disponível em: http://www.stf.jus.br/portal/processo/verProcessoAndamento.asp?numero=407099&classe=RE&codigoClasse=0&origem=JUR&recurso=0&tipoJulgamento=M. Acesso em: 21 mar. 2013gg.

BRASIL. Supremo Tribunal Federal. Arguição de Descumprimento de Preceito Fundamental n° 46-7/DF. Argte: Associação Brasileira das Empresas de Distribuição – ABRAED. Argdo: Empresa Brasileira de Correios e Telégrafos – ECT. Rel. orig.: Min. Marco Aurélio. Relator para acórdão: Eros Grau. J. 05.08.2009. *DJ* 26.02.2010. Disponível em: http://redir.stf.jus.br/paginadorpub/paginador.jsp?docTP=AC&docID=608504. Acesso em: 15 ago. 2011k.

BRASIL. Supremo Tribunal Federal. Mandado de segurança n° 24.268-0/MG. Impte: Fernanda Fiuza Brito. Impdo: Presidente do Tribunal de Contas da União e Gerente de Recursos Humanos da Subsecretaria de Planejamento, Orçamento e Administração do Ministério da Fazenda – Gerência Regional de Administração em Minas Gerais. Rel. Min. Ellen Gracie. Rel. para acórdão: Min. Gilmar Mendes. Tribunal Pleno. J. 05.02.2004. *DJ* 17.09.2004. Disponível em: http://redir.stf.jus.br/paginadorpub/paginador.jsp?docTP=AC&docID=86111. Acesso em: 02 abr. 2013hh.

BRASIL. Supremo Tribunal Federal. Medida Cautelar em Ação Direta de Inconstitucionalidade n° 1923-5/DF. Reqte: Partido dos Trabalhadores – PT e outros. Reqdo: Presidente da República e Congresso Nacional. Rel. Min. Ilmar Galvão. Rel. para acórdão: Ministro Eros Grau. Tribunal Pleno. J. 01.08.2007. *DJe* 20.09.2007. Disponível em: http://www.stf.jus.br/portal/jurisprudencia/listarJurisprudencia.asp?s1=%28ADI%24%2ESCLA%2E+E+1923%2ENUME%2E%29+OU+%28ADI%2EACMS%2E+ADJ2+1923%2EACMS%2E%29&base=baseAcordaos&url=http://tinyurl.com/al38b8e. Acesso em: 09 out. 2011l.

BRASIL. Supremo Tribunal Federal. Medida Cautelar na Ação Direta de Inconstitucionalidade n° 1.717/DF. Reqte: Partido Comunista do Brasil e outros. Requerido: Presidente da República. Rel. Min. Sydney Sanches. Tribunal Pleno. J. 22.09.1999. *DJ* 25.02.2000. Disponível em: http://www.stf.jus.br/portal/processo/verProcessoAndamento.asp?numero=1717&classe=ADI&codigoClasse=0&origem=JUR&recurso=0&tipoJulgamento=M. Acesso em: 22 abr. 2013ii.

BRASIL. Supremo Tribunal Federal. Medida Cautelar na Ação Direta de Inconstitucionalidade n° 1.753-2/DF. Reqte: Conselho Federal da Ordem dos Advogados do Brasil. Reqdo: Presidente da República. Rel. Min. Sepúlveda Pertence. Tribunal Pleno. J. 16.04.1998. *DJ* 12.06.1998. Disponível em: http://redir.stf.jus.br/paginadorpub/paginador.jsp?docTP=AC&docID=347250. Acesso em: 09 out. 2011m.

BRASIL. Supremo Tribunal Federal. Notícias. 2ª Turma nega redução de pena a engenheiros de prédio que desabou em Olinda (PE). Terça-feira, 06 de março de 2012. Disponível em: http://www.stf.jus.br/portal/cms/verNoticiaDetalhe.asp?idConteudo=201950&caixaBusca=N. Acesso em: 17 jan. 2013jj.

BRASIL. Supremo Tribunal Federal. Notícias. ADI questiona criação de corpo de bombeiro voluntário em SC. Sexta-feira, 07 de dezembro de 2012. Disponível em: http://www.stf.jus.br/portal/cms/verNoticiaDetalhe.asp?idConteudo=225931&caixaBusca=N. Acesso em: 17 jan. 2013kk.

BRASIL. Supremo Tribunal Federal. Reclamação n° 10.132. Rcte: Vivo S/A. Recdo: Tribunal Superior do Trabalho. Rel. Min. Gilmar Mendes. Disponível em: http://www.stf.jus.br/portal/processo/verProcessoAndamento.asp?incidente=3882085. Acesso em: 13 abr. 2013ll.

BRASIL. Supremo Tribunal Federal. Recurso em Hábeas Corpus n° 2.244. Partes: Manoel Fortunato de Araújo Costa e Juiz da Seccional da 2ª Vara do Distrito Federal. Rel. Min. Hermínio Espírito Santo. Voto vencedor: Ministro Pedro Antonio de Oliveira Ribeiro. J. 31.01.1905. Disponível em: http://www.stf.jus.br/portal/cms/verTexto.asp?servico=sobreStfConhecaStfJulgamentoHistorico&pagina=STFdescricaoHC2244. Acesso em: 21 mar. 2013mm.

REFERÊNCIAS | 215

BRASIL. Supremo Tribunal Federal. Recurso em Mandado de Segurança n° 24.699/DF. Recte: Bernardo Rosenberg. Recdo: União. Rel. Min. Eros Grau. Primeira Turma. J. 30.11.2004. *DJ* 1°.07.2005. Disponível em: http://www.stf.jus.br/portal/jurisprudencia/listarJurisprudencia.asp?s1=%2824699%2ENUME%2E+OU+24699%2EACMS%2E%29&base=baseAcordaos&url=http://tinyurl.com/bwnqol4. Acesso em: 15 ago. 2011n.

BRASIL. Supremo Tribunal Federal. Recurso Especial n° 610517/RJ. Recte: Município do Rio de Janeiro. Recdo: Casa da Moeda do Brasil – CMB. Rel.: Min. Celso de Mello. J. 03.06.2013. *DJe*-114. Div. 14.06.2013. P. 17.06.2013. Disponível em: http://www.stf.jus.br/portal/jurisprudencia/listarJurisprudencia.asp?s1=%28%28610517%2ENUME%2E+OU+610517%2EDMS%2E%29%29+NAO+S%2EPRES%2E&base=baseMonocraticas&url=http://tinyurl.com/kpfam66. Acesso em: 12 ago. 2013yy.

BRASIL. Supremo Tribunal Federal. Recurso Extraordinário n. 363.412-AgR/BA. Agte: Município de Salvador. Agdo: Empresa Brasileira de Correios e Telégrafos – ECT. Rel. Min. Celso de Mello. Segunda Turma. J. 07.08.2007. Disponível em: http://www.stf.jus.br/portal/jurisprudencia/listarJurisprudencia.asp?s1=%28363412%2ENUME%2E+OU+363412%2EACMS%2E%29&base=baseAcordaos&url=http://tinyurl.com/d3mw3fl. Acesso em: 21 mar. 2013rr.

BRASIL. Supremo Tribunal Federal. Recurso Extraordinário n° 158.215/RS. Rectes: Ayrton da Silva Capaverde e outros. Recdo: Cooperativa Mista São Luiz LTDA. Rel. Min. Marco Aurélio. Segunda Turma. J: 30.04.1996. *DJ* 07.06.1996. Disponível em: http://redir.stf.jus.br/paginadorpub/paginador.jsp?docTP=AC&docID=212594. Acesso em: 20 abr. 2013nn.

BRASIL. Supremo Tribunal Federal. *Recurso* Extraordinário n° 201.595-4/SP. Recte: Estado de São Paulo. Recdo Paulo Moreno. Rel. Min. Marco Aurélio. Segunda Turma. J. 28.11.2000. *DJ* 20.04.2001. Disponível em: http://redir.stf.jus.br/paginadorpub/paginador.jsp?docTP=AC&docID=237907. Acesso em: 21 abr. 2013oo.

BRASIL. Supremo Tribunal Federal. Recurso Extraordinário n° 201.819/RJ. Recte: União Brasileira de Compositores – UBC. Recdo: Arthur Rodrigues Villarinho. Rel. orig.: Min. Ellen Gracie. Rel. para acórdão: Min. Gilmar Mendes. Segunda Turma. J: 11.10.2005. *DJ* 27.10.2005. Disponível em: http://redir.stf.jus.br/paginadorpub/paginador.jsp?docTP=AC&docID=388784. Acesso em: 21 abr. 2013pp.

BRASIL. Supremo Tribunal Federal. Recurso Extraordinário n° 229.696-7/PE. Recte: Empresa Brasileira de Correios e Telégrafos – ECT. Recdo: Edgar Henrique da Silva. Rel. Min. Ilmar Galvão. Rel. para acórdão: Min. Maurício Corrêa. Tribunal Pleno. J. 16.11.2000. *DJ* 19.12.2002. Disponível em: http://redir.stf.jus.br/paginadorpub/paginador.jsp?docTP=AC&docID=253076. Acesso em: 21 mar. 2013qq.

BRASIL. Supremo Tribunal Federal. Recurso Extraordinário n° 407.099-5/RS. Recte: Empresa Brasileira de Correios e Telégrafos – ECT. Recdo: Município de São Borja. Rel. Min. Carlos Velloso. J. 22.06.2004. P. 06.08.2004. Disponível em: http://redir.stf.jus.br/paginadorpub/paginador.jsp?docTP=AC&docID=261763. Acesso em: 21 mar. 2013ss.

BRASIL. Supremo Tribunal Federal. Recurso Extraordinário n° 422.941-2/DF. Recte: Destilaria Alto Alegre S/A. Recdo: União. Rel. Min. Carlos Velloso. Segunda Turma. J: 31.05.2005. *DJ* 24.03.2006. Disponível em: http://redir.stf.jus.br/paginadorpub/paginador.jsp?docTP=AC&docID=368446. Acesso em: 18 set. 2011o.

BRASIL. Supremo Tribunal Federal. Recurso Extraordinário n° 511.961/SP. Rectes: Sindicado das empresas de rádio e televisão no Estado de São Paulo; Ministério Público Federal. Recdos: União; Federação Nacional dos Jornalistas e outros. Rel. Min. Gilmar

Mendes. J. 17.06.2009. *DJ* 13.11.2009. Disponível em: http://redir.stf.jus.br/paginadorpub/paginador.jsp?docTP=AC&docID=605643. Acesso em: 21 ago. 2011p.

BRASIL. Supremo Tribunal Federal. Recurso Extraordinário n° 631.102/PA. Recte: Jader Fontenele Barbalho. Recdo: Ministério Público Eleitoral. Rel. Min. Joaquim Barbosa. Tribunal Pleno. J. 27.10.2010. P. 20.06.2011. Disponível em: http://redir.stf.jus.br/paginadorpub/paginador.jsp?docTP=AC&docID=624281. Acesso em: 21 mar. 2013tt.

BRASIL. Supremo Tribunal Federal. Recurso Extraordinário n° 633782/MG. Rectes: Ministério Público do Estado de Minas Gerais e Empresa de Transportes e Trânsito de Belo Horizonte S/A – BHTRANS. Recdos: os mesmos. Rel. Min. Luiz Fux, J. 20.03. 2013. *DJe* 26.03.2013. Disponível em: http://www.stf.jus.br/portal/jurisprudencia/listarJurisprudencia.asp?s1=%28RE%24%2ESCLA%2E+E+633782%2ENUME%2E%29&base=baseMonocraticas&url=http://tinyurl.com/ap8twtm. Acesso em: 25 maio 2013uu.

BRASIL. Supremo Tribunal Federal. Recurso Extraordinário n° 75.127/RS. Recte: Estado do Rio Grande do Sul. Recdos: Suedi Soares de Lima e outros. Rel. Min. Bilac Pinto. J. 04.06.1973. Disponível em: http://redir.stf.jus.br/paginadorpub/paginador.jsp?docTP=AC&docID=170776. Acesso em: 16 ago. 2011q.

BRASIL. Supremo Tribunal Federal. Recurso Ordinário em Mandado de Segurança n° 22.665-3/DF. Recte: Cabotec Ltda. Recdo: União Federal. Rel. originário: Min. Marco Aurélio. Rel. para acórdão: Min. Nelson Jobim. J. 14.03.2006. DJ 04.08.2006. Disponível em: http://redir.stf.jus.br/paginadorpub/paginador.jsp?docTP=AC&docID=115850. Acesso em: 02 nov. 2011r.

BRASIL. Supremo Tribunal Federal. Recurso Ordinário em Mandado de Segurança n° 28.487/DF. Recte: Expressa Distribuidora de Medicamentos LTDA. Recdo: União. Rel. Min. Dias Tóffoli. J. 26.02.2013. P. 15.03.2013. Disponível em: http://redir.stf.jus.br/paginadorpub/paginador.jsp?docTP=TP&docID=3500237. Acesso em: 05 abr. 2013vv.

BRASIL. Supremo Tribunal Federal. Súmula n° 510. Praticado o ato por autoridade, no exercício de competência delegada, contra ela cabe o mandado de segurança ou a medida judicial. J. 03.12.1969. DJ 12.12.1969. Disponível em: http://www.stf.jus.br/portal/cms/verTexto.asp?servico=jurisprudenciaSumula&pagina=sumula_501_600. Acesso em: 02 out. 2011s.

BRASIL. Tribunal de Contas da União. Acórdão n° 2.651/2010. Ent.: Departamento Nacional de Infraestrutura de Transportes – Dnit/MT. Intdos: Congresso Nacional; Departamento Nacional de Infraestrutura de Transportes – DNIT/MT (04.892.707/0001-00). Rel. Min. Walton Alencar Rodrigues. Plenário. Sessão: 06.10.10. DOU 11.10.2010. Disponível em: http://www.tcu.gov.br/Consultas/Juris/Docs/judoc/Acord/20101013/AC_2651_37_10_P.doc. Acesso em: 05 abr. 2013ww.

BRASIL. Tribunal Regional Federal da 1ª Região. Apelação Civil n° 2003.30.00.001480-7. Apte: Conselho Regional de Odontologia do Acre – CRO/AC. Apdo: Ministério Público Federal. Rel. Des. João Batista Moreira. 5ª Turma. J. 14.12.2009. DJF1 29.01.2010. Disponível em: http://www.trf1.jus.br/Processos/ProcessosTRF/ctrf1proc/ctrf1proc.php?proc=200330000014807. Acesso em: 2 nov. 2011t.

BRASIL. Tribunal Superior do Trabalho. Súmula n° 331. Contrato de prestação de serviços. Legalidade (nova redação do item IV e inseridos os itens V e VI à redação). Res. 174/2011. DEJT 27, 30 e 31.05.2011. Disponível em: http://www3.tst.jus.br/jurisprudencia/Sumulas_com_indice/Sumulas_Ind_301_350.html#SUM-331. Acesso em: 13 fev. 2013xx.

REFERÊNCIAS | 217

CAETANO, Marcello. *Princípios fundamentais de direito administrativo*. Coimbra: Almedina, 1996.

CÂMARA, Jacintho Arruda. O lucro nas empresas estatais. *Revista Brasileira de Direito Público – RBDP*, Belo Horizonte, ano 10, n. 37, p. 9-18, abr./jun. 2012.

CARELLI, Rodrigo de Lacerda. *Terceirização e intermediação de mão-de-obra*. Rio de Janeiro: Renovar, 2003.

CARRILLO DONAIRE, Juan Antonio. La regulación de la seguridad y la calidad industrial y productiva. *In*: MUÑOZ MACHADO, Santiago; PARDO, José Esteves (Coord.). *Derecho da regulación económica*. Madrid: Iustel, 2009.

CARVALHO FILHO, José dos Santos. *Manual de direito administrativo*. 23. ed. rev. ampl. e atual. até 31.12.2009. Rio de Janeiro: Lumen Juris, 2010.

CARVALHO FILHO, José dos Santos. Terceirização no setor público: encontros e desencontros. *In*: FORTINI, Cristiana (Org.). *Terceirização na Administração*. Belo Horizonte: Fórum, 2009. p. 39-64.

CARVALHO NETTO, Menelick. Uma reflexão constitucional acerca dos direitos fundamentais do portador de sofrimento ou transtorno mental em conflito com a lei. *Veredas do Direito*, Belo Horizonte, v. 2, n. 4, p. 67-80, jul./dez. 2005.

CARVALHO, José Murilo de. *Os bestializados:* o Rio de Janeiro e a República que não foi. 3. ed. São Paulo: Companhia das Letras, 2008.

CARVALHO, Raquel Melo Urbano de. *Curso de direito administrativo:* parte geral, intervenção do Estado e estrutura da Administração. Salvador: JusPodivm, 2008.

CAVALCANTI, Pedro Coelho Teixeira. Geoprocessamento aplicado à auditoria de obras públicas. *Fórum de Contratações e Gestão Pública – FCGP*, Belo Horizonte, ano 12, n. 133, p. 46-62, jan. 2013.

CHEVALLIER, Jacques. *O Estado pós-moderno*. Tradução Marçal Justen Filho. Belo Horizonte: Fórum, 2009.

CRUZ, Álvaro Ricardo de Souza. *Jurisdição constitucional democrática*. Belo Horizonte: Del Rey, 2004.

CRUZ, Álvaro Ricardo de Souza; GIBSON, Sérgio Armanelli. Direito administrativo em enfoque: as contribuições da teoria discursiva de Jürgen Habermas. *Fórum Administrativo – FA*, Belo Horizonte, ano 6, n. 70, p. 8258-8266, dez. 2006.

DE VALLES, Arnaldo. *Primo Trattato Amministrativo Italiano* (a cura di V. E. Orlando). Milano: Società Editrice Libraria, 1930. v. 6. t. I.

DEL TESO, Ángeles de Palma. *El principio de culpabilidad en el derecho administrativo sancionador*. Madrid: Tecnos, 1996.

DI PIETRO, Maria Sylvia Zanella. *Direito administrativo*. 25. ed. São Paulo: Atlas, 2012.

DI PIETRO, Maria Sylvia Zanella. *Discricionariedade administrativa na Constituição de 1988*. 2. ed. São Paulo: Atlas, 2001.

DI PIETRO, Maria Sylvia Zanella. *Parcerias na Administração Pública*. 4. ed. rev. ampl. São Paulo: Atlas, 2002.

DI PIETRO, Maria Sylvia Zanella. Poder de polícia: orientação jurídica a ser adotada em situações que exijam a remição compulsória e imediata de moradores em ares de alto risco. *Revista de Direito Público*, São Paulo, ano 25, n. 98, p. 90-93, abr./jun. 1991.

DI PIETRO, Maria Sylvia Zanella; RIBEIRO, Carlos Vinícius Alves (Coord.). *Supremacia do interesse público*. São Paulo: Atlas, 2010.

DI PIETRO, Maria Sylvia Zanella; SUNDFELD, Carlos Ari (Coord.). *Doutrinas Especiais: Direito Administrativo*. São Paulo: Revista dos Tribunais, 2012. v. 1.

DIAS, Maria Tereza Fonseca. *Terceiro setor e Estado*: legitimidade e regulação. Belo Horizonte: Fórum, 2008.

DIRECTORIA GERAL DE SAÚDE PÚBLICA. *Os serviços de Saúde Pública no Brasil*: especialmente na cidade do Rio de Janeiro de 1808 a 1907. Trabalho organizado pelos Drs. Plácido Barbosa e Cássio Barbosa de Rezende por ordem do Dr. Oswaldo Gonçalves Cruz. Rio de Janeiro: Imprensa Nacional, 1909. v. 2.

ESTADO DE MINAS. BH tem 60% de casas noturnas sem fiscalização. *Estado de Minas*, Belo Horizonte, n. 28043, 28 maio 2013. Capa.

ESTADO DE MINAS. Editorial. O trânsito abandonado. *Estado de Minas*, Belo Horizonte, 07 jun. 2012. Caderno 1, p. 6.

FAGUNDES, Miguel Seabra. *O controle dos atos administrativos pelo Poder Judiciário*. 6. ed. São Paulo: Saraiva, 1984.

FERRAZ, Luciano. Direito administrativo. *In*: MOTTA, Carlos Pinto Coelho (Coord.). *Curso prático de direito administrativo*. 3. ed. Belo Horizonte: Del Rey. 2011.v. 3, p. 1-31.

FERREIRA, Daniel. *Sanções administrativas*. São Paulo: Malheiros, 2001.

FREITAS, Juarez. *Discricionariedade administrativa e o direito fundamental à boa Administração Pública*. 2. ed. São Paulo: Malheiros, 2009a.

FREITAS, Juarez. *O controle dos atos administrativos e os princípios fundamentais*. 4. ed. São Paulo: Malheiros, 2009b.

FREITAS, Juarez. Poder de polícia administrativa e o primado dos direitos fundamentais. *In*: WAGNER JÚNIOR, Luiz Guilherme Costa (Coord.). *Direito público*: estudos em homenagem ao Professor Adilson Abreu Dallari. Belo Horizonte: Del Rey, 2004. p. 401-418.

FURBINO, Zulmira. Pressão para evitar danos ambientais com mineração. *Estado de Minas*, Belo Horizonte, p. 12, 14 maio 2011. Caderno 1.

FURTADO, Lucas Rocha. *Curso de direto administrativo*. Belo Horizonte: Fórum, 2007.

G1. PRF registra 114 mortes nas estradas durante feriado de Páscoa. Publicado em 05.04.2010. Disponível em: http://g1.globo.com/Noticias/Brasil/0,,MUL1557474-5598,00-PRF+REGISTRA+MORTES+NAS+ESTRADAS+DURANTE+FERIADO+DE+PASCOA. html. Acesso em: 12 set. 2011.

GARCÍA DE ENTERRÍA, Eduardo; FERNANDEZ, Tomás-Ramon. *Curso de Derecho Administrativo*. Madrid: Editorial Civitas, 1997.

GARCÍA DE ENTERRÍA, Eduardo; FERNANDEZ, Tomás-Ramón. *Curso de Derecho Administrativo*. Buenos Aires: Thomson Civitas; La Ley, 2006. v. 1.

REFERÊNCIAS | 219

GARCÍA DE ENTERRÍA, Eduardo; FERNANDEZ, Tomás-Ramón. *Curso de direito administrativo*. Tradução Arnaldo Setti. São Paulo: Revista dos Tribunais, 1990.

GARCIA, Flávio Amaral. A relatividade da distinção entre atividade-fim e atividade-meio na terceirização aplicada à Administração Pública. *Revista Brasileira de Direito Público –* RBDP, Belo Horizonte, ano 7, n. 27, p. 137-160, out./nov. 2009.

GASPARINI, Diogenes. Poder de polícia: atributos, formas de atuação. *Boletim de Direito Municipal*, ano 13, n. 2, p. 67-70, fev. 1997.

GONÇALVES, Pedro António Pimenta da Costa. *Entidades privadas com poderes públicos*: o exercício de poderes públicos de autoridade por entidades privadas com funções administrativas. Coimbra: Almedina, 2008.

GORDILLO, Agustín. La defensa del usuario y del administrado. *In*: GORDILLO, Agustín. *Tratado de Derecho Administrativo*. 5. ed. Belo Horizonte: Del Rey e Fundación de Derecho Administrativo, 2003a. t. II.

GORDILLO, Agustín. Parte General. *In*: GORDILLO, Agustín. *Tratado de Derecho Administrativo*. 7. ed. Belo Horizonte: Del Rey, 2003b. t. I.

GRAU, Eros Roberto. *Direito, conceitos e normas jurídicas*. São Paulo: Revista dos Tribunais, 1988.

GROTTI, Dinorá Adelaide Musetti. Parcerias na Administração Pública. *Revista de Direito do Terceiro Setor – RDTS*, Belo Horizonte, ano 6, n. 11, jan./jun. 2012. Disponível em: http:// www.bidforum.com.br/bid/PDI0006.aspx?pdiCntd=79623. Acesso em: 19 maio 2013.

GÜNTHER, Klaus. *Teoria da Argumentação no Direito e na moral*: justificação e aplicação. Tradução Cláudio Molz. São Paulo: Landy, 2004.

HABERMAS, Jürgen. *Direito e democracia*: entre facticidade e validade. Tradução Flávio Beno Siebeneichler. Rio de Janeiro: Tempo Brasileiro, 2003. v. 2.

JUSTEN FILHO, Marçal. *Comentários à Lei de Licitações e Contratos Administrativos*. 15. ed. São Paulo: Dialética, 2012.

JUSTEN FILHO, Marçal. *Curso de direito administrativo*. 6. ed. rev. e atual. Belo Horizonte: Fórum, 2010.

JUSTEN FILHO, Marçal. *Teoria geral das concessões de serviços públicos*. São Paulo: Dialética, 2003.

KRELL, Andreas Joachim. A recepção das teorias alemãs sobre "conceitos jurídicos indeterminados" e o controle da discricionariedade no Brasil. *Interesse Público – IP*, Porto Alegre, n. 23, p. 21-49, jan./fev. 2004. Disponível em: http://www.bidforum.com.br/ bid/PDI0006.aspx?pdiCntd=50570. Acesso em: 16 mar. 2013.

KUHN, Thomas S. *A estrutura das revoluções científicas*. 8. ed. Tradução Beatriz Vianna Boeira e Nelson Boeira. São Paulo: Perspectiva, 2003.

LEITE, Fábio Barbalho. O controle jurisdicional de atos regulamentares das agências reguladoras diante do princípio da moralidade administrativa. *In*: ARAGÃO, Alexandre Santos (Coord.). *O poder normativo das agências reguladoras*. Rio de Janeiro: Forense, 2006. p. 315-358.

MAIA, Cristiano Soares Barroso. A (im)pertinência do princípio da supremacia do interesse público sobre o particular no contexto do Estado Democrático de Direito brasileiro. *Fórum*

Administrativo – FA, Belo Horizonte, ano 9, n. 103, set. 2009. Disponível em: http://www.bidforum.com.br/bid/PDI0006.aspx?pdiCntd=62502. Acesso em: 03 maio 2013.

MANSO, Odilon da Costa. *Prostituição e poder da polícia*. São Paulo: [s.n.], 1952. Folheto. 13p.

MARQUES NETO, Floriano de Azevedo. A contratação de empresas para suporte da função reguladora e a "indelegabilidade do poder de polícia". *Revista Trimestral de Direito Público*, n. 32, p. 65-82, 2000.

MARQUES NETO, Floriano de Azevedo. Discricionariedade e regulação setorial: o caso do controle dos atos de concentração por regulador setorial. *In*: ARAGÃO, Alexandre Santos (Coord.). *O poder normativo das agências reguladoras*. Rio de Janeiro: Forense, 2006. p. 569-604.

MARQUES NETO, Floriano de Azevedo. Poderes da Administração Pública. *In*: FIGUEIREDO, Marcelo (Coord.). *Novos rumos para o direito público*: reflexões em homenagem à professora Lúcia Valle Figueiredo. Belo Horizonte: Fórum, 2012. p. 221-236.

MARQUES NETO, Floriano Peixoto de Azevedo. *Regulação estatal e interesses públicos*. São Paulo: Malheiros, 2002.

MATTOS, Paulo Todescan Lessa. Autonomia decisória, discricionariedade administrativa e legitimidade da função reguladora do Estado no debate jurídico brasileiro. *In*: ARAGÃO, Alexandre Santos (Coord.). *O poder normativo das agências reguladoras*. Rio de Janeiro: Forense, 2006. p. 333-365.

MATTOS, Rodrigo Gerent. Responsabilidade civil dos notários e registradores públicos. *Fórum Administrativo – FA*, Belo Horizonte, ano 10, n. 115, set. 2010. Disponível em: http://www.bidforum.com.br/bid/PDI0006.aspx?pdiCntd=69254. Acesso em: 21 abr. 2013.

MAYER, Otto. *Derecho Administrativo Alemán*. Buenos Aires: Depalma, 1950. t. II.

MEDAUAR, Odete. *A processualidade no direito administrativo*. 2. ed. São Paulo: Revista dos Tribunais, 2008.

MEDAUAR, Odete. *Controle da Administração Pública*. 2. ed. São Paulo: Revista dos Tribunais, 2012.

MEDAUAR, Odete. *O direito administrativo em evolução*. 2. ed. São Paulo: Revista dos Tribunais, 2003.

MEIRELLES, Hely Lopes. *Direito administrativo brasileiro*. 37. ed. São Paulo: Malheiros, 2011.

MEIRELLES, Hely Lopes. Os poderes do Administrador Público. *In*: DI PIETRO, Maria Sylvia Zanella; SUNDFELD, Carlos Ari (Coord.). *Doutrinas especiais*: direito administrativo. São Paulo: Revista dos Tribunais, 2012. v. 1, p. 325-345.

MEIRELLES, Hely Lopes. Poder de polícia e segurança nacional. *Revista dos Tribunais*, São Paulo, v. 61, n. 445, p. 287-298, nov. 1972.

MELLO, Rafael Munhoz de. Sanção administrativa e o princípio da culpabilidade. *A&C – Revista de Direito Administrativo e Constitucional*, Belo Horizonte, ano 5, n. 22, p. 25-57, out./dez. 2005.

MILESKI, Helio Saul. Fiscalização dos Tribunais de Contas a partir de auditorias privadas. *Interesse Público – IP*, Belo Horizonte, ano 7, n. 32, p. 365-376, jul./ago. 2005.

MINAS GERAIS. 3ª Vara da Fazenda Pública Municipal. Ação Civil Pública n. 0024.04.353035-1. Autor: Ministério Público do Estado de Minas Gerais. Ré: Empresa

REFERÊNCIAS | 221

de Transportes e Trânsito de Belo Horizonte – BHTRANS. Julgado em: 28.10.2004. Disponível em: http://www4.tjmg.jus.br/juridico/sf/proc_movimentacoes. jsp?comrCodigo=24&numero=1&listaProcessos=04353035. Acesso em: 13 fev. 2013a.

MINAS GERAIS. 5ª Vara da Fazenda Pública Estadual. Ação Civil Pública n. 002408135073-8. Autor: Ministério Público do Estado de Minas Gerais e outros. Réu: Estado de Minas Gerais e outros. D. 14.08.2008. Disponível em: http://www4.tjmg.jus.br/juridico/sf/proc_movimentacoes.jsp?comrCodigo=24&numero=1&listaProcessos=08135073. Acesso em: 25 maio 2013b.

MINAS GERAIS. Secretaria de Defesa Social do Estado de Minas Gerais. Concorrência 01/2008: Anexo IX – Caderno de encargos da concessionária. p. 31. *DOMG* 18.07.2008. Disponível em: http://www.ppp.mg.gov.br/projetos-ppp/projetos-celebrados/complexo%20penal/arquivos-para-download-1/Corpo%20do%20Edital%2001.2008. pdf. Acesso em: 13 fev. 2013c.

MINAS GERAIS. Tribunal de Contas do Estado de Minas Gerais. Processo n. 837533. Consulta formulada pela Associação dos Municípios da Microrregião do Campos das Vertentes. Rel. Adriene Andrade. Sessão de 05.09.2012. Disponível em: http://www. tce.mg.gov.br/pesquisa_processo.asp?cod_processo=837533. Acesso em: 13 fev. 2013d.

MINAS GERAIS. Tribunal de Justiça. Apelação Cível n. 1.0024.04.353035-1/001. Apte: Ministério Público do Estado de Minas Gerais. Apdo: BHTRANS – Empresa de Trânsito de Belo Horizonte S/A. Rel. Des. Edilson Fernandes. 6ª Câmara Cível. J. 26.04.2005. P. 17.06.2005. Disponível em: http://www5.tjmg.jus.br/jurisprudencia/pesquisaNumeroCNJEspelhoAcordao. do;jsessionid=0D6CFBEDDBECA5BEAEBE1392E21ADC1A.juri_node1?numeroR egistro=1&totalLinhas=1&linhasPorPagina=10&numeroUnico=1.0024.04.353035-1%2F001&pesquisaNumeroCNJ=Pesquisar. Acesso em: 19 set. 2011.

MONIZ, Ana Raquel Gonçalves. A delegação administrativa do poder regulamentar em entidades privadas (algumas questões). *Boletim da Faculdade de Direito*, Coimbra, v. LXXXVI, p. 209-257, 2010.

MOOR, Fernanda Stracke. Poder de polícia ambiental. *Revista de Direito Ambiental*, São Paulo, Revista dos Tribunais, ano 12, n. 47, p. 58-75, jul./set. 2007.

MOREIRA NETO, Diogo de Figueiredo. *Quatro paradigmas do direito administrativo pós-moderno:* legitimidade, finalidade, eficiência e resultados. Belo Horizonte: Fórum, 2008.

MOREIRA NETO, Diogo Figueiredo. Novos instrumentos consensuais da ação administrativa. *In*: LIMA, Sérgio Mourão Corrêa (Coord.). *Temas de direito administrativo:* estudos em homenagem ao professor Paulo Neves de Carvalho. Rio de Janeiro: Forense, 2006.

MOREIRA, Vital Martins. *Auto-regulação profissional e Administração Pública.* Coimbra: Almedina, 1997.

MORENO, Fernando Sainz. *Conceptos jurídicos, interpretación y discrecionalidad administrativa.* Madrid: Civitas, 1976.

MOTTA, Carlos Pinto Coelho. *Boletim de Direito Administrativo*, São Paulo, ano 13, n. 12, p. 799-807, 1997.

O TEMPO. Falta pessoal para fiscalizar lei mais dura para boates: há 64 homens para verificar casas em 33 cidades. *O Tempo*, Belo Horizonte, ano 17, n. 5831, 31 jan. 2013. Capa.

OLIVEIRA, Marcelo Andrade Cattoni de. Coesão interna entre Estado de Direito e democracia na teoria discursiva do direito de Jürgen Habermas. *In*: OLIVEIRA, Marcelo Andrade Cattoni de (Org.). *Jurisdição e hermenêutica constitucional no Estado Democrático de Direito*. Belo Horizonte: Mandamentos, 2004. v. 1, p. 171-188.

OLIVEIRA, Marcelo Andrade Cattoni de. *Direito constitucional*. Belo Horizonte: Mandamentos, 2002.

OSÓRIO, Fábio Medina. Observações a respeito do princípio constitucional da culpabilidade no direito administrativo sancionador. *In*: SARLET, Ingo Wolfgang (Coord.). *O direito público em tempos de crise*: estudos em homenagem a Ruy Ruben Ruschel. Porto Alegre: Livraria do Advogado, 1999.

OTERO, Paulo. *O poder de substituição em direito administrativo*: enquadramento dogmático-constitucional. Lisboa: Lex, 1995. v. 1.

PALMA, Juliana Bonacorsi de. Meu trabalho precisa de jurisprudência?: como posso utilizá-la? *In*: QUEIROZ, Rafael Mafei Rabelo; FEFERBAUM, Marina (Coord.). *Metodologia jurídica*: um roteiro prático para trabalhos de conclusão de curso. São Paulo: Saraiva, 2012. v. 1, p. 140-173.

PASSOS, J. J. Calmon de. Instrumentalidade do processo e devido processo legal. *Revista Consulex*, Brasília, ano 8, n. 184, p. 58-63, 2004.

PEREIRA, Flávio Henrique Unes. A Revolta da Vacina (1904): por uma reflexão acerca da legitimidade do exercício do poder de polícia. *Interesse Público – IP*, Belo Horizonte, ano 14, n. 76, p. 125-138, nov./dez. 2012.

PEREIRA, Flávio Henrique Unes. Conceitos jurídicos indeterminados e discricionariedade administrativa à luz da teoria da adequabilidade normativa. *Revista CEJ*, Brasília, n. 36, p. 30-38, jan./mar. 2007a. Disponível em: http://www.cjf.jus.br/revista/numero36/artigo04.pdf. Acesso em: 05 maio 2013.

PEREIRA, Flávio Henrique Unes. *Sanções disciplinares*: o alcance do controle jurisdicional. Belo Horizonte: Fórum, 2007b.

PINTO, Cristiano Paixão Araújo. A arqueologia de uma distinção: o público e o privado na experiência histórica do direito. *In*: PEREIRA, Cláudia Fernanda de Oliveira (Coord.). *O novo direito administrativo brasileiro*: o Estado, as agências e o terceiro setor. Belo Horizonte: Fórum: 2003. v. 1, p. 7-367.

PIRES, Maria Coeli Simões. A revisão paradigmática do Estado e do Direito: um exercício em prol da democratização do sistema administrativo. *In*: LIMA, Sérgio Mourão Corrêa (Coord.). *Temas de direito administrativo*: estudos em homenagem ao professor Paulo Neves de Carvalho. Rio de Janeiro: Forense, 2006. p. 127-200.

QUAINO, Lilian. Após 12 dias do desabamento no Rio, bombeiros mantêm buscas. *G1*. Publicado em 06.02.2012. Disponível em: http://g1.globo.com/rio-de-janeiro/noticia/2012/02/apos-12-dias-do-desabamento-no-rio-bombeiros-mantem-buscas.html. Acesso em: 15 mar. 2012.

REIS, José Carlos. *História e teoria*: historicismo, modernidade, temporalidade e verdade. 3. ed. reimpr. Rio de Janeiro: FGV Ed., 2007.

RIO GRANDE DO SUL. Tribunal de Justiça do Rio Grande do Sul. Apelação Cível n° 70031653165. Apte: Elvino Bresolin e Sulvias S. A. Concessionária de Rodovias. Apdo: Transportes Franco Ltda. Rel. Des. Antônio Maria Rodrigues de Freitas Iserhard. J.

11.11.2009. *DJ* 19.11.2009. Disponível em: http://www1.tjrs.jus.br/site_php/consulta/download/exibe_documento_att.php?ano=2009&codigo=1911508. Acesso em: 03 nov. 2011.

ROCHA, Heloisa Nascimento. Elementos para uma compreensão constitucionalmente adequada dos direitos fundamentais. *In*: OLIVEIRA, Marcelo Andrade Cattoni de. *Jurisdição e hermenêutica constitucional no Estado Democrático de Direito*. Belo Horizonte: Mandamentos, 2004. p. 227-256.

ROMAN, Flávio José. *Discricionariedade técnica na regulação da ordem econômica*. Tese (Doutorado em Direito)–Faculdade de Direito, Pontifícia Universidade Católica do Estado de São Paulo, São Paulo, 2012.

SANTOS, Antônio Carlos dos. As parcerias público-privadas e o sistema prisional brasileiro. *In*: PEIXINHO, Manoel Messias; CANEN, Dóris (Coord.). *Âmbito de aplicação das parcerias público-privadas no direito brasileiro*. Rio de Janeiro: Lumen Juris, 2009. p. 117-143.

SANTOS, Diogo Palau Flores dos. *Terceirização de serviços pela Administração Pública*: estudo da responsabilidade subsidiária. São Paulo: Saraiva, 2010.

SÃO PAULO. Lei n. 13.541, de 07 de maio de 2009. Proíbe o consumo de cigarros, cigarrilhas, charutos, cachimbos ou de qualquer outro produto fumígeno, derivado ou não do tabaco, na forma que especifica. Disponível em: http://www.al.sp.gov.br/repositorio/legislacao/lei/2009/lei%20n.13.541,%20de%2007.05.2009.htm. Acesso em: 13 fev. 2013.

SARMENTO, Daniel (Coord.). *Interesses públicos versus interesses privados:* desconstruindo o princípio de supremacia do interesse público. Rio de Janeiro: Lumen Juris, 2005.

SARMENTO, Daniel. Interesses públicos vs. interesses privados na perspectiva da teoria e da filosofia constitucional. *In*: SARMENTO, Daniel. *Interesses públicos versus interesses privados*: desconstruindo o princípio de supremacia do interesse público. Rio de Janeiro: Lumen Juris, 2007. p. 23-116.

SICCA, Gerson dos Santos. *Discricionariedade administrativa*: conceitos indeterminados e aplicação. Curitiba: Juruá, 2006.

SILVA, Marco Aurélio de Barcelos. *A concessão de empreendimentos e contratualização da gestão pública no Brasil*: a nova abrangência do regime de concessões no direito administrativo e o marco legal das parcerias público-privadas. Dissertação (Mestrado em Direito Administrativo)–Faculdade de Direito, Universidade Federal de Minas Gerais, Belo Horizonte, 2009.

SILVA, Vasco Manuel Pascoal Dias Pereira da. *Em busca do acto administrativo perdido*. Coimbra: Almedina, 2003.

SOUTO, Marcos Juruena Villela. *Desestatização*: privatização, concessões, terceirização e regulação. 4. ed. rev. atual. e ampl. Rio de Janeiro: Lumen Juris, 2001.

SOUTO, Marcos Juruena Villela. *Direito administrativo regulatório*. 2. ed. Rio de Janeiro: Lumen Juris, 2005.

SUNDFELD, Carlos Ari. A defesa nas sanções administrativas. *Revista Forense*, Rio de Janeiro, v. 298, ano 83, p. 99-106, abr./jun. 1985.

SUNDFELD, Carlos Ari. Combate a dengue x inviolabilidade de domicílio. Disponível em: http://www.saude.caop.mp.pr.gov.br/modules/conteudo/conteudo.php?conteudo=363. Acesso em: 21 abr. 2013.

SUNDFELD, Carlos Ari. *Direito administrativo ordenador*. São Paulo: Malheiros, 2003a.

SUNDFELD, Carlos Ari. Empresa estatal pode exercer o poder de polícia. *Boletim de Direito Administrativo*, São Paulo, n. 2, p. 98-103, fev. 1993.

SUNDFELD, Carlos Ari. *Fundamentos de direito público*. 4. ed. São Paulo: Malheiros, 2003b.

SUNDFELD, Carlos Ari; CÂMARA, Jacintho Arruda. Dever regulamentar nas sanções regulatórias. *Revista de Direito Público da Economia – RDPE*, Belo Horizonte, ano 8, n. 31, p. 33-55, jul./set. 2010. Disponível em: http://www.bidforum.com.br/bid/PDI0006. aspx?pdiCntd=69227. Acesso em: 21 jan. 2013.

SUNDFELD, Carlos Ari; CÂMARA, Jacintho Arruda. O dever de motivação na edição de atos normativos pela Administração Pública. *A&C – Revista de Direito Administrativo & Constitucional*, Belo Horizonte, ano 11, n. 45, jul./set. 2011. Disponível em: http://www. bidforum.com.br/bid/PDI0006.aspx?pdiCntd=74840. Acesso em: 21 jan. 2013.

SUNDFELD, Carlos Ari; CÂMARA, Jacintho Arruda. O poder normativo das agências em matéria tarifária e a legalidade: o caso da assinatura do serviço telefônico. *In*: ARAGÃO, Alexandre Santos (Coord.). *O poder normativo das agências reguladoras*. Rio de Janeiro: Forense, 2006. p. 605-636.

TÁCITO, Caio. O poder de polícia e seus limites. *Revista Forense*, Rio de Janeiro, ano 49, v. 144, n. 593 e 594, p. 23-28, nov./dez. 1952.

TEUBNER, Gunther. Após a privatização: conflitos de discurso no direito privado. *In*: TEUBNER, Gunther. Direito, sistema e policontextualidade. Tradução de Jurgen Volker Dittberner. Piracicaba: Unimep, 2005. p. 233-268.

TORREÃO, Marcelo Pires. Devido processo da regulação: o encontro entre o direito flexível e a instrumentalidade processual administrativa nas agências reguladoras. *Revista Brasileira de Direito Público – RBDP*, Belo Horizonte, ano 9, n. 33, abr./jun. 2011. Disponível em: http://www.bidforum.com.br/bid/PDI0006.aspx?pdiCntd=73414. Acesso em: 17 mar. 2013.

VITTA, Heraldo Garcia. *Poder de polícia*. São Paulo: Malheiros, 2010.

ZANOBINNI, Guido. Parte General. *In*: ZANOBINNI, Guido. *Curso de Derecho Administrativo*. Traduccion Hector Masnata. Madrid: Arayú, 1954. v. 1.